ZHONGGUO
XIANDAI
ZHUMING
YUWEN
JIAOYU
RENWU

XIA MIANZUN

U0610016

中国现代著名语文教育人物

夏丏尊

程 稀 编著

语文出版社
·北京·

图书在版编目（ＣＩＰ）数据

夏丏尊 / 程稀编著. -- 北京 ： 语文出版社,
2021.4
（中国现代著名语文教育人物）
ISBN 978-7-5187-0668-6

Ⅰ．①夏… Ⅱ．①程… Ⅲ．①夏丏尊（1886-1946）
－生平事迹②夏丏尊（1886-1946）－语文教学－教育思想
Ⅳ．①K825.46②H19

中国版本图书馆CIP数据核字(2020)第188793号

责任编辑	唐　飞　李迎新	
装帧设计	徐晓森	
出　　版	语文出版社	
地　　址	北京市东城区朝阳门内南小街51号　　100010	
电子信箱	ywcbsywp@163.com	
排　　版	圣才电子书（北京）股份有限公司	
印刷装订	北京市科星印刷有限责任公司	
发　　行	语文出版社　新华书店经销	
规　　格	787mm×1092mm	
开　　本	1 / 16	
印　　张	14.25	
字　　数	191千字	
版　　次	2021年4月第1版	
印　　次	2021年4月第1次印刷	
印　　数	1～2,000册	
定　　价	48.00元	

☎ 010-65253954(咨询) 010-65251033(购书) 010-65250075(印装质量)

夏丏尊(1886—1946)

编者的话

众所周知，自五四运动前后起，白话文兴起，现代汉语使用标准逐渐确立。这套书使用的文献，有相当一部分来自1949年以前出版发行的图书、期刊、报纸。很多文章因此具有明显的过渡时期的语用特征，如文白混杂、文字使用不统一、语法运用规范不一致等。经过反复交流、商量，为尽可能地向读者呈现原貌，我们确定了一个总的编辑思路：依据"存真"的原则，尽可能保留文章原貌，对原稿的文字、体例进行最低程度的修订。现将具体做法说明如下：

一、繁体字改为简体。

二、原稿中不少字、词的用法虽然与现行的用法标准不尽相同，但为了尽量保持原有的样貌，不做调整。这样的情形很难穷举，现将部分字、词列举如下（括号里是现在通行的用法）：

辞（词）、于（与）、联（连）、决（绝）、订（定）、藉（借）、见（现）、罢（吧）、缴（交）、较（比）、与（予）、迭（叠）、只（止）、须（需）、目（视）、二（两）

三、有些字、词，现代通用的字形、词形已经变化，但为了尽量保持原有的样貌，不做调整。相信读者自能理解。这样的情形很难穷举，现将部分字、词列举如下（括号里是现在通行的用法）：

底（根据语境可以，相当于"的""地"或"得"）、那（哪）、沈（沉）、化（花）、其它（其他）、那末（那么）、惟一（唯一）、印像（印象）、好象（好像）、胡涂（糊涂）、未偿（未尝）、部份（部分）、正谊（正义）、巢袭（抄袭）、麻胡（马虎）、合式（合适）

四、原稿中外文人名、地名等专有名词的翻译均保留原译。

五、原稿中的标题体例，除了其自身不统一之外，基本保留。

六、原稿中数字、标点符号用法，基本保留。

七、对原稿中的错误（如错字、漏字）等进行了修订。

这些做法，是我们在编辑过程中的一些探索，不当之处，敬请批评指正。

编　者

2020 年春

　　"现在有很多问题表面上是新问题，骨子里还是老问题。"这是多年前吕叔湘先生为《叶圣陶语文教育论集》出版所写序言中开篇的一句话，今天借用过来，帮助我们认识"中国现代著名语文教育人物"丛书出版的现实意义和价值。

　　正当全民阅读活动在全国蓬勃开展之时，教育部直属的语文出版社积极呼应，遴选了五位现代著名语文教育家，启动编纂"中国现代著名语文教育人物"丛书，倡导一线语文教师垂范校园阅读，研读著名语文教育家经典篇目，赋能语文教师和语文教学。我以为，作为一家专业出版社，语文出版社非常及时、尽责地做了一件大好事。归结到本丛书而言，我粗略地谈几点意见。

　　一是所遴选的语文教育论述极具代表性。1904 年以降的中国现代语文教育史中，为大家所公认的五位著名语文教育家是夏丏尊、朱自清、叶圣陶、吕叔湘、张志公。

　　其中，叶圣陶、吕叔湘、张志公三位素享语文教育"三老"之誉，亲历了二十世纪语文教育的重要发展阶段，著述针对性强、影响深远，为语文教育工作者所敬仰，无须赘言。夏丏尊和朱自清两位语文教育家由于逝世较早，主要活动仅限于二十世纪上半叶，在语文教育方面的成就并非广为人知。但是夏丏尊、朱自清与叶圣陶有良好而长期的学术合作，朱自清和吕叔湘也有良好而密切的过从，他们之间相互砥砺的语文教育学术交往成为学术佳话。五位前辈既有各自不同的学术研究侧重，又都钟情于语文教育，成为二十世纪中国现代语文教育一道亮丽的独特风景线。

　　五位现代著名语文教育家的论述宏富，丛书精选了其中代表性强的经典篇目，既注重聚焦语文教学的宏观问题，也注意面向一线教师（包括教育硕士、课程与教学论硕士等）听说读写中的教学实际；既注意拉"长板"，又不忘补"短板"。

二是编排体例利于读者走近和解读经典。丛书既积极关注一线语文教师的切身利益，又从专业的维度进行积极引导。体现在编排体例上，就是考虑到一线语文教师既有多读书的愿望，又有教学工作量大、较为繁忙、用来读书的整块时间不多的实际，同时兼顾"未来"教师缺乏教学实践、抵挡浮躁环境诱惑不易等因素，因此，丛书的主要内容安排为"教育思想剖析""名著品读""名家传述"三大板块，每本书的容量控制在 20 万字左右，所选篇目比较经典且适当分类，便于利用碎片化时间，有针对性地选读、品鉴。

坐下来静心研读经典不易，一方面与时间和精力有关，另一方面与作品难度相关。经典作品都高度凝练，要正确解读，依赖于较为丰富的学养准备，而这正是一线和"未来"教师的短板，在编排上，除了作品前有"品读提示"外，"教育思想剖析""名家传述"等内容，是帮助读者走近和理解作品的一种重要辅助，利于增强研读信心，助益研读效果。

三是编著者都是有相当经验的中青年专家。决定一套丛书质量的重要因素之一，是著述者的学养。我注意到，丛书的著述者都是长期从事语文教学和研究的学者，有较为丰硕的相关学术成果。

上海师范大学程稀老师是语文课程与教学论专业硕士生导师，是研究夏丏尊语文教育思想的专家，曾出版专著《夏丏尊与现代语文教育》；蔡忠平长期活跃于语文教学、教师培训一线，是上海市督学、上海市语文名师基地主持人，也是教育部国培专家，在研读朱自清语文教育经典方面颇有心得；扬州大学文学院教授、博士生导师徐林祥，是中国叶圣陶研究会理事、江苏省叶圣陶研究会顾问、扬州大学中国语文教育研究所所长；马磊是徐林祥老师的博士生，现在大学任教，对叶圣陶语文教育思想有系统研究；方有林教授长期致力于吕叔湘语文教育思想研究，曾出版专著《语言学视角 科学化追求——吕叔湘语文教育思想研究》；青年学者乐中保曾系统梳理过中国传统语文教育发展脉络，对张志公语文教育思想进行过深入研习。

这套丛书的其他长处不再一一枚举，更希望留下时间和空间给读者自己去研读和体悟。任何优秀的读本，对于读者而言，只是获得研读收益的必要条件。读者是否真正从中受益，以及从中获益多寡，主要决定于"内因"——读者的阅读投入、开动脑筋及其程度如何，以及在研读和品鉴中，如何与自己的教学和研究实践有机结合。毕竟，一方面，阅读本来就是一种比较个性化的活动，靠外在的植入，效果不会理想；另一方面，语文教育是一个实践性特别强的学科，缺乏理论和实践的有机结合，效果也是难尽如人意的。因此，翻开书页来，开始阅读和思考，带着问题去品读，积极分享和表达，才能收研读的实效。

还要注意，品读经典的意义和价值，不宜过分冀望获得立竿见影的收效，而应该放眼长远，侧重于启迪思考，在实践中反复咀嚼，潜移默化地融入实践，使之融会成为自己语文教育智慧的有机组成部分。

毋庸讳言，丛书也存在不足，我相信语文出版社的编校人员和编著者会积极、认真地收集读者和专家的意见，在修订或再版时不断完善。

乐为之序。

陶本一

二〇一九年十月

（陶本一：教授，出版家和语文教育家，上海师范大学课程与教学论博士生导师，山西师范大学原校长、上海师范大学原副校长，《语文报》创始人）

目 录

绪　论

读书就是读人

编写《夏丏尊》，语文出版社的意旨在薪火相传。有如火炬手的奔跑和接力，在人生的一段旅程中，点亮了自己，温暖了大家，这也是教学传播、接受、互动的意象，导读夏丏尊的初心。

记得朱自清在西南联大任教时，有一次约定给学生讲散文。学生三三两两地来到风和日丽的校园草地上，自由惬意地分坐着，眼睛从不同的角度看着先生。朱自清说："同学们要我讲讲散文，好，什么是散文呢？你们现在的坐法，就是'散文坐法。'"听者不禁为先生借景说理的开场白发出会心的微笑。讲法、读法不同，效果是大不一样的。由此得到启发，试想用夏丏尊体悟、倡导的读法来读夏丏尊。

首先是编辑的书名取得好！正合夏丏尊"读书就是读人"之意。他在《文艺论ABC》第10篇中引用了孟子"读其书，不知其人可乎"？介绍了国外"通常把读某人的书称为'读某人'，例如说'读莎士比亚'，不叫'读莎士比亚的剧本'"，并认为这种说法好。好就好在不仅仅是了解人物的生平事迹以及所处的时代和环境，而且要"广施阅读"其书籍和文篇，"初读不感兴味，再读如果觉得感到些兴味了，就是自己已渐在成长的证据"；三读、四读，程度上就逐渐与"知道他是有甚样性格甚样心境的一个人"接近了起来。夏丏尊推崇人格教育，确信"文字毕竟是一种人格的表现""旧书常诵出新意"，不只是多篇而且要多遍，主张学生"能在精读上多用力"，语文的学习必须通过朗读等多种读法，在理解的基础上下鉴赏的功夫。"好的文艺作品能应了读者的经验，提示新的意义，它决不会旧，是永久常新的。"借用这句话来说语文教材中的古诗文、来说夏丏尊的语文教育著述，都未尝不可。尤其在当下专治学生不读书，纷纷开书单，甚至试图以增加考试的阅读量来倒逼的背景里，重读夏丏尊翻译的《爱的教育》，重温他对学生的语感表同情并设法予以传染，也许比了解他的语文内容却在形式、他的读写能力层递分明、他的精读略读不同凡响、他的教材编写与学习的着眼点匹配等更能让读者看到鲜明独特的"这一个"。在有关语文学科性质、目的、任务等方面，他往往"老生常谈"，这是阅读时必须注意的一个细节，用流行的话说，就是重要的事情说三遍；引朱自清的话来说，夏先生真是一位诲人不倦的教育家！

其次是选编的方式和市面上的各种文选本不同，也和研究论文集、专著大不相同。在第四章中按照教育理念阐述、语文课程研讨、语文教材演进、语文读写教学、语文教师修养五类分编，有利于读者"方便看"。评点是单篇或相关篇章的分析，附录的原文才是更有价值的内容。可以由此出发拓展阅读，尤其是教材部分，这样才能较为全面地领悟其中的精髓和见解，包括发现某些不足之处。注重原文、原著阅读反映了编辑的一种导向，也符合夏丏尊反复申述的读法，期待读者放出眼光，自己去拿来，自己去使用，尤其是夏丏尊教学与科研结合的视野和方法。所以说，这是一本杂取种种、名副其实的编著。

再次是著述上或多或少体现了求真、求精、求新的意向，体现了薪火相传的特点。夏丏尊的作品尤其是和语文教育紧密相关的篇章，陪伴着笔者读研究生和带教研究生的历程，获益颇多。读夏丏尊，未必是语文教学论专业课程的标配，却肯定是一线语文教师的必须。曾记得20世纪80年代教读一篇《为了周总理的嘱托——记农民科学家吴吉昌》，就树与人的一段切入，援引李清照《武陵春》的词句"物是人非事事休，欲语泪先流"、崔护的《题都城南庄》、归有光的《项脊轩志》"亭中枇杷树……"，专讲物是人非一点，由此探究吴吉昌人非之因，学生似乎很过瘾，自己心里还有些犹豫不定；待到读了《国文百八课》，豁然开朗。所以，在我的课堂里，夏丏尊是必读必讲的。这本书是写给研究生——未来的语文教师的，有明确的读者定位，其中也简介了一些研究生的论文，算是教学相长、互动合作的成果吧！至少也是遵循了夏丏尊的作文教学思路，明了、适当与否？敬请读者批评指正。

第一章　语文课程建设

自语文设科以来，综观诸多语文教育家的建树，夏丏尊主要还不在课标（大纲）的起草，而在解读研议之中做出比较选择，勾画自己的课程蓝图；更重要的是在教学实践之中为语文课程建设奉献出一项项成果，这对于热心参与课改的广大一线教师来说，无疑是可以挑战的机遇、应该学习的榜样。

第一节　语文内容：着眼形式的学习

《学习国文的着眼点》在文字的形式方面去努力，是夏丏尊 1935 年"承教育部的委托"向全国中学生作的广播稿，刊登于次年的《中学生》第六十八期。以此文发表为"眼点"的点出，或是认为"在三十年代，夏氏议论的重心逐渐转向国文科的个性特征"[①]，不是忽视了 1919 年浙江一师"共同拟了一种"《国文教授法大纲》，就是为它特殊的呈现方式所蒙蔽，该大纲是时任学科教研组长的夏丏尊和诸位新派教师的集体制作，不是自称代课的沈仲九一人拟订。

大纲所设目的，以形式 1、2 实质 3 分出次第，显然不是 1909 年引进的森冈常藏《各科教授法精义》中"国文科"先内容后形式的排列；也大不同于 1912 年《中学校令施行规则》里"国文要旨"的一段话，因为这是"并没有实行"的"理想的标准"，其中"通解普通语言文字"，"这句话在当时是欺人的门面语"[②]；而是类似于 1913 年蒋维乔《教授法讲义》中"国文科以形式为主，实质为副"，或是田中广吉《小学各科实际教授法》里形式方面（主目的）和实质方面（副目的）的表达。大纲编写者夏丏尊、陈望道、刘大白均有留日的背景，有选择地接受日本国语课程论的影响，较为自然；更重要的是他们打下了鲜明的时代烙印，那就是代表着新文化思潮白话文的阅读与写作等能力的培养，列入了大纲的首要目标。

---

① 顾黄初：《现代语文教育史札记》，南京出版社 1991 年版，第 153 页。

② 胡适：《中学国文的教授》，《教育丛刊》1920 年第 2 集。

大纲、课标应具有怎样的形态？适合现代的语文课程如何建构？叶圣陶认为："我国有课程标准，从民国十一年颁布《新学制课程标准》开始。以后历次修订，内容和间架都和第一次颁布的相差不远，没有全新的改造。"[1] 以新学制为新起点，不只是名称词语的改变，主要还是目的、内容、方法和最低限度这一框架的基本确定。浙江一师大纲与之相较，缺少了"最低限度"一项；教材的选用上，大纲几乎是新人新作的白话文，淡化了文言文，初、高中国语课程纲要看似兼顾文白，螺旋上升的却是文言的比重；教法上，大纲注意到学生的自动，方式多样，其中的"辩难"类似于初中国语课纲的"讨论"，并且做了解释，犹如 20 世纪 80 年代初上海风行的包含矛盾选择的提问法；"答问"和高中国语课纲的"质疑"均鼓励学生发问，但"答问"的主体只有"教员"，尤其与 20 世纪 80 年代以来上海优秀语文教师的质疑教学，在观念和操作上尚有差距。目的均为三条，都很简约，个性差异却最为显豁。大纲是为了让学生能够用现代语——或口讲，或写在纸上——表现自己的思想感情，而且要自由、明白、普遍、迅速，初中国语课纲一、二年级"作文以语体为主，兼习文言文"，三年级"作文语体文体并重"，力气用于语体向文言的过渡，其目的是"使学生有自由发表思想的能力"，这一《中学校令施行规则》中已有之，分明带着辛亥革命、五四新文化运动色彩的主张，不说全然落空，也会大打折扣。这不就是把蔡元培《国文之将来》中以为"何苦来"的事再来一遍吗？

新学制国语课程纲要和杜威、孟禄等相继来华讲学、考察、推动有关，留美的胡适是起草的负责人，一些批评也针对他。穆济波评说初中课纲一方面要练习用文言作文，另一方面又要学生继续发展语体文技术，犹如同时左手画圆右手画方一样是办不到的事情；直指"胡先生是提倡语体文的人，一方又有整理国故的嗜好，所以主张这样双管齐下"。然而，他的主张不过初中先"左手画圆"、高中后"右手画方"，动作分解，局部看似简单些；整体而言，课程条目更加繁多，内容更为丰富复杂。初中拟订的"共通目的"有 5 条，涉及人生教育、国家教育、民族教育、社会现象、青年团体等方面；"特殊目的"共计 10 条。主要是他认为"国文国语这一种科目，对于中等教育所具有的目标，便应该负绝对的责任"[2]，并将其他学科排除在外，这就把共同承受的重任转为语文教师独担了。穆济波的目的论，有照单全收者，

① 中央教育科学研究所编：《叶圣陶语文教育论集》，教育科学出版社 1980 年版，第 74 页。
② 穆济波：《新制中学国文科课程标准纲要》，《中华教育界》1924 年第 13 卷第 8 期。

如王森然《中学国文教学概要》书中；有直接批评者，如朱自清《中等学校国文教学的几个问题》、宋文翰《一个改良中学国文教科书的意见》篇里。部分地接受和间接地批评更多，几乎成了一个热而不冷的话题，一个变着多种说法反复纠缠的难题。虽然穆济波只发一介书生的议论，未见其投人所好或是甘做什么意识形态的传声筒；但是，这种以为语文有绝对的优势、应负绝对的责任，就把读经、国学、文化、美育、思政等，伴随着风气不断地揽入语文怀中，确是时有发生，不乏其人的。如同他揣测胡适的"嗜好"一样，也是高空而不切实际的。切实而简约本是课程目标表述的特色，因他人的不太切实际、太不简约，反显出大纲鲜明的个性来。

也许有人会问：大纲的形式里"现代语"的读写说，不是新的内容和形式的集合体？不是时代风潮使然？白话文有今天，根基在文学革命。《开明国文讲义》有一篇以此为题的文学史话说到"精神和形式是一致的，要革新精神，便不能不革新形式"。新文化的倡导者是从文学的内容和形式一体推动变革的，夏丏尊内容与形式的所指是文章，不局限于文学。浙江一师实行"与时俱进"的办学方针，经亨颐《动学观与时代之理解》一文，揭示了国语的发展趋势以及在教育普及中的作用，该文与《教育的背景》同时刊载于 1919 年 4 月《教育潮》第 1 卷第 1 期，同年夏丏尊还有一篇《一九一九年的回顾》，以为教育界（浙江一师）所最纪念的即一个"动"字！大纲是集大家之力的动作之一，少不了校长的授意和审阅。在 1919 年 11 月《对教育厅查办员的谈话》里说道："本校从本年起，国文教授确有大大的改革。不过改革的原因，人家说是迎合新思潮哩，五四运动的影响哩，这都是很浅近的推测。我认定中国文字不改革，教育是万万不能普及。我做了师范校长，不是单单制造几个学生；设法使教育可以普及，这是我的本务。……所以我决定'国文应当为教育所支配，不应当国文支配教育'的宗旨，非提倡国语改文言为白话不可。"[1] 对于国文的重视与教改的动议，特别是课程的目的取向，至少在 1916 年经亨颐《丙辰秋季始业式训辞》中就有耳闻："国文宜注重，已言之屡矣，本校定四主科，国文实为主科之主科，但从前尚不过对诸生先事提示，自本学年则将于教授上实行改革。或谓国文非实质的陶冶不可，盖道德文章，以多读书为唯一方法，古人求学之道诚如是。余非反对此说，须知学校肄业与终身求学不同，在学仅五年，若取实质的教授，得此失彼，挂一漏万，在所不免，自成国文教授成绩之不良，实坐此弊。

---

[1] 张彬编：《经亨颐教育论著选》，人民教育出版社 1993 年版，第 228 页。

兹问题颇大，因无须为诸生言，而诸生不须有好高骛远之野心，仅以此五年为读书期，则大谬矣，毕业时国文但求通畅为度，某某等虽尚未读过，决无愧也。"[1] 由此可知，无论"形式"与"实质"的选择，还是"改文言为白话"的归因，经亨颐校长是综合考虑时代潮流和学生发展的，如同夏丏尊《教育的背景》文中，不仅注意时代境遇，更着重的是受教育的人；他们不是闻风而动，更不是一味地赶时髦、随意地变更迎合，往往更多地站在专业的立场，拿出教育者应有的姿态，从学生实际、学校性质和学科特点出发，真诚地发出自己的心声，这样的大纲或课程建设，尽管仍然存在不足和缺陷，终究有完善的可能。

大纲的形式主要是语体，口述和书面的表现不必说，读解如同各日报杂志和各科学教科书所用文言——所发表的文章，有别于传统的文言文选编；尤其是从学生新近阅读的《新青年》《新潮》等报纸杂志上"选辑了一百多篇的国文教材"，以人生、家庭、妇女、劳动、文学、科学、道德等16个问题为单位（可与当下流行的主题单元归为一类），看似"依纲分列"，其实是目的主次的倒置。这种偏离、走形，有编写技术不成熟的因素，有改了白话注重了思想内容的因素。诸位教师意识到"我们这国语教材，竟一点没有毛病吗？仔细研究起来，这种方法和教材，却实在很有缺陷！因有太偏重内容的思想的方面，于形式的法则的方面太不顾到了，所以决不能算是完美的法子"[2]。这需要一种稳态抉择、综合平衡的艺术，即便选入的不是新人新作，都是不同学年学生的接受，课文语境时代风尚同时作用。所谓内容的吸引力更大，更容易叫读的人忽略它的形式方面，的确是带着浙江一师教训、贴近学情的经验之谈。浙江一师《国语教材》是一部供读解的分科型教材，《试行学科说明书》教材为速写、语法、读解、作文等五项，1919年《教育潮》第一卷第五期发布了国语丛书预告：第一种《新式标点用法》陈望道编，第二种《国语法》夏丏尊、陈望道、李次九、刘大白编，第三种《注音字母教授法》陈望道、刘大白编。新式标点、语法等都是隶属语文形式方面的知识法则，已经进入教学，本来都是可以看到的成果。尽管《教育的背景》里说到"旧材料并非不可用，就是用这个材料的态度，很宜注意。……若用了这些材料来说明现在的文化的来历，使人了解所以有新文化的道理和新文化的价值，自然是应该的事"，可办这类事，包括编写

---

① 张彬编：《经亨颐教育论著选》，人民教育出版社1993年版，第70页。
② 浙江省委党史征集研委会编：《浙江一师风潮》，浙江大学出版社1990年版，第45－46页。

小品文作法讲义，均是任教春晖中学时具体着手的。

形式是什么？形式就是语文科基础的主要的学习内容，包括有用、好懂、适量的知识和法则。夏丏尊一向认为语法、修辞、逻辑（《国文百八课》第四册第16～18课）是国文科较为"固定的内容"，作为一种定向，并非做全体的搬运；叫学生学作小品文，有如作画变临摹为写生，是一种不同于读文写文的另一"格式和方法"的尝试；作文法讲义，"取材于日本同性质的书籍者殊不少"，仅五十岚力就有《作文三十三讲》《新文章讲话》，其中的"六W"，是普适于作文说话时使用与检测的法则；得出"记叙文应以不露作者面目为正宗，从前流行的'夹叙夹议'究属滥调"，是拥有读者意识、比较分析古今中外大量作品后的见解；指出"较进步的鉴赏法是耽玩作品的文字，或注意于其音调，或玩味其结构，或赞赏其表出法"，在《文艺论ABC》中可见。这些不仅是没有"转向"不断丰富的事实依据，更重要的是，从来源、取向上开拓了形式方面的真实的内涵和外延。它并不局限于一个个的词句以及整篇的文字，而是文字语言上的种种格式和方法，国外读写理论、图画科知识与教法，都是可供借鉴的资源。根植自身教学实践并做如此跨界的研究，开放而有待继续探讨、筛选、细化的形式方面，必能渐渐做出较为全面而明晰的回答。

形式是多种不同具体内容的概括和抽象，有用有限是其特征。诚如《文章作法·绪言》中所说"法则对于技术是必要而不充足的条件"，"仅仅仗那外来的知识而缺乏练习，绝不能纯熟而达到巧妙的境地"。指的是用处的有限性，强调在游泳中学会游泳，在习作实践活动中不断领悟法则、活用法则才能写好作文。还有一种是形式受限而不够用，仅有的几种固定的语言文字表达方式，不假思索、无以变通地袭用，成为僵硬的陈词老套，则较为可怕。所谓从前的读书人所写的文字也只有极单调的一套，如"且夫天下之人……往往然也"之类；如出"我的故乡"的一个题目，竟有一个学生仍打起老调，说什么"凡人必有故乡"一类的空话的。不是从前也是从前的"文革"中的表达，如开场白：当前形势一片大好！我校（厂、店）和全国各地一样，形势一片大好！如作文：我们过着无比幸福的生活，可是世界上还有三分之二的劳苦大众生活在水深火热之中。每逢佳节，我们更加想念港澳、台湾同胞。和夏丏尊指出的一样，"他们的文字虽然单调，在形式上倒是通的，只是内容空虚顽固得可笑而已"。这都是一种变相的代人立言，和文言还是白话无关，有关的是作文态度、教育环境以及培养什么人的问题。

着眼形式不是简单地回归传统，更不满足于新瓶装旧酒。尽管形式不只是固定的几个种类，相较于无数文篇海量内容，能够以少少许胜多多许，不至于让国文科变成了修身科或公民科，这就有着极大的理论价值和实践意义。自1919年浙江一师大纲提出国文目的形式实质次第论后，得到了语文教育界广泛而持久的响应。1920年陈启天《中学的国文问题》里有国文目的主副说；1924年孟宪承《初中国文之教学》指出："国文科的训练，本注重思想的形式上，至于思想的内容，是要和各科联络，而受各科供给的。"[1]同年黎锦熙《新著国语教学法》国语要旨：先形式的语文理解和发表，后实质的心意方面。1925年朱自清《中等学校国文教学的几个问题》里认为"中学国文教学的目的只须这样说明：（1）养成读书思想和表现的习惯或能力；（2）'发表思想，涵育感情。'这后一条原是穆先生所举出的；……这两个目的之中，后者是与他科相共的，前者才是国文科所特有的；而在分科的原则上说，前者是主要的；换句话说，我们在实施时，这两个目的是不应分离的，且不应分轻重的，但在论理上，我们须认前者为主要的"[2]。1931年宋文翰《一个改良中学国文教科书的意见》里比较"别的学科重在知识的传授；国文科重在传授知识的文字的运用的训练。别的学科重在内容实质的深究；国文科重在形式表现方法的探讨"[3]。"1935年于在春《要求合理的语文教学》即'语文教学的初步工作是了解教材的内容，而研究教材的形式是进一步的深入的工作'"[4]。1944年叶圣陶与朱自清合写的《国文教学·序》里总结道："五四以来国文科的教学，特别在中学里，专重精神或思想一面，忽视了技术的训练，使一般学生了解文字和运用文字的能力没有得到适量的发展，也未免失掉了平衡。"[5]由此可知，着眼于形式方面，是基于学情体现学科个性的，它凝聚了众多语文教育家的经验和智慧，是一代精英供给后人分享共建的宝贵的精神遗产，其中倾注心力最多者，首推夏丏尊。

[1]　周谷平等编：《孟宪承教育论著选》，人民教育出版社1997年版，第40页。
[2]　朱自清：《中等学校国文教学的几个问题》，《教育杂志》1925年第17卷第7号。
[3]　宋文翰：《一个改良中学国文教科书的意见》，《中华教育界》1931年第19卷第4期。
[4]　于在春：《要求合理的语文教学》，《语文》1935年第1卷第5期。
[5]　朱乔森编：《朱自清全集》第2卷，江苏教育出版社1988年版，第3页。

第二节　课程目标：读写能力的培养

以形式诸方面为课程的主要内容，其背后的思维方式和价值诉求，就是语文读写能力的培养。夏丏尊标举能力层次分明。如果说，1922年叶圣陶《小学国文教授的诸问题》中认为"谬误观念，便轻视文字的内容和表出的方法；好像学习国文的目的，至能读能识能讲能写而止"，[1] 新观念，则知教授国文不是以教授形式为目的，这不过是附带的目的；那么1935年合编《国文百八课》时，已经是殊途同归了。第一册"文话一"中指出："中学里国文科的目的，说起来很多，可是最重要的目的只有两个，就是阅读的学习和写作的学习。这两种学习，彼此的关系很密切，都非从形式的探究着手不可"。这对于叶圣陶来说，可谓课程目的主次的转换；对于夏丏尊，则是探索出与大纲匹配的教材。伴随着交往与合作，他们的共识逐渐增多，即便上文里提示"国文教授并非是仅仅限于书本之内的教科啊"，也与夏丏尊"不要只从国文去学国文"的劝告并无二致。

关于课程的论述，夏丏尊始终结合着教育目的、学校性质、学科特点。在浙江一师时，他认为"我们所行的教育是人的教育"，面向不同"境遇和时代"中具体的人，"需要完成被教育者的人格"；反之"课程自课程，人自人，这种无背景的教育，就是再办几十年也没有什么效果"。春晖中学后，他认为"中等学校教育的课程，只是一种施行教育的材料，从诸君方面说，是借了这些材料去收得发展身心能力的"；并反复强调"中学校的性质如此，是借了教材给与能力的"。这里，可视为课程内容需要具体地化为教材，并凭借教材以能力的培养为旨归，不宜误判为课程即教材。"身心能力"的界定，就包括了语文科的"读书力，发表力"等。所谓"中学原只是普通教育，其中的学科都是些人类文化的大略的纲目，换言之，只是一个常识"，和"一切教科，无非是基本的事项，不是全体"是照应和补充；和叶圣陶《中学生课外读物的商讨》文中指出的"'课程标准'详细规定着各科教材的内容纲要"，教材只是"比'课程标准'规定的内容纲要略为详明的纲要"[2] 如出一辙，语词也相似。

关于学科的程度、水平线，夏丏尊文中多次提及，有时一篇之中反复指出，足见其重视。《受教育与受教材》警示"不到水平线，这却是大事"；《怎样对付教训》

---

① 叶绍钧：《小学国文教授的诸问题》，《教育杂志》1922年第14卷第1号。

② 张圣华编：《叶圣陶教育名篇》，教育科学出版社2007年版，第86页。

再次强调"应以'整个的程度的水平线'为标准，自定取舍"。这反映了他读解、实施的态度和方法。在他的心里、笔下，既有课程底本，又有标准蓝图；既凭借有据，又能动地做出构想和开发。1931年1月发表的《关于国文的学习》，就是较为具体、集中的体现，它是一篇不同于部颁正式课程的领悟课程，是指导中学生知行的学程。该文"将十八年八月教育部颁行的《中学课程暂行标准》中所规定的高中及初中的毕业最低限度抄列如下"后，"把我所虚拟的中学生的国文程度和教育部所规定的中学生国文科毕业最低限度两相比较，似乎也差不多。不过教育部的规定把初中、高中截分为二，我则泛就了中学生设想而已。现在试姑把这定为水平线，当作一种学习的目标"。之所以把"截分为二"的条畅一体，是因为读者是中学生，须考虑初、高中的整个学程以及其中的衔接；之所以设置前提条件"先须预定中学生应具有的国文程度"，是因为"'国文'二字，是无止境的"，"范围很笼统，凡是用本国文字写成的都可叫作'国文'"；所以，在《国文科课外应读些什么》文中，要"先来下一个中学校国文科的定义，把讨论的范围加以限制"，解作"整个的对于本国文字的阅读与写作能力的教养"；《国文科的学力检验》文中，对"限度中有几项原来也定得很笼统"的提出了批评；《怎样阅读》文中又指明"所谓国语科，就是学习语言文字的一种功课；把本来用语言文字写着的东西，当作语言文字来研究，来学习，就是国语科的任务"，也就是说，以语言文字为媒介又以语言文字的能力获得为目标，这是语文科区别于他科的根本所在。《学习国文的着眼点》文中夏丏尊再次表明"国文科是语言文字的学科，和别的科目性质不同"，自有其学习的内容和侧重。一系列文篇无一例外地阐释学科的性质、目的、任务，就是力图使"太复杂太笼统"甚至"成了一种奇妙神秘的科目"，逐步变得简单、具体、清晰起来；国文不同于国学，国文不等于中学生的国文学习，两者是既关联而又区别的概念；程度是合乎学段的定位，把中学生的国文程度与应具有的国文能力挂钩，一切的选取并服务于这一目标的达成，所言学习方法，便有了学科的特点和切实有效的针对。

该文不只是粗线条地"能阅读，能写作，学习文字的目的就已算达到了"，文中以"他"的"国文科的学力"为对象，具体形象地"描绘"了一个20世纪所需的读写能力、略知外国文学与文化，并有着中国文化根基和文学修养的"理想的中学生"。这不是如《教育的背景》《受教育与受教材》等篇似的，以宏观的视角，从学校教育、各科综合地去论述人的发展，而是立足学科、从课内外相结合的大语文教育出发，所做微观而别有洞天的看取。心目中有学生，又有春晖中学教学实验的体悟，所论方法多样；能力的层次，分明有序，逐层推进。

先谈选文的学习法。"就眼前的实况说，中学国文尚无标准读本，中学国文课程中的读物，大部分是选文"，夏丏尊了解"今天选读一篇冰心的小说，明天来一篇柳宗元的游记，再过一日来一篇《史记》列传，教师走马灯式地讲授，学生打着呵欠敷衍，或则私自携别书观览，这是普通学校中国文教室中的一般情形"，自然很不满意。他以为"不妨由学生预先请求教师定好一学年或半学年的选文系统"，也就是暂且做若干的归类，相比之下，"最好以选文为中心，多方学习，不要把学习的范围限在选文本身"，如"受到一篇选文，对于其本身的形式与内容，原该首先理解，还须进而由此出发，做出种种有关系的探究，以扩张其知识"。他举《桃花源记》为例，"就有关系的各方面扩张了学去，有不能解决的事项，则翻书查字典或请求教师指导，那么读过一篇文字，不但收到其本身的内容，还可连带了习得种种的知识，比之胡乱读过就算者真有天渊之差了"。较之限于选文之内的阅读，也不可比。选文往往指定为精读的材料，有关联地扩张是必须的。受到一篇选文，也未必"首先理解"。钱梦龙《变色龙》教学就是以苏联作者 M.达维多夫《考试》一文，来做带读训练的[①]；科学小品文的选编和更换，有点儿类似于讲究时新性的新闻，曾选入沪版初中语文教材的《蟑螂的 A 面与 B 面》，就可以先读《国文百八课》第 3 册第 12 课中克士的《蟑螂》，铺垫、比较，以便明了读写科学小品文的要领。初中生有一定的阅读积淀，程序上可灵活处置。

同一例，夏丏尊又在《阅读什么》文中也做了论述。夏丏尊论述的是参考书；叶圣陶《〈精读指导举隅〉前言》节录了夏文的一段，论述的是参读相关的文章。如读一作者后再读同一作者的其他，读一文体后再读同一文体的其他，读一手法后再读同一手法的其他。他看出夏丏尊的参读不只是存同求异、举一反三那样简单固定，因而具有"另一种意义"，这种"把精读文章作为出发点，向四面八方发展开来，那么，精读了一篇文章，就可以带读许多书，知解与领会的范围将扩张到多么大啊！学问家的广博与精深差不多都从这个途径得来。中学生虽不一定要成学问家，但是这个有利的途径是该让他们去走的"[②]。暂且不看上下文，即使把叶圣陶节录

---

① 钱梦龙：《语文导读法探索》，云南人民出版社 1985 年版，第 228 页。
② 中央教育科学研究所编：《叶圣陶语文教育论集》，教育科学出版社 1980 年版，第 16 页。

中省略掉的"如果有不曾明白的词就得翻辞典，这时辞典（假定是《辞源》）就成了参考书"一句补上，和上述"有不能解决的事项"等联系起来，不难看出，细微之处的差异。扩张也未必置于"既已熟悉了例子"后，例子不够熟悉的过程之中就在扩张就得参读。何以"相关"的来、怎样"相关"着去，完全取决于面临迫切需要解决的问题。问题的多寡与扩张、参考成正比，没有问题，难以相关地做去。从此篇到《阅读什么》，越发强化的问题意识、探究兴趣，应该是更有意义的。

选文学习过程中的扩张，就有单篇短章和整册的书的两种可能。所以，"因选文而旁及"的整册书的阅读顺其自然，也合乎课本偶有节选自长篇的实际；后加上"因为有了题目才发生的"参考书阅读，便利相关，更具有动态感和针对性。和预先开列书单子格局不同。依次排列的"中国普通人该知道的""全世界所认为常识的"书籍，这是春晖中学课外试行"一周一书"活动一年后，加强指导，为学生读书"所列举的两个条件"的延续。曾在《答问》篇中说道："即如中国的论语和欧西的圣经，它们的本身如何且不必过问，但对于文化上的影响绝不算小，我们若不能多少从根本上知它的大意，则它所流演出来的分支怎可以了解呢？在我们所定的范围内，有一部分的书，都是根据这个理由而决定的"。当时，在《叫学生在课外读些什么书》文末，夏丏尊开过书目；《关于国文的学习》篇里就只是举例，但是中学生读整册的书要注意中外文化的寻根探源，却是一如既往一以贯之的。比起1929年暂行课标中最低限度的"一百篇""六种""十二种"，夏丏尊既有"决定的方针"，又觉得课外读物"有的竟须全阅或精读"，就不仅具体、要求高，而且视野开阔、立意深远了。所以，"差不多"，某些部分只能看作是自谦之语。

基于读法的能力层次大分为理解与鉴赏，理解又小分为词句的解释和段落全文大意或要旨的捕捉。词语的正解，无非"多翻字典多问师友"，比较粗浅；不及《我在国文科教授上最近一信念——传染语感于学生》《学习国文的着眼点》中谈得具体丰富。"对于一篇文字，用了这样概括的方法，逐步读去，必能求得各节各段的要旨，及全文的真意所在"，所指为节录于《红楼梦》第五回一段，程序上应该是先"全文中心思想"后"各节各段的要旨"，而不是相反。这一点，朱自清《了解与欣赏》文中说得较为明了。中心思想的表达也不是只有读者概述一式，常见"通过什么"的老一套。还有作者自述式，如教材中的《孔乙己》或曾经选入的《狂人日记》《药》，就有鲁迅的自述和其学生的转述；作品陈述式，如文中引《庄子·外物篇》一段，就是捕捉、找出的，只要了解并运用了"文眼"的知识，抓住关键词句就行。概括的方式也是多样的，整合一下（夏丏尊的语境里是联络比较），上述三种，第一种是自用言语概述内容、揭示意图，第二、三种是引用作者或文中的概括。

鉴赏是基于理解的一种"须做"的"重要功夫"，也是读文渐进于内容的形式上的需要与归宿。翻阅历年课程汇编，鉴赏或曰欣赏就是阅读能力的目标。所做，完全是顺应目标之必须。在理解意义基础上的知其好处、领略美点，并非意味着认可选文即美文、即经典，更不是放弃浙江一师大纲中"用批评的眼光采取研究的方法"。文中写道："如果这文字是平常的作品，能确认出错误的处所来，那么直斥之为坏的不好的文字，原无不可。倘然那文字是有定评的名作，那就应该虚心反省，把自己未能同意的事，暂认为能力尚未到此境地。"一方面，鉴赏是"把'我'放入所鉴赏的对象中去"，带有较强的主观色彩，学习时少些急躁和任性，尤其对于名人名篇，存有一定的敬畏、尊重是必要的；另一方面，真"能够确认出错误的处所来"，却不限于"平常的文字"。如"我喜读《孔雀东南飞》，但对于末尾的'多谢后世人，戒哉慎勿忘'二句，常感不快，以为总是缺陷，不如没有了好。因为作者在这二句中突然伸出头来了。……中国旧小说中，这种不统一之处很多"；新文学《风波》《沉沦》《潘先生在难中》《超人》中，均"有着我所谓不统一的瑕疵的"。《文章作法》附录二、第三章第五节里，《开明国文讲义》韩愈《画记》一文分析中，都有这种自主而理性的批评，这也是"传染语感于学生"的具体做法。

之所以持续"用批评的眼光"，《文心》第30篇阐述了理由：一是"读了一篇不好的文章，如果能一一指摘出它的毛病"和"读一篇好文章能一一领会它的好处"是等值的；二是读的文章"犹如人的相貌一样，我们一生之中难得见到绝代的美人或美男子，日常所碰见的都是些普通的人物，不是鼻子太低就是眉毛太浓，或是眼睛旁有个小疤点。如果我们定要遇到好的才去鉴赏，不是机会就很少了吗"？篇中表示"这见解，是读了《中学生》杂志中的《文章病院》以后才发生的"。其实，从《文艺论ABC》第10篇就可见。只不过前文是引用了小泉八云的比喻"最好的东西决不多量存在，恰如金刚石一样"；后篇是把日常读的一些文章比喻成有缺点的人，即便是名人之作，也可能是瑕不掩瑜的美女帅哥。又怎能视而不见瑕疵、一味赞赏呢？

鉴赏既然是理解以上的能力要求，自然更少不了再读、复读，但不是一篇多遍地打个照面，而是舍得花时间费心力地咀嚼玩味。理解主要用概括的方法，鉴赏主要用的是比较的方法，是多向度多层次的比较。伴随着读者经验能力的提高，原来圈画的好处、美点，或有变更，这就是因人而异、因时不同的表现，温故知新、旧篇常诵出新意的明证。鉴赏同样也少不了做扩张、参考的阅读，把前人的鉴赏结果"用以帮助自己的鉴赏能力则可"，切不可替代了自己的鉴赏；"自己须由此出发，更取了自己的眼识去鉴赏"。对于前人的鉴赏成果与方法，也得用鉴别、筛选、批评的眼光。总之，无论阅读还是写作，中学生自做学习的主体、发展的主体，这一点，是十分鲜明的。

写作的学习，第一步"当求之于文字的法则"；"进一步的，真的文字学习，须从为人着手"。文中的步骤，大约和朱自清《论教本与写作》文中所说"写作是基本的训练，是生活技术的训练——说是做人的训练也无不可"差不多；破折号后的话，似乎不及夏丏尊说得那么坚定。从下一句"可是只这个广泛的目标是不能引起学生注意的"[①]，不难看出朱自清的意犹未尽。有关写作的能力层次，不妨暂时搁置一下。

夏丏尊主张作文"是一种人格的表现"，告诫"勿仅仅拘执了文字，在文字上用浅薄的功夫"，均是历年来的"老生常谈"，理所应当。写作具有鲜明的读者意识以及介绍五十岚力的"六W"，明示出处，一目了然；所不同的只是把《文章作法》里"真实""明确"置换为"明了""适当"，并以为前者是"形式上与部分上的条件"，后者是"全体上态度上的条件"；可见，"六W"就是"怎样写作？"部分的主要法则，也是自我检验作文适当与否的标准。他把"从古以来古人所遗留下来的文章诀窍"加以综述，"选出若干适合于中学生诸君的条件，加以演述"，绝非厚今薄古、迷恋日货，在他看来，虽然这仅仅是极粗浅的功夫，"犹之书法中的所谓横平竖直，还不过是第一步"，却是易于中学生接受和操作的；行文的角度上，与其反复说出中学生耳熟能详的、一万年恒久不变的天大的作文道理，还不如讲一个简单、好懂又新鲜的法则好。

"写作些什么？"除什么才是文章、什么不算文章的区分外，对应的是文章的体式，划分为"实用的""趣味的"两种。文中紧缩第一种，如同社会上的公文写作；侧重第二种，并以为"这类文章，用了浅薄的眼光从实际生活上看来，关系原甚少，但一般地所谓正式的文章，大都属在这一类里。我们现今所想学习的（虽然也

---

① 朱乔森编：《朱自清全集》第2卷，江苏教育出版社1988年版，第45页。

包括实用文）也是这一类。这是什么缘故呢？原来人有爱美心与发表欲，迫于实用的时候，固然不得已地要利用文字来写出表意，即明知其对于实用无关，也想把其五官所接触的，心所感触的写出来示人，不能自已。这种欲望是一切艺术的根源，应该加以重视。学校中的作文课，就是为使青年满足这欲望，发达这欲望而设的"。这里，全然没有了教学小品文时的心有预悸和余悸，也不再顾忌多多；大大突破了记叙、说明、议论的常用文体，真正做到了不限。文中提到自由写作和命题写作，全而不偏；也说到肚子里有什么思想感情，就尽可能自由发挥，写成文字，只是没有举出若干实例，难以把握表达的自由度；从《文心》若干篇中，可见当时的尺度放得挺大①。至少在作文体式上，"算是自由已极的了"，也使既往的说写能力目标，认知上不再模糊空泛，操作时不再无从下手，纯粹沦为一种时效性的空挂的标语口号。

引发文章定义并介于两种体式划分的是夏丏尊说的"一个笑话"，贯串了"写作些什么？"的始终，值得关注。这个笑话的编写，以及"爆竹"的比喻，明显有着中国特色和民俗风味；近年有学者以为也有参考的底本的②。以下是教育学硕士郭哲的一段译文：

作文章就是产文章

"作文章"恰当地来说是"产文章"。若要比喻产文章又可说像孕育孩子一样。

孩子在腹中时，母亲的起居动作都必须十分慎重，进行特别的保养。在此之后到解开生产的纽扣前的十个月四十周内，有可能好不容易形成的胎儿流产了，也有可能生出不足月的虚弱的孩子。即使是平安无事地足月了，在生产之时也必须承受所谓的"生产的痛苦"。经历了生产的痛苦，十个月内不同寻常的注意与保养终于产出了宝玉一般的孩子。

文章家脑中浮现出想写的内容即变成文章种子的思想，正如母亲腹中住着的婴儿。如果一直将这粒种子放置不管就会马上消失。即使是努力的培养，如果培养方法错误，就会被扼杀，毫无生机。即使是培养方法很好，有时也会因为各种各样的事情不得已在未成熟之时被写出来经历世间的冷风。这是流产，还是堕胎？乃至比喻为生出不足月的虚弱的孩子。慎重考虑研究之后，即使在成熟基础上写出优秀的

① 程稀：《〈文心〉作文教学论的启示》，《上海师范大学学报·基础教育版》2009年第3期。

② 郑谷心：《关于夏丏尊国语教育方法论的考察——以1930年代中国的国语学力问题为焦点》，《教育方法学研究》2015年第40卷，第69页。

文章，从脑中移动到纸上时，必须煞费苦心。这一点都不次于生产的痛苦。转移到纸上完成大致内容，也是需要很努力的。

以前的作家会把自己的作品比喻为孩子。这不仅仅是语言上的比喻。对于认真的文章家，一篇篇的作品实际上是用自己的血孕育的孩子①。

显然，"语言上的比喻"早已有之。除本体、喻体一致外，五十岚力是从母亲孕育胎儿到生产的过程之中，预设种种可能的风险、提示保养和培育，并做出忍受痛苦的准备和努力；是借助贴切的比喻写成的论说文。夏丏尊讲的是一个有大约的时空背景、介于虚实之间的、有人物表情神态的、有对话和心理活动的、有故事情节的笑话。他之所以塑造一个作不出文章的苦痛的秀才，就是出示一个比较的对象，产生强烈的区分度和冲击力。使旧的"代圣人立言"的做法，自惭形秽，无地自容；放中学生到一条自主自由的宽广的作文新路上去，把自己的思想感情这胚种进行多方培育，从而使之发达，生产出健全而有生命活力的文章。五十岚力文中的流产、堕胎、阵痛等，在夏丏尊的笑话里是不出现的，而如何加强营养、多方注意，却是排列而出并反复申述的。所以，无论是表现形式还是思想内涵，这一笑话都是具有中国特色和现实需要的，笑话本身也编得颇有个性和新意。

这多方培育作文胚种的路径揭示，后再现于《文心》第13篇《触发》，并明确道出了"作文贵有新味"的要求；第29篇《习作创作与应用》，其中的一新概念，就是同样出现在朱自清《论教本与写作》文中的"创作"。这未必是大多数人写作的"切近的目标"②，却使写作要面向广泛的读者有了直观而真切的感受；在课程读写架构上，有了和"鉴赏"对应的概念。就能力层次而言，以常用文体与周遍地养成各种文体写作能力，以法则的掌握运用、熟练的程度以及文字个性新意的有无，可以做出划分。夏丏尊的课程建设与开发，稳中求进；包括厘清理解与鉴赏、略读与精读的关系，均应做动态的发展观。

---

① 五十岚力著，郭哲译：《作文三十三讲·序》，早稻田大学出版部1913年版，第2-4页。

② 朱乔森编：《朱自清全集》第2卷，江苏教育出版社1988年版，第46页。

第三节　建设成果：时有新的创获

"治教育则归于至情，研语文则时获创见。"①过去总以为这句话是对夏丏尊教育人生最好的概括，是一条可以贯穿始终的研究线索，当下却觉得可以略做调整和补充。仅以任教春晖中学的一段为例，上句对应《爱的教育》的翻译和倡导；下句语文方面，根植于教学实验的，就不只是"创见"，而是教改成果的奉献与分享了。所以，大胆抖出兼容的"时见创获"以替代"时获创见"，并作如是观。今以文篇发表的时间为序分述于下。

1. 写生小品文的教学

《作文教授上的一个尝试——教学小品文》的发表，宣告了一次成功的逆袭。尝试的起因和思路，是从费心用力、想方设法仍不得法、不见效的班级个体，推及"一般同等学校的学生"；从作文案例现象到问题实质所在，并为谋求改变而"烦闷长久了"后，生发的一场倒逼的教改，一种无法回避又非主流的材料与方法的变革，以期带动、影响大到作文态度、读解路径及其背后的国文科认知，小到文体的选择、序列以及习作篇幅、次数等全方位的变革。所以，可以把此文看作春晖校园里夏丏尊语文教育开天辟地的力作。它不仅丰富了课程与教材的内涵和外延，其产生的积极广泛的影响，还促成了1929年国文暂行课程标准的改订，在语文教育发展史、课程编写史上，都有值得写记的一笔。

当时的语文教育界既沉浸于白话文胜利的喜悦，又未能彻底改变传统的狭隘和片面，教材即课本、读与写一切尽在书本的认知较为普遍。这和积久的旧的习惯势力乃至新文化运动倡导者的天真、无教学经验均有关。胡适《中学国文的教授》文里所说，不过是换本本，还在本本。仿佛一白、将就点儿白话性质的便有成绩来矣，而且偏重文学特别是读小说的数量。教科书的编写大都以为选文堪做学生作文的模范，仿佛"白富美"。教学一线的情况究竟怎样？文中的若干实例显示："用了语体作文，表面上叫做'新文章'，其实除了把文言翻成白话以外，内容上何尝有一点儿的新气？"不过"变形"的白话葫芦罢了。"依样模仿"本来还不失为一条途径，可是加上死记硬背，于是"作出的文来，就满纸陈言，千篇一例"了。"那么，叫他们从什么地方去学国文呢？我所第一叫学生注意的，是自己的生活，叫他们用实生活来做作文的材料。"夏丏尊的自问自答，不仅揭示了作文的泉源，而且

---

① 叶至善等编：《叶圣陶集》第6卷，江苏教育出版社1989年版，第211页。

洞开了阅读的天边；不仅展示了另辟蹊径、不走寻常路的睿智，而且使其劝导学生的"两种见解"得以具体地落到实处。文中，把"设法使学生对于实生活有玩味观察的能力"与"学作小品"结合起来，把"写生活的一个断片"与"小品文的讲义教授讲解"结合起来，可以从不同层面感受到读写的双重结合。

这种由实际操作而引动学生作文观念的转变，行之有效、一举多得，绝非是灵机一动，得来全不费功夫。写生以生活为作文的材料，无可非议；学作小品文，"关于这层，大家或者有所怀疑"。这里未必要引用刘半农《应用文之教授》上的两个比喻，也不说梁启超与胡适对立的《中学国文教材不宜采用小说》；胡怀琛《作文研究》、阮真《中学作文教学研究》都否定中学生文学的写作，前一本直说到夏丏尊。好在他早有心理准备，不过，这一生怕怀疑、回避争议的声明中，不只以为"小品自身，原有价值可说"，尤为认定"其对于作文练习上的价值"；以此类推，即文本的价值与教学的价值、交流对话的价值，那就给后人提供了另一种值得珍存的重要见解。

写生小品文合二为一，教学尝试以成，时间上，和胡适1922年3月写作的《五十年来中国之文学》中论述白话文学成绩时，认为周作人等提倡的小品散文的成功，"就可以彻底打破那'美文不能用白话'的迷信了"较为接近；心灵上则是图画科演变的历程，尤其是浙江一师时同事的范型启发。丰子恺在《忠实之写生》文中说到"写生画者，按自然美而描写之者也。……乃中国画店，有小学中学师范画学临本之发行，而学校沿用之，以为习画必用范本"[1]。打破惯例的是其老师李叔同。夏丏尊在《弘一法师之出家》文中写道："他教的是图画和音乐两科，这两种科目，在他未来以前是学生所忽视的，自他任教以后就忽然被重视起来，几乎把全校学生的注意力都牵引过去了。课余但闻琴声歌声，假日常见学生出外写生"，印象深刻。再则，夏丏尊的教学经验里，无论是学生的文言文，还是白话文写作，都先后存在着失却自我真实的生活感受而把选文中的所谓好词好句不适当地抄下来的情形。丰子恺回忆"我们做惯了'太王留别父老书''黄花主人致无肠公子书'之类的文题之后，他突然叫我们做一篇'自述'。而且说：'不准讲空话，要老实写。'有一位同学，写他父亲客死他乡，他'星夜匍伏奔丧'。夏先生苦笑着问他：'你那天

---

① 丰陈宝等编：《丰子恺文集》第1卷，浙江文艺出版社1990年版，第5页。

晚上真个是在地上爬去的？'引得大家发笑"[1]；周伯棣回忆发表于学生自办刊物《浙江新潮》上的，也大多"是《新青年》思想的幼稚复写"。犹如"患不消化症的大概将食物照原形排泄出来"一样，"试看！现在学生所作出来的文字，不多就是选文或什么书报上文字底原形吗？"所以，命题、批改方式等的多样和变化是局部的，学科的认识、内存在材料方法之中的作文态度和价值导向才是全局的根本的转化，写生小品文教学正适切并促进了这一转化。

浙江一师时夏丏尊曾翻译过莫泊桑的小说，福楼拜像美术教师那样教莫泊桑去写生的经验不无知晓；新潮的白话散文小品有传统的背景，更多的是受外国的影响。朱自清《背影·序》里说"夏丏尊，刘薰宇两先生编的《文章作法》，于记事文，叙事文，说明文，议论文而外，有小品文的专章"[2]；近年日本学者鸟谷真由美在《越境的小品文：以中日小品文互动为中心》文里，肯定"在现代小品文的建构中，夏丏尊起过重要作用。为了新文学的实践，他在现代中国最早提倡小品文，并在中学里进行相关教育"；还认为"夏丏尊留学回国后，肯定曾读过明治末期小品文盛行时出版的水野叶舟的《小品文练习法》（新潮社 1915 年）"[3]。所做比较研究，还有进一步具体分析的必要。对于夏丏尊率先将写生小品文实践于中学作文教学，并为此把学习研究（备课）的视野触角延伸至国外，当作疗救学生病症的药来用，这应该是超越小品文本身的更大的价值和意义所在，理应得到中外学人的一致好评。

写生作为一种练习形式，中外早已有之，无数事实足以证明功效。春晖中学所用《读本》附录的大纲也有"写生"项，只是编写者没有试行。覆盖面最大的部颁课程若没有来自第一线的教学经验，势必很难有切实的新意。写生小品文教学为课程修订提供了有效的教育资源，并且是 20 世纪 20 年代独一无二产生了广泛影响的经验。胡怀琛说道："前一二年，我曾看见丏尊做了一篇《作文教授上的一个尝试》，初载在《觉悟》上，转载在《学生杂志·国文研究法专号》上。"[4] 这是做出两者之间相关的理由。1929 年《初级中学国文暂行课程标准》首次设立"野外写生"项，解说"这是借用图画的习语。学生分为几组，由教师率领，到郊外实地描写景物。教师即就地指示观点的迁移，景物的远近及色彩的浓淡等，以定叙述先后的方法"。

---

① 丰陈宝等编：《丰子恺文集》第 6 卷，浙江文艺出版社 1992 年版，第 157 页。

② 朱乔森编：《朱自清全集》第 1 卷，江苏教育出版社 1988 年版，第 30 页。

③ 鸟谷真由美：《越境的小品文：以中日小品文的互动为中心》，《汉语言文学研究》2016 年第 4 期。

④ 胡怀琛：《作文研究》，商务印书馆 1925 年版，第 97 页。

这可看作是对夏丏尊教学经验的推广。后之二十年，文字表达有所简略，写生练习项一直保留；再后之几十年，大纲、课标中观察、言之有物的好作风，和写生不搭界；写局部、写片段和写小品文无关。文体限于常用，真正不知道原因何在。

以图画的写生法观察玩味自己的生活，以小品文体式试练各种短篇文章，是从春晖中学等处汇聚到开明书店的语文教育家的共同志趣。叶圣陶《作文论》设立"描写"项，虽无小品文之名，却有作法之实；后之如《木炭习作和短小文字》《以画为喻》等篇，无不归结到要作绘画样的文字，不是图式的文字上来;《论写作教学》借用罗庸的话说"国文教师似应采取图画一课的教法，教学生多写生，多作小幅素描，如杂感短札之类，无所为而为，才是发露中诚的好机会"①。刘胐胐的定向观察即野外写生，机遇观察为"偶然引起注意的一种"，她是"先用定向观察让学生掌握要领，然后再放手让学生机遇观察，两类观察交替进行"的，可算是一种隔空的回响吧！

2. 文言文读写的商榷

《初中国语科兼教文言文的商榷》一文，是新学制中小学统称国语的背景里，对于春晖中学时用孙俍工、沈仲九编写的白话文《初级中学国语文读本》（附大纲），就文言文的读与写，从学科课程、教材、教学层面所做的思考。题面和文字的详略上，只是语体文教学的同时教学文言文的主张；然而篇中一再申述、反复有三的学生不再作文言文，却是在大而广泛、长久的层面上，鲜明地亮出观点，斩钉截铁、铿锵有力，因而也是更具现实的针对、更有远见的卓识，可以说，一篇"商榷"，两线作战。中学文言文教学，"专就读解方面着眼""文言文尽可不作"，历时地看，完全是符合学生实际和语文课程标准制订的。

这时，大概不难理解《关于国文的学习》里主要参照 1929 年的国文暂行课标，而不是 1923 年的国语课程纲要了。不是因为前者系南京政府教育部颁布的、具有法规性质的第一个体例较为完整内容较为翔实的课标，后者为全国教育会联合会下的新学制课程标准起草委员会编订。更不是因为时间的靠近、心理的亲近，而是课程目标、内容的理念和取向上接近。就初中而言，主要是对于国语课纲中初一、二"兼习文言文"、初三"语体文体并重"表达不满。孙俍工、沈仲九在国语课纲酝酿之际编写《读本》，"选文作家，以现代人为限"，竟然表示"编辑宗旨，在供给新

---

① 中央教育科学研究所编：《叶圣陶语文教育论集》，教育科学出版社 1980 年版，第 443。

学制初级中学国语文教学的需要"。似乎有点想当然地误打误撞，联系到他们匆匆试行的"道尔顿制"，又似乎和曹聚仁所说《一代政人沈仲九》的"深沉"有些出入，这大概是人的复杂性；1923年初中国语课纲署名叶绍钧起草，也经过委员会复订，自有妥协、磨合其事的复杂性。文中认为"初中应否教文言文？如何兼教文言文，应用什么做教材？"等一系列的问题"急待讨论"；商榷、争鸣不过是"将个人的意见及教授现状写了出来，希望大家指教"！态度之诚恳，表达之率真，心胸之开阔，无疑是一种人格的表现。所以，也没有掩饰、回避彼此分歧的理由和必要。

从文中可见，夏丏尊发表《叫学生在课外读些什么书》一文后，"曾有朋友来书责难"，即"赤民和赤子两位先生由西华第一校寄了一封提出五个疑问的信来"，他写了《答问——为课外读书问题》，来信用的化名，无从查考。"商榷"一文，已是由课外读书转入课内教材的选文教读了，变动地使用《读本》有如变相地动了编者的"奶酪"，于是原来还是隐约着各说各的看法，变成了直接的争鸣。首先是在"我的朋友中"与沈仲九的商榷。沈仲九《中学国文教授的一个问题》里，的确是集中研讨一个问题。他认为读写两方面中，白话文、文言文兼教兼习的"比较的在国文教授界没有多少的价值和势力，现在不复讨论。我所要讨论的，是初中国文科的读书一方面，应否兼读文言文的问题"。在他看来，夏丏尊转向了。"从前主张初中专教国语文，现在却主张兼教文言文了。"仿佛昨是而今非；并援引"我的朋友丏尊先生在《误用的并存和折中》一篇文章里"的话，以显示、证明前后间的矛盾。从下文看，他是把夏丏尊上述三篇文章综合起来分析的，根本的分歧还在于培养什么样的人。针对"我们兼教文言文的目的有二：一是适应现代生活，二是养成读书能力"，沈仲九做了个性的观照和读解，自述"教育的目的，以为只在造成一世界的'人'，不是一国的'国民'；只在造成一人类的人，不是一民族的人"。且不论沈仲九的浮泛不切，所谓"不具国性，不碍其为一世界的好人"[①]；仅凭"目的有二"，白话文教学也能合适。所以，这是如沈仲九所说"他这两种理由确是可以代表初中兼教文言文的最有力的议论了"，还是不刻意文言与白话的差异、打通连贯呢？关键还在"享受先人的精神遗产"，做有民族魂灵、有文化根性的中国的中学生，这才是体用、人文的结合和一致。其后，朱自清与"初中兼采文言，反对者孙俍工"也进行了商榷。

---

① 沈仲九：《中学国文教授的一个问题》，《教育杂志》1924年第16卷第5号。

　　文言文读写分离还是读写并举？当时的语文教育界有着诸多议论。除课纲派如胡适、叶圣陶、周予同等的"兼习""并重"外，较为接近的有梁启超的文语随意论，他的《作文教授法》中"假定学生在小学期间对于语体文已有相当之素养，到中学以上无专门教授语体文之必要"。课内"作的文文言白话随意"，理由是"会作文言的人，当然会作语体。或者可以说文言用功愈深语体成就愈好。所以中学以上在文言下些相当功夫，于语体文也极有益"。他"主张中学以上国文科以文言为主，但这是专从讲授一面说，至于学生自作，当然不妨语文并用；或专作语体亦无不可"①。随意论在教学第一线颇有市场，张震南等《中学国文述教》中便是"文言白话各从其便"②。阮真《中学作文教学研究》中反映"'文言白话一任学生自做'这差不多是现在个个教师、个个学生公认的绝对的原则。谁敢否认这个原则呢？但是据我的观察，有些学生自进校到毕业，完全做白话，不做一篇文言；教他写文言便不能下笔了。有些学生因为从前做惯了文言，便自进校到毕业，完全做文言，不做一篇白话；教他写白话文便做不好了（这些学生不但白话文做不好，便是国语也说不好。）那么文语限制，在作文练习上不能不成为问题了"③。可见，梁启超的假定并不可靠，中学生文言语体的转换未必如他似的信手，阮真反对放任自流及其滋生的浅尝辄止是不错的。

　　疏离的有朱自清的语体为主论，他在《中等学校国文教学的几个问题》中说到"至于'文白'之别，我以为初中应全作白话文，高中亦应以白话文为主，其愿意作文言者听之——因无论如何，我相信将来通用的只有白话文"④！这等于把蔡元培将来白话派一定占优胜的预想，推送到中学生作文体式上，似乎1929年初、高中暂行国文课标就是照此抄录的。对立的不作文言论，以夏丏尊、黎锦熙为代表，黎锦熙的态度也很坚决，他以为《中等学校的'国文科'要根本改造》之一，即"凡中等学校四年间的'作文'，纯粹地练习语体，绝对废止文言"，理由是"须知文言文的用处，只在'阅览'一切文言的书籍，只是我们民族遗传下来一把知识仓库的锁匙"，而"绝对不是拿来做'文学的模范'的"；并反问"语体文定是容易作得好

① 梁启超《饮冰室合集·专集70》，中华书局1936年版，第1-41页。

② 张震南等：《中学国文述教》，商务印书馆1925年版，第44页。

③ 阮真：《中学作文教学研究》，民智书局1929年版，第125页。

④ 顾黄初、李杏保编：《二十世纪前期中国语文教育论集》，四川教育出版社1991年版第364-365页。

的吗？难道不要长时间地练习吗"①？夏丏尊、黎锦熙、朱自清的看法，均可视为对于国语课纲的批评和修正，虽然没有像穆济波那样指名道姓。穆济波反对胡适等人的双管齐下，却主张初、高中分段，初中语体文写作，高中文言文写作，虽不是平行的双管，却是分段的二节管，两头也未必衔接得上，和黎锦熙一样，夏丏尊是一竿子插到底。至于大学文科应否学习文言文写作，还有待商榷。因为在回答"古文学者是否为现代社会所需要？"时，他认为"不独现在，就是将来古文学者也必有他的相当的地位"。可见，大学中文专业可以也应该设置文言写作的选修课。

文言文读写分离还是读写并举？后之课程标准上也有反复，实际上根本做不到，反而加重了学生的负担，降低了表达的水平。和夏丏尊在民办的春晖中学自行其是不同，阮真曾遵循课程纲要一路做来，还略做调整，初一"集中精力，切实教学，先使学通白话文"；初二、三"尽力注意白话文文言文之过渡训练，使渐能读作文言文；而高中学生则当完全读作文言文"。试行的结果是感叹"至望初中毕业生能学通普通文言文，而为通畅的文言文章，此事实上所必不可能者"；对于所教高中各班历届毕业生之观察，"大约文言能通者（白话亦通）百分之十"，"作白话大致通顺者（不能作文言）百分之五十"②。造成90%不达标，究竟是谁之过？从比例上，哪一种更利于学生发展、符合教育原理和社会需求呢？为区区10%奋力拼搏值吗？连阮真也深感到这是一场"师生两困，教学兼疲"的无望的苦斗，他的教学实践经验反证了夏丏尊不作文言文的明断。

不把文言文写作列入课标，是一种减负、节约，让学生把有限的时间和精力投入到古今文字之书以及生活无字之书的"咀嚼玩味"上来，投入语体文的写作上来，这事关表达自由度的合理把控和调配。春晖中学时的夏丏尊，刚刚把学生从文言翻成白话的套式中挣脱出来，"叫他们以一二百字作生活的一个断片"初见成效，自然是"不主张学生再去作文言文的"。

他有收，也有放。读解文言文是放，"周遍地养成各种文体的写作能力"更是放。这样做，也不全出于把有限的教育资源用到刀刃上去，除了上述体用、人文结合一致的需要外，他意识到白话文的事业未竟，中学作文教学任重道远，也须多方注意、多向学习。《文艺论ABC》第8篇里说道："白话文学运动原也是受了西洋

---

① 黎泽渝等编：《黎锦熙语文教育论著选》，人民教育出版社1996年版，第187页。

② 阮真：《中学国文教学法》，正中书局1936年版，第181页。

文艺的洗礼而生的，但可惜运动只在文艺文字的形式上，尚未到文艺的本身上。我们更该尽量地接近外国文艺，进一步来做文艺本质的改革运动"。正如当初的改革者感觉文言词语不够用一样，《先使白话文成话》文中指出："白话文最大的缺点就是语汇的贫乏。……从来古文中所用的词类大半被删去了，各地方言中特有的词类也完全被淘汰了，结果，所留存的只是彼此通用的若干词类。于是写小说时一不小心，农妇也高喊'革命'，婢女也满嘴'恋爱'。编成戏曲的说白可以使台下人听了莫名其妙"。那么如何吸收、丰富呢？"大众使用着的话语，不论是方言或是新造语"自是题中之义；就学生"在词类上却不妨是富人"（《文心》第 17 篇《语汇与语感》）而言，文言文的词语、句式也是积累、盘活资产的一部分，同样只要不是"隔膜"的"近似的语言"。这样看来，读解文言文，也并非和作文绝缘。

曾拟定兼习文言文的叶圣陶，后却主张"要把语体文写得纯粹，也不该向文言讨救兵。……写语体文要纯粹是语体，正同写文言要纯粹是文言一样"[1]。并指出夏丏尊《整理好了的箱子》这一篇里有一些语句是文言的调子，像"赖以打破黄昏的寂寞的"和"一星期来的愁眉为之一松"，都和我们的口头语言不一致。为求文章的纯粹起见，能够把这些语句改一下自然更好。这不仅和写作教学有关，还与教科书文白的分合相连。穆济波说过"读物混淆，思想杂乱，所模仿的又不一类，结果大多数的学生弄成不文不白的怪状，这是现时一般中学的真实情况"。阮真也常常批评学生习作文不文、白不白，还是朱自清说得好："阅读些文言，于了解别人文字与自己作文都有帮助！——至于说混合教足以混乱学生心思，我想是杞人忧天；因为只须分别轻重，学生自知孰主孰从，不致与教师的期望相戾的。便是作文时容或有语不语、文不文的现象，那也毫不要紧；我上面已说过了，现在的白话正要从文语里搜罗些旧料，建筑新屋——语不语，文不文，正合于这个趋势，怕甚么呢？"[2]只要意在表现自己，尽自己的力，做到"明了""适当"便行。

3. 语感的提出和研议

《我在国文科教授上最近一信念——传染语感于学生》是继上述文篇后，面临新的"现象"，由自己的读书经验而得到新的启示和见解。把教者自学的法子授予

---

① 中央教育科学研究所编：《叶圣陶语文教育论集》，教育科学出版社 1980 年版，第 422－423 页。

② 朱自清：《中等学校国文教学的几个问题》，《教育杂志》1925 年第 17 卷第 7 号。

学生学的法子，似乎始于此文，《关于国文的学习》篇中可见。读写材料拓展与作法变革后，进一步关注学生实际的言语接受和表达，是情势之必然，刘朏朏"观察、分析、表达"三级体系的构建也是这样。文题中兼顾到师与生、教与学的双边互动，是理念与操作的一致，联系文末一节，更能看出其中的角色定位和责任担当。这里，就语感的提出和相关研议，做一些梳理和阐述。

作为"最近一信念"，一种自认为"在国文科教授上"可以确信的看法，夏丏尊是不会轻易生发的，也不会随意改变的。曹聚仁《我们的舍监夏丏尊先生》里评价："他的为人，不带一点儿急功近利的意味"，并以一事例表明"在举国若狂、如水趋下的时候，夏先生要青年们检讨自己的真实信仰，这必须有真实的胆识，才敢说的。"[①] 对外来的教育思潮，他不盲从、不排斥，而是"希望对于各种教育思潮方案等有确实的信念和实际的试验"，主张"赤裸裸地按自己的信念做去"。他的人格、他的学养、他的经验，完全可以为他的信念做出一份担保，毋庸置疑。

语感并不神秘，浙江一师大纲中读"能够敏捷、正确、贯通"、写"要自由、明白、普遍、迅速"，就有语感的要求，只不过未姑且名之而已。文篇比较之中做了初步的解说，"对于文字应有灵敏的感觉"，这里的"文字"，包括了他人和自己的书写；至于"有正确丰富的了解力"，理应添加上"表达力"。可是，20世纪90年代一本近20万字的《语感论》，列举种种词典"无此条目"后，就"说是一片亟待开垦的处女地"[②]，书中竟未提到夏丏尊三个字，不可思议。《语感教学的内涵和外延》的论者认为"在老一辈语文教育家那儿，语感是作为一种心理语言学概念，具体说是一种对阅读心理的描述提出来的，至多，是作为语文教学内容的一个方面提出来的"[③]。其指的是谁？依据何在？《语言的隐含意义、语感与语感教学》文里提到的老一辈语文教育家，也只有叶圣陶、吕叔湘、张志公，以吕叔湘为例，他认为"语文教学的首要任务就是培养学生各方面的语感能力，让他们记住某些事实是次要的。一个学生的语感强了，他在理解方面和表达方面都会不断前进"[④]。可见他并非"是作为语文教学内容的一个方面提出的"；再以夏丏尊为例，他的文题明明为《我在国文教授上最近一信念——传染语感于学生》，且附录于作文法专著，也不可

① 曹宗仁：《文坛三忆》，三联书店1999年版，第39－40页。

② 王尚文：《语感论》，上海教育出版社1995年版，第1页。

③ 李海林：《语感教学的内涵和外延》，《语文学习》1995年第7期。

④ 连庚：《学习语法和培养语感——访吕叔湘先生》，《语文学习》1985年第1期。

能仅"是一种对阅读心理的描述提出的"。夏丏尊是语文科提出语感的第一人，后之语文教育家，均在其研究的基础上发表各自的见解。收入《阅读与写作》中叶圣陶的文章《文艺作品的鉴赏》里，还引述了夏丏尊谈语感的一段。今之论者无视其"信念"，是夏丏尊个人的悲哀，还是语文教育界表面热络下的冷漠？一些研议语感的文章先后发表于同一本杂志，真不知做着怎样的学习和研究。

夏丏尊语感的提出和研议，首先是从学生语文学习的实际出发的，而且是由作文成绩的进步不显著而谈论基础的阅读。如果说，前者是探讨读什么，那么这里研议的是怎样读、怎样去做文字上的咀嚼和玩味。他观察到：学生的语感，客观上存在一个转误为正、自偏渐全、由浅入深、不敏到敏的层次和过程。"普通学生在读解正课以及课外读书中，对一句或一语的误解不必说，即使正解，也绝非全解，其所感受到的程度必是很浅。收得既浅，所发表的也自然不能不简单空虚。这在学生实在是可同情的事。"字里行间，的确是把吸收与发表联系起来。对学生表同情，也不是空发议论，因为"要把一语的含义以及内容充分了解，这在言语的性质上，在人的能力上，原是万难做到的事"，而且"世间绝没有能全体感受任何一文字的内容的人，所不同的只是程度之差罢了"。他是带着对于语感规律性的体悟知难而进的。如同国文无止境、学习有程限一样，语感的培养并非游离读写能力目标的又一种，更不是另立山头、特设中心。传染语感于学生，和着眼于形式培养读写能力，可说是一体之两面。

语感无止境、有层次、有差距，主要表现在作品与读者、教师与学生两方面。"在绝对的境界上，可以说教师对于学生什么都无从帮助。因为教师自身也并未能全体感受任何一文字的内容。……数学者对于数理上的各语所感受的当然比普通人多，法律学者对于法律上的用语，其解释当然比普通人要来得精密。一般作教师的，特别的是国文科教师，对于普通文字应该比学生有正确丰富的了解力"。由此可知，学生语感素养的整体提高有赖于多学科知识的学习。难怪《文心》中的学生时常得到他科教师的点拨，左右逢源。当然相比之下，他科教师因其专业背景，可使学生有充分的了解，往往专注于知，是丰富趋向于正确；就文体说，科学的文字也"重在诉之于知"。而国文教师重知更重情，所期望学生的了解力，是基于正确的丰富。语感思维的特征不只是线形的逻辑理性，更多的却是发散的诗性感悟。它需要取艺术的态度如实去观照玩味、凭丰富的经验并借以想象，可以说，灵敏语感的真意在此，国文科的基础性、独特性、优越性也在此。

夏丏尊的语感提出和研议，历经了从实践中得到启发、确立信念到扩张开去理论探讨，再通过多种方式、途径给中学生指导的过程。《文艺论ABC》里不少篇章就是扩张开去的理论探讨。第7篇中他从科学与文艺的源起说，"读过科学史的人，想知道科学起于惊异之念的吧。文艺亦起于惊异之念。所谓大作家者，就是有惊人的敏感，能对自然人生起惊异的人。他们能从平凡之中找出非凡。换言之，就是能摆脱了一切的旧习惯、旧制度、旧权威，用了小儿似地新清的眼与心，对于外物处处感觉惊异。他们的作品，就是这惊异的表出而已。"他列举张俞的一首小诗："昨日入城市，归来泪满巾。遍身罗绮者，不是养蚕人。"以为就是于常人不足为奇、不发疑问之处，感到了矛盾、表达了惊异。他之"用了小儿似的新清的眼与心"，可谓生活观照与文本阅读的指南。渐渐长大的中学生保持一颗童心一双真眼，这关系到读写乃至为人做事的态度问题。第14篇中他就文艺内容形式的两面论，"敏感的重要不但在文艺的内容上，至于文艺的形式上亦大大地需要敏感。文艺是用文字组成的艺术，文章的美丑，结构的巧劣，都是文艺的重大关键。大概的文艺作家，也就是文章家。所谓文章家者，就是对于文字的使用有着非常敏感的人。贾岛的'推敲'，勿洛培尔的'一语说'，都可证明敏感的必要。至于近代的象征派的作家，对于文字上的感觉，其敏锐更足惊人，他们之中，竟有人能从五个母音上分出五色来，说什么'A黑、E白、I赤、U绿、O青'的话。"这里所说的语感已包含敏捷、迅速与新锐、独特的因素。

《文心》第13篇《触发》是文中"旧书常诵出新意"是延续和发展；第9篇《文章病院》、第11篇《词的认识》、第17篇《语汇与语感》，从口语、文字不同角度、方法上，做"词类的感觉力的磨炼"；并认为"要做这步功夫，非对于词类有锐敏的感觉力不可"。《学习国文的着眼点》分讲词、句式、表现法，不仅是从知、情着手，而且也是读写两面论述的。《文章讲话》里再做拓展，如《句读与段落》例说：符号的使用、段落的划分，"成了文章的一部分，竟是有生命的会起作用的东西"，它们"在规则以外尚有技巧。这技巧要对于文章有敏感的人才能体会得到"；《句子的安排》里论述，写文章"第一步是各种句式的熟习。一句句子摆上去，如果觉得不对，就得变更别种样式的句子来试，再不对，就得再变更样式来再试，直到和上下文适合才止。越是熟习句式的人越能应用这方法。犹之下棋的名手能用有限的棋子布出各种各样的阵势，去应付各种各样的局面"。由此可见，无论是自身修养还是传染学生，语感所需绝非知之甚少，而是知之甚多。知包括陈述、程序操作的知，情也不只是言语之情味，还有师生之情谊。再则，下棋名手的比喻可谓精妙。许国璋《从两本书看索绪尔的语言哲学》文中以为，语言好像下棋"这是索绪尔最心爱的比喻"，就"七个比喻中尤以乐章、下棋、代数三者为上品，下棋尤上"。正如他所言"理想的比喻是一喻比全局"[①]，夏丏尊浅近深刻的比喻比比皆是，具有大局观的比喻如《受教育与受教材》《学习国文的着眼点》篇中都用上了代数式；无论是句法如下棋，还是形式同算式，都是有限的规则无限地使用；既考虑到规则，更注重了随机变通的策略。在语言哲学层面上，和异时异地的索绪尔、洪堡特等人有着某些相通之处。这表明，在自己祖国语言的大地上，为着民族的未来，深情耕耘，终能长出鲜嫩的苗、开出美艳的花、结成丰硕的果。在语感已写入语文课程标准的今天，夏丏尊的提出和不懈的研议，难道不应该得到更多的重视和珍惜吗？

---

① 许国璋：《许国璋论语言》，外语教学与研究出版社 1991 年版，第 116－121 页。

第二章　语文教材编写

夏丏尊主编的语文教材包括读本作本，涉及课内课外，大多为顺应时代发展与教学需求的校本教材，大多是和同事朋友们的集体制作，尤以与叶圣陶的合编居多，大多原先由其参与经营的开明书店出版发行，在语文教材编写史上，构成了一道算不上完美却独具特色、颇有影响力和感召力的文化景观。

第一节　教材的界定：文本与生活打成一片

"五四"后二十年间，夏丏尊是一线教师自己编撰教材范例践行者，也是"下水"试验、合作建构的模范，可以说，《国语教材》（与陈望道、刘大白、李次九合编，1919 年）、《文章作法》（与刘薰宇合编，1926 年开明版）、《文心》（与叶圣陶合著，1934 年开明版）、《开明国文讲义》（与叶圣陶、宋云彬、陈望道合编，1934 年开明版）、《国文百八课》（与叶绍钧合编，1935 年开明版）、《初中国文教本》（与叶绍钧合编，1937 年开明版），每一部都各具个性和特色，但是共通的特点、核心的要素却在自主与创新，这一点对当下语文教材编写更富有切实的指导意义。

从上述列举的六部教材里，大略看出编写了些什么、怎么编写出来的（和什么人合作的、在什么时候），以下综合起来，进一步了解语文教材是什么、应该怎样。根据课程标准（教学大纲）编写或选用教材去教学，是自然、普遍的现象，教材作为课程与教学的中介不可或缺。教材是课程的具体化和生活化，为实现课程的目标，在使用教材的教学过程中调整、删改、补充是常有的事，也就是说教材不可能原封不动，也未必能固定于一本。即便又出现了统编本，学生的程度不一样、教师的经验能力不一样、教学的着眼点不一样，一本也是多本；否则，就是照本宣科、千篇一律，就不会出现多样而有创意的教学设计了。一线教师不是教材的被动接受、机械的使用者，而是伴随着教学实践，尤需从学生实际出发的积极主动的建构者。这是教师的职责和担当，是夏丏尊编写语文教材的动因所在，也是厘清其（包括合编者）语文教材内涵和外延的逻辑起点。

当下语文教材的界定，引用较多的有朱绍禹的"广狭两种含义"，以及顾黄初的"泛指、特指和专指之分"。朱绍禹先以为"狭义的语文教材，通常是指语文教学大纲、学习纲要、教科书、教学和学习指导书等。广义的语文教材，还包括报刊、书籍、电影、幻灯片、图表，乃至社会生活和自然界"[1]；后认为"只有狭义的语文教材才专指语文教科书，而广义的语文教材远不限于教科书，其范围可以扩大到课内用辅助读物，诸如教师教学用书、学生学习手册、挂图、年表、录音教材、录像教材和计算机软件等"[2]。具体所指大有不同，狭义的变狭，广义的却反而不广起来；所谓"对于语文教材是什么的问题，要下个定义并不难"，其实并非如此。顾黄初的专指即朱绍禹狭义的语文教科书，特指的是学校开设的语文课上教师和学生所使用的材料，限于"课上"，就偏向了专指；下文引述、列举课内外种种，似有狭义的解说、广义的材料之嫌。至于把夏丏尊、叶圣陶的一些言论看作"这是'大语文教育'观支配下所认定的语文教材"，归为泛指[3]、或曰广义的语文教材，是否他们缺失了狭义专指的语文教科书的阐述？

"大语文教育"是20世纪80年代语文特级教师张孝纯提出并主持的教改实验。确认夏丏尊、叶圣陶从事的国语文教育为大语文教育，是实至而后名归；由此去理解他们"认定的语文教材"，自然是合适的视角和路径。对于语文教材的认知：在学科的视野里，广义的教材之中必然包含着狭义的教科书，教科书与教材等量齐观的谬误显而易见，狭义、广义的区分只是单指一本与开出多本的主次排序、仅仅满足于静态的、物化的实感，其中的不足往往很容易为人们所忽视，那就是动态的、人性的生活。共同基于生活教育理念，是他俩"与'大语文教育'相应，即有所谓'大语文教材'"的根本和源泉，生活不仅是语文教材量的增加，更是质的融和。曾经划分狭义与广义教育的夏丏尊，虽然没有沿用这一术语于教材，却如同强调都要自学、自己教育一样，教材无论何义、何指，都离不开生活，生活流贯于教材使用、编写、体认过程的始终。文本与生活"打成一片"，文本生活化，大概符合他们的心意，也是语文教材的应有之义。

陶行知认为："古今中外所发现第一流的真知灼见，就我所知，无一不是从做

---

① 朱绍禹编著：《中学语文教育概说》，内蒙古人民出版社1983年版，第21页。

② 朱绍禹主编：《中学语文教材概观》，人民教育出版社1997年版，第9页。

③ 顾黄初、顾振彪：《语文课程与语文教材》，社会科学文献出版社2001年版，第44页。

中得来。"行是知之始，知是行之成。夏丏尊的语文教材观（大多和叶圣陶的一致）也是在长期的教学与编写实践中随行随明和随行随传的。教材作为课程载体的文本生活化，具体表现在以下几个方面。

1. 文本选编贴近生活

浙江一师时的《国语教材》体例上是一部读解类分科型教材，与过去"生存人不录"恰恰相反，全是新出的报纸杂志上的新人新作；编制也不同于旧式文选本那样依朝代、作品顺流而下或逆水而上，也不是依各种文体类纂，而是以人生、家庭、妇女、劳动、文学、科学、道德等 16 个问题为中心选编，这除了时代风气和师范学校培养小学国语教员的需要外，更主要、更直接的因素是学情。新人新作的白话文都是学生们新近、正在阅读着的材料，编者觉察到"学生争看新出版物的狂热"，心知肚明"里边的文字、主张是很庞杂的，与其听学生自由阅看，免不了有盲从的地方，何如把它整理一番，依着问题归类起来，叫他们经过一番有系统的研究，不至于不明去取"[①]。由此可知，《国语教材》的选文编排，意在"以境遇和时代作为背景"、从学生的阅读生活出发并加以引导，这是夏丏尊等人的初衷。对于读本教材如何编制，一直以来是其放心不下的事情。《初中国语科兼教文言文的商榷》里说到"如何兼教文言文，应用什么做教材？都是很麻烦的问题"。《关于〈国文百八课〉》中指出："初中国文科的讲读材料是值得研究的大问题"，大问题做小而具体去探讨，有文言、白话选文与学生接受的距离问题，有选文与写文的优劣得失问题，有教材编写他主与自主兼顾的问题，所有的问题都关乎学生现时和未来的读文需求。在编写为权威、选文作模范为经典的人看来，似乎教师和学生都只有接受使用的义务而没有选择的权利，也就是只有他主，没有自主。但是时下流行的言语材料包括读物，在学生之间传阅、有兴味地读着，主体的能动积极难能可贵，零散碎片化甚至囫囵吞枣难以避免。封堵还是利导？抑或视而不见、井水不犯河水？《国语教材》做了较为明确的回答，春晖中学时期的课外读书也是这样。他主兼顾自主，这是夏丏尊等人编写教材留给后人的历史经验之一。作为教师、编辑，夏丏尊始终认为"一个人该读写什么书，看些什么书，要根据他自己的生活来决定、来选择"，《关于〈国文百八课〉》里"所望使用者一方面认识本书的长处，一方面在可能的时候设法弥补本书的短处（如临时提供别的新的材料等）"，这样的真情流

---

① 浙江省党史征集研委会编：《浙江一师风潮》，浙江大学出版社 1990 年版，第 45 页。

露，已经是一种胸怀了。总之，无论选文、写文，无论在"已成习惯"的编制上改变了什么、试图改变什么，贴近学生的生活，是他们心心念念、想方设法的起点和归宿。

2. 文本习作取材生活

春晖中学期间夏丏尊的教材编写，主要是对时用孙俍工、沈仲九大纲和读本的增补。如果说，教学文言文"所用的教材"，以适应现代生活、养成读书能力这两个目的而定的，是超出大纲的内容，那么，《文章作法》就是把大纲落到实处的补充。由此推及开去，可知当时的大纲、课纲均是未能充分地教材化的，其表现就是以选文读本为教材的全部，不及其余。这与夏丏尊既有的观念相去甚远，在教材内容和编写体例方面，不可同日而语、相提并论。今之狭义专指一本教科书，只能隶属于综合型；而分科型教科书就编有两本及以上，体例上"单指一本"，显然不是周全而完整的概括；把百年来的语文教材编写概括为一"文选型"，只看选文、注解、练习，不见文体简约、标点符号使用、语修逻文等知识成果的吸取，这些始于新文化运动的实绩，已转为课程拥有、教材缺少不了的要素，已以教科书尤其是作文教科书的名义呈现了，更是有失偏颇的误解。从作文教学选取材料培养能力的视角，看待教材的文本生活化、教科书的意涵，也许更为便捷显豁。《文章作法》是一部习作类分科型教材，章节的编排次第，大致为夏丏尊实际教学训练的流程，不是作文教材编写与教学合理而唯一的途径。"读者要学作文章吗？先努力作小品文吧！"这倒是编者的心音、来自作文教学实践的感悟。教学小品文尝试的是"不要只从国文去学国文"，所以"第一叫学生注意的，是自己的生活，让他们用实生活来做作文的材料"。如此，生活就是学生读写的主材，学作小品文的过程与生活的读写同步，行诸笔端的是"学生对于现实生活有玩味观察的能力"的表现。一面"叫他们以一二百字写生活的一个断片，一面又编了一点小品文的讲义教授讲解"，这样的教学情境，自然是具体、鲜明、生动的文本生活化。《文章作法》确认的内容侧重文章的形式、技术，主要是各种文体法则和例子的展示。编者将其置于指向目标的学习过程来分析，自我做出合理的价值评估，并一再强调教科书、教师的指引下，学生自主学习实践活动的至关重要。所谓"法则对于技术是必要而不充足的条件"，也就是作文教科书对于习作能力的培养来说，是"必要而不充分的条件"。必要而不充分才真正是狭义的诠释。这种教学情境式的划分，动感十足；当然不同于静态地搜罗排列本本。《文章作法》的合编，也不同于寻常的两人及以上的共同商议、分工集成，而是一段长达六七年的互动接力。不说编写、出版的动机，也不说"邻人刘薰宇"和"大家"的评价，就"我告诉他原稿不完全的所在，请他随教随修改"一点，可见夏丏尊不仅识得他人教本的短缺，也自知自己的不足，并且一以贯之地告知使用者。这种态度和做法，不也是后之教材编写者值得珍视的历史经验吗？

3. 文本形态伴随生活

夏丏尊编写教材的时代，排印的书本还是语文教材唯一的形态。1923年我国第一座广播电台"空中之音"由美国记者奥斯本在上海设立，1928年8月南京国民政府的中央广播电台正式播音。电影的诞生虽早于电台广播，以1905年北京丰泰照相馆拍摄的京剧片断《定军山》为起始，不过有声电影直到1931年上海明星公司的《歌女红牡丹》公开上映，才是中国问世的第一部；此后发展得较快，1935年3月由蔡楚生编导的《渔光曲》在苏联举办的莫斯科国际电影展览会上获奖。同年，夏丏尊受教育部之托，面向全国中学生广播中，就展望到未来可以有、现今渐已有的语文教材文本的新形态。是现场的暗示还是生活的触发？也许兼而有之。夏丏尊的读书观，其中就包含了他的教材观和学习观。他以为，书只是求知识的工具之一，不是唯一；纸质文本的书包括教材伴随着社会的发展、人类的进步有起有伏，"今天的讲演是用无线电播送给诸君听的，假定听的有一万人，如果我讲得好，有益于诸君，那效力就等于一万个人各读了一册'读书法'或'读书指导'等类的书了。我们现在除无线电话以外还有电影可以利用，历史上的事件，科学上的制造，如果用电影来演出，功效等于读历史书和科学书。假定有这么一天，无线电话和电影发达得很进步普遍，放送的材料有人好好编制，适于各种人的需要，那么书的用处会逐渐消灭，因为这些利器已可代替书了。"他的议论，分明意在破除许多人"读书的错误观念"。虽然，书未曾消灭，也无以取代而并存，不过，在中国广播、电影发展的初级阶段，在教材长期为印刷媒介所主宰的情况下，预计到电子媒介教材的出现，不能不说是超前而有远见卓识的。一旦期许的种子结为正果，语文教材就不仅有静态的文字和少许的插图，而且有生动可感的实像了。也在同年，陶行知《怎样做小先生》文中提醒"课本有固定的，有活动的，我们不应该把它看呆了"。如"发票、收条、门牌号数、来往的信都是顶自然的活动课本"[①]，这和《文心》第2篇《方块字》里"路上所见到的字，不论招牌，里巷名称，以及广告，标

---

① 陶行知：《陶行知全集》第2卷，湖南教育出版社1985年版，第898页。

语，无一不留心到"，第11篇日常闲谈之中有《词的认识》何其相似乃尔；还建议采用先听歌曲后学字词句的法子，"这样小先生和留声机或无线电是联合起来做了民众一位音乐和国语教师了"①。他们对于教材的看法乃至具体做法都是颇为一致的。

沿夏丏尊语文教材界说之波去讨其源，跃入眼帘的有陆游《老学庵笔记》中"《文选》烂，秀才半"的谚语，有"纸上得来终觉浅，绝知此事要躬行"（《冬夜读书示子聿》其三）、"汝果欲学诗，功夫在诗外"（《示子遹》）的教子经验，他践行的就是视学生如子女的"妈妈的教育"。同一时代的，可见黎锦熙《新著国语教学法》第三章根据设计教学法划分的教材与使用的三个等次，也可见陈鹤琴"活教材"的有关论述，共同推崇的都是文本生活化。就夏丏尊的读写、翻译所及，严复告诫"读大地原本书"；曾经"神往的理想人物"卢梭"以世界为唯一的书本，以事实为唯一的教训"；赫尔巴特指出"有谁在教学中想撇开经验与交际，那就仿佛避开白天而满足于烛光一样"②，智力活动不能孤立于两者之间，"如果把周围世界与书本这两者结合起来的话，就可以在它们的结合之中找到它；再加上杜威认为"最好的一种教学，牢牢记住学校教材和现实生活二者相互联系的必要性，使学生养成一种态度，习惯于寻找这两方面的接触点和相互的关系。"③考察教育文化背景，可以说，吸取了种种、融为一体，成了他审视语文教材的智慧力量之源。

第二节　教材的功用：为学与教提供便利

教材的界定与教材的功用关系密切，相辅相成，值得共同关注。界说不清尤其是人为的近视散光，直接影响功能的认知和效用的发挥；功能不明甚至误用错配，难以体现学科性质以及满足课程的目标诉求。20世纪80年代以来的语文教育家教材研究主要是叶圣陶的研究，一些专家如顾黄初《叶圣陶的语文教材观及其实践探索》、王松泉《叶圣陶语文教材理论探析》等，尚存商榷之处；一些教育学硕士的论文，如叶晨燕《论叶圣陶语文教材建设的多向探索》、袁兆艳《叶圣陶教育小说之教师自己编撰语文教材思想》，却别开生面，不可小觑。以夏丏尊为主体，可以

① 陶行知：《陶行知全集》第2卷，湖南教育出版社1985年版，第899页。
② 赫尔巴特著，李其龙译：《普通教育学·教育学讲授纲要》，浙江教育出版社2002年版，第69页。
③ 杜威著，王承绪译：《民主主义与教育》，人民教育出版社1990年版，第173页。

厘清教材概念之间的关系，更为完整、准确地把握教材的功用。

关于教材的地位和作用，夏丏尊确定的视点是"方便看"，始终不渝；也就是说，为学与教提供便利，一如既往。这是他教材理论中的关键词、总取向，为人熟知的"凭借"说、"扩张"说、"例子"说等，均从属于此并由此派生。孙本文曾经主张"废课本而代以课外自读"，不过调换、另外选择其他文本；此类顾课外而失课内的论调，无形之中否认了教科书和教师的作用，还常常被标榜为少数成功者的学习经验，广而告之，其实是有失公允的走极端。课本要不要、如何看待？陶行知用形象的比喻回答"课本便是用碗端来的饭，吃起来很便当。否则，一粒粒的散在桌上，是多么的难吃啊"[1]。夏丏尊的"方便看"，不仅看得早，而且自有其针对。《教育的背景》《受教育与受教材》等篇中说道，与课程配套的教科书"无非施行教育作用的一种材料而已"，"都是养成人的材料，不是教育之目的物"。然而当时"社会和学生不晓得这个道理，就是教育者，不晓得这个道理的也很多"，他们"都是将材料当做目的物看"而"不当它养成人的方便看"。两种看法的不同在于：前者以物为目的，即教科书自有一切、尽在其中，读教科书就能达到目的。其目的也只是由过去的取士变为应世、换饭碗罢了。夏丏尊斥之为"彻头彻尾是书本（而且只是教科书）的教育"，内容虽由"之乎者也"变为"的了吗呢"，却仍是"科举式的老斯文"。后者以"养成人"为目的，以材料为"方便"。材料不是目的，也无法决定目的；相反倒是目的规范了材料的内容、数量、形态和使用。中学语文教育，主要是培养学生读写能力而为他们的生活服务，没有教材怎得方便？

方便是课程、教科书生成的理由，也是夏丏尊编写出版教材的理由。"学生所要求的是知识。说得更切实一点，那便是生活经验。……为摄取的方便起见，不得不把它们分个门类，于是学校里就有了各种的科目。每一种科目如果漫然去学习研究，势必混乱而没有头绪，为有所依据起见，不得不给它定一个纲领，于是学校里就有了各种的教科书。"[2]《文章作法》即"为应教学上的需要，实在又不能久待；所以参考他国现行关于这一类的书籍，从而编成这本书以救急"，历经编者长期使用、反复修改后，"大家认为可做立达学园比较固定的教本，为欲省油印的烦累，及兼备别校采用计，就以两人合编的名义，归开明书店出版"；20 世纪 30 年

---

[1]　陶行知：《陶行知全集》第 2 卷，湖南教育出版社 1984 年版，第 897 页。

[2]　《中学生·卷头言》1936 年第 68 号。

代开明书店创办函授学校时，夏丏尊、叶圣陶、宋云彬、陈望道四位名师担任语文教学。"一·二八"战役之后，社会上失学的青少年愈加增多，能够报名入学听讲的人数毕竟有限，为了顾及报名而未能入学听讲的大多数，尽可能地满足更多青少年的求知欲望，帮助他们自学课程，于是把各自写的包括说的话，一律转换为印刷的文字，统稿、汇编、出版了这一部《开明国文讲义》。由此可见，不管什么情形，都是为学与教提供便利。

方便是教材内涵和外延的考量，也是夏丏尊选材用料的考量。"读教科书并不是进学校的最后目的，最后目的乃在取得生活经验。必须一方面依据教科书上所定的纲领，一方面不忘和'杂然并陈'的外界的一切打交涉，这个最后目的才可以达到。仅仅知道一些文字记录下来的纲领，此外再不做什么工夫，那是绝对不行的。"[①] 所以说，教科书只是其一，不是唯一。只读教科书达不到要求，也就是不够方便。学生不仅读教科书、参考书，走进图书馆，还读不用文字写的书，"在你的眼前森罗万象的事物上获得新的触发"，"在社会的图书馆里做一番认识、体验的工夫"。这样的教材，必定是文本生活化的，是白纸黑字与生活经验互渗、互动的，因而也是便利、适宜的。所谓"在综合地养成身心的能力上看来，不消说是好材料"，就是用课程目标来制约材料和方法，以实际的效果来检验评估优劣，不是选编了名人名作，就惊叹为观止的。教材的价值不是先验的，而是经验的；不是孤立静止的，而是相对灵活变动着的。春晖中学时期，夏丏尊课内添加文言文选读，课外规划指导读书，学生习作的成绩却"总是不良"，他意识到现在学生作文力的薄弱，并非由于头脑饥荒，实由于不能吟味咀嚼题材，就是所患的是一种消化不良的病症。如果对患消化不良的病人，用过量的食物去治疗，肠胃将愈不清爽，结果或至于无法可治，所以他主张"我们不要对于消化不良的学生奖励多食了！作文的材料到处皆是，所苦者只是学生没有消化的能力。我们为要使消化不良的病人有消化力，非叫他们咀嚼少量的食物不可"，即适量压缩减少书本的阅读和依赖，补充生活的观察玩味做习作的材料以平和学生的"胃"，用心之良苦可见一斑。不仅对于作文，从开列课外阅读书单到不开书单，材料方法的变更，无一不是以学生获益的大小多少为权衡。

方便是教科书重构组合的依据，也是夏丏尊阐述教材使用程序的依据。在他

---

① 《中学生·卷头言》1936 年第 68 号。

看来，跳跃式的选编、"走马灯式"的教学，是"尚无标准读本"亦无良好成效的。所以，教科书必须重构组合。《关于国文的学习》篇中只是论述选文与选文方面，具体的是选文内容和形式的联络比较，选文相关的注释、练习等未涉及。即便有了标准读本，也有重构组合的可能和必要。从教科书选文之间到教材各本之间的关系而言，夏丏尊主张的文本序列是教科书、参考书、趣味修养的书，这看似和叶圣陶课内精读课外略读、张志公以教科书为核心的完整系列差不多，其实不一样。他是课内外教材学材的一体化，规避了可能的隔膜和零散。以教科书为中心、为核心，基于三重相关的因素。一是所学课程与学生职务的确定，学生的身份虽然不同于社会中的医生、教师、律师等，但是各人位居第一类的、首先该阅读都是关于职务的书。"中学生的职务就在学习中学校课程"，"诸君在职务上该阅读的书不是别的，就是学校规定的各种教科书"。这就把学校和社会、当下和未来打通，把良好阅读习惯的培养和每个人的可持续发展结合了起来；二是学生使用教科书的情况调查，"据我所晓得的情形，中学生里面能够好好地阅读教科书的人并不十分多。有些中学生喜欢读小说，随便看杂志，把教科书丢在一边，……一般的中学生虽没有这种偏向的情形，也似乎未能充分地利用教科书。"具有实际的针对性；三是教科书使用的价值取向，"教科书专为学习而编，所记载的只是各种学科的大纲……对于学习还是有价值的工具。学习一种功课，应该以教科书为基础，再从各方面加以扩充，加以比较、观察、实验、证明等种种切实的工夫"，以语文读写为例，"光是把这三十篇文章读过几遍，还是不够，你应该依据了这些文章作种种进一步的学习，如文法上的习惯咧、修辞上的方式咧、断句和分段的式样咧，诸如此类的事项，你都须依据了这些文章来学习，收得扼要的知识才行。仅仅记牢了文章中所记的几个故事或几种议论，不能算学过国语一科的。"这是由表及里、从具象到抽象的言语思维过程，本身就需要拓展阅读，包括多读几篇、多读几遍，在不同变式中发现"共通的关系或法则"；从作文的角度看，"国文教科书上的内容"有些是"不适用"的，反正是"不够用的"。"我们的目的是要从古人或别人的文字里学会了记叙的方法，来随便叙述自己所要叙述的事物；从古人或别人的文字里学会了议论的方法，来随便议论自己所想议论的事情。"事物、事情"要自己从生活上得来"。"随便"的程度，就是知识内化了的纯熟的境地；教科书是基本、不是根本，可谓教学"以本为本"的真诠。

教科书是"学校规定的"、群体通用的"正式功课"，要"好好地""充分地利用"，并须知其"不够用"，这一近乎简单明了的基本常识，却未能成为语文教育界普遍的认知，相反在教学实践中大大地变形走样。应试教育更糟更甚的便是以大量练习挤占学生课内外大好时光，削弱教科书的细读和品味，做的和夏丏尊说的更加风马牛不相及。那么，20世纪二三十年代课标上略读书目、八九十年代以来教科书上的自读篇目、转型期专家、教师开列的书单又如何呢？夏丏尊从固定走向灵活，从"阿己所好"走向以学生为主体，在教师不断充分预备的前提下，更多地关注到学生的切实需求。所以，次之、第二类的是参考书。参考书"因选文而旁及""为有了题目才发生的"，"是临时的"、个体多样的，"不能预先开单子"，更不能取代教科书。"对于第一种职务的书籍阅读得马马虎虎的人，根本没有阅读参考书的必要。要参考，先得有题目"，最重要的是发现题目，"最怕的是连题目都没有"。夏丏尊正说反说，反复强调的是学生问题意识的激发，以求甚解的读书态度和方法的培养。再次，第三类趣味修养的书，"更该让各个人自由分别选定"，"种数不必多，选择却要精"，读这类书"可以说是和学校功课无关"，是"正课以外，有闲暇就读"的，"目的不在会考通过"，"也该尽量地利用参考书"以"使你读着的书更明白，更切实有味，不至于犯浅陋的毛病"。三类书之间或密或疏、或近或远，这样有关联的划分，相较于其他，自然是经济得多、实惠得多；在阐述阅读的过程方法中，在归纳课外应读些什么的种类里，不仅可以清晰地看到教材使用的序列化，还能感受到语文学习的多功能立体化。

值得注意的是，夏丏尊完整的教材系列不仅仅按照教科书、参考书、趣味修养书的文本顺序来排列，他始终"把读书和生活两件事联成一气、打成一片来说"，书（教材）"是改进生活、丰富生活的手段"，是"培养生活上知识技能的工具"；或者说，这样的程序使用之中就"和生活该有密切的关联"，就是为了学生具有较高质量的生活设计的。叶圣陶《小学国文教授诸问题》中说道："似乎国文科的教材，将成非常广大的范围，环绕于学童四周的，无不可为国文教材。这确是如此。但有一层，无论什么事物，都要化而为文字，才与国文有关系。于是文字终为国文科的重要材料。"[①]这是针对小学生听说起步早、文字读写的短板而言，教材的内涵和外延已是大而丰富了；夏丏尊认为"只要是白纸上写有黑字的东西，当作文字来阅读来玩味的时候，什么都是国文科的材料"。这里的关键是点出文字的阅读和

---

① 　叶绍钧：《小学国文教授诸问题》，《教育杂志》1922年第14卷第1号。

"玩味"，即怎么用、用到怎样的程度，才是和语文有关的教材，才是语文的学习；否则，还不是或不到位。他主要针对中学生的教材，以为"除了文法修辞等部分以外，并无固定的内容的"。同样，教材文本序列的主次与生活相较，其地位也是不宜固定的。尤其对于"职务"上的学习与工作稍有成绩的来说，"最要紧的是教者学者都要认清楚：教科书不过是个纲领，是宾；真实的事事物物才是教学的材料，是主。"[①] 这不是平行反向的两条线，而是趋向相同的一股绳。

大语文教材不仅是文本生活化的范围大，而且是互联相通的功用大。夏丏尊的"方便看"是和"用材料"在《教育的背景》里一起出现的，《受教育与受教材》文中表达为"借了这些材料去收得发展身心能力的"，"利用了教材替诸君养成实力"，直到《关于国文的学习》篇，才明确说到"知识不是孤立可以求得的，必须有所凭借，就某一点分头扩张追讨，愈追讨关联愈多，范围也愈广。好比雪球，愈滚愈会加大起来"。由此可见，这是在专门谈论语文教材学习中连贯呈现了"凭借"和"扩张"说，这两种相关的说法，显然是从原先单个的"用""借了""利用"演变、分化出来的，虽然教材不是目的而是手段、工具的身份地位不变，承载、传递课程具体内容并给予能力设计的取向不变，但是实际的功用效能是有所提升的，至少从原先否定的"不应留声机器似地，徒把教本上的事项来一页一页地切卖给诸君"，转变为肯定的应该凭依选文、循序渐进地去拓展深化，富有建设性地具体指导了"我以为"的教什么、怎么教，明示了用教材去学与教的步骤，其积极的意义不能低估也不宜过于高估。这里是靠船下钩，"所列文选，以文话为中心"还未见行，也就是"例子"说还没成熟；待《国文百八课》问世，"目标"说、"例子"说，瓜熟蒂落、水到渠成，这就大大提高了凭借的内在品质，大大提高了适合教学的便利性。

夏丏尊语文教材的理论建构，确有一个自具体系的概念群，其深远的意义不在名词术语，而在彼此之间的关系。凭借与扩张一般指的是教科书、参考书，是有机的关联，也是相对独立的概念。使用教科书中有不能解决的事项，便翻书查字典或请求教师指导，这时相关的书籍、教师既是扩张又是凭借；或许从教师那里只是知晓了路径，也不是线性单向地有去无回，而是多次多层多向可逆地扩张。凭借与扩张互利互惠，自是理所当然需做的事；也不仅仅限于书上，"借

[①] 《中学生·卷头语》，1936 年第 68 号。

了材料给予能力"，才是凭借与扩张共通的流程和使命。细分目标与选文例子的结合，优化了凭借，也便利了凭借。从若干概念提出的先后和阐释的详略去比较夏丏尊、叶圣陶，不如结合起来完整理解。但是如顾黄初文中分别条陈的凭借、例子、目标、扩展说①，凭借只谈到教本，至少是依据不足排列无序的。四个概念未必在同一个平面，陆续生成具有教材使用与编写的历史背景；脱离了背景的论述，很容易产生误解。王松泉文中把合二为一的教材是什么、用什么，一分为二成性质论、功能论，性质中说与功能相关的凭借，引用了叶圣陶《如果我当教师》文中自陈："我相信课本是一种工具或凭借，但不是唯一的工具和凭借。……文字的课本以外还有非文字的课本，非文字的课本罗列在我们周围随时可以取来利用，利用得适当，比利用文字的课本更为有效。"②这是必要的补充，也是不应有的遗漏。不说20世纪20年代，《文心》篇里夏丏尊、叶圣陶就共同主张这样的阅读观和教材观，叶晨燕的论文是依据了《文心》界说教材、展开论述的。王松泉的动能论主要说例子，只提举一反三的示范，而不依据具体课本阐述目标与例子的对应和证明。至于把扩展视为归宿、课外略读看作应用③，无论引述还是发挥，均未必妥当。

　　夏丏尊较早地确立了人格教育为目的、材料为方便，语文学科以读写能力为目的，凭借教科书、扩张参考书等的学习训练为方便，可以说是受了经亨颐1917年8月《最近教育思潮》一文的影响。"凡教育上各事体，均有目的、方便二义，相互为用"。如凭借与扩张的教材使用，有效便利了读写能力的培养；具有中学生程度的读写能力也有利于人格的逐步健全。经亨颐文中说道："余故曰提倡人格教育，且为解决生计问题之捷径。可知人格教育非徒托道德之空言，而为生计问题之方便，不可不注意也（目的、方便之关系不明，不可与言教育）。"④好的教育、好的人品、好的生活，"诸君在中学校里，目的应是受教育，不应是受教材。重视书册，求教师多发讲义，囫囵吞枣似地但知受教材，不知受教育，究是'买椟还珠'的愚笨办法。"夏丏尊强调的这一点，也非注意不可。

①　顾黄初：《现代语文教育史札记》，南京出版社1991年版，第139-148页。
②　杜草甬：《叶圣陶论语文教育》，河南教育出版社1986年版，第231页。
③　王松泉：《叶圣陶语文教材理论探析》，《课程·教材·教法》1997年第5期。
④　张彬编：《经亨颐教育论著选》，人民教育出版社1993年版，第115页。

第三节　教材的结构：与学习的着眼点匹配

教材的结构指的是教科书各个部分（各种要素）的排列组合，旨归在与学习的着眼点匹配。夏丏尊的语文教材编写，大致呈现出体例由分科向综合转型、目标由内容向形式侧重、方式由归纳向演绎置换的演变轨迹。教材的结构基本上是沿着这一轨迹而逐步演变的。演变的过程就是调整结构、优化凭借的过程，其间，持续探索的取向与长期不变的核心有："纲目"的确认、"教材内容"的思考、"科学性"的追求，三位一体，意图全在于编写出具有学科个性特点的语文教科书。

为了实现课程读写能力目标、便利教学，体现语文教材性质的（即有传统色彩更具现代内涵、有他科共性更能显示本学科个性的）教科书编写，历来是知不易、行更难的事；某种程度上，也可以说是一种遗憾的艺术。理论上讲，"学科内容一旦明确了应教授的内容，同时也就开辟了一连串教材系统的客观存在（即谁都能在教学中使用该教材）的可能性"[1]。实际上说，语文学科要复杂得多。如今所指认的《奏定学堂章程》上中学语文课程的内容，居然有读经讲经、中国文学两项[2]，从章程本意以及解读的《学务纲要》上看，这分明是当时十二门课程中的两科，前者有宗教的因素，后者有音乐的成分[3]。如此混为一谈，也就难怪历来不断地有内容与形式、文与道、文与政、工具与人文之分合纠缠了。即便步调一致地向前看，以读写能力为主要目标，教科书向左、向右，还是徘徊不定。这和各自认知的"学习的着眼点"不同有关，和惯于注重局部的"文质兼美"而忽略了整体的"适合教学"有关，和奉命行事急就章、未能下扎实的自我修正功夫也有关。夏丏尊等人的经验包括教训，作为一面历史的镜子，可以为后继的编写者提供借鉴和参照。

形式即"语言、文字的普通法式"，始终是夏丏尊确认的语文学习的着眼点，也始终是他调整、优化教科书结构的出发点，但是要做到"匹配"，从部分到整体，却有着相当的认知和技术难度；主观的愿望与客观的效应之间难免存在着相当的差距。无论具体教材的编写，还是有关教材的论述，他总有一个关键词，那就是"纲目"，如同叶圣陶所说的"纲要"，这里应有两层含义：一是课程标准、教学大纲应

---

①　钟启泉：《现代学科教育学论析》，陕西人民教育出版社 1993 年版，第 208 页。

②　课程教材研究所编：《20 世纪中国中小学课程标准 · 教学大纲（语文卷）》，人民教育出版社 2001 年版，第 268 页。

③　舒新城：《中国近代教育史资料》，人民教育出版社 1981 年版，第 200－202 页。

有与其配套的具体详明、便利使用的教科书；二是教科书选编的各个部分尤其是散列的文章，要在具体分明的事项之下集结、整合起来，形成有纲有目、纲举目张的特色。第一层较能得到普遍地接受和认可，理解与编写的实际却大相径庭。就20世纪20年代来说，课程、大纲与教材编制为同一人或不同的人，多半未能协调一致、较充分地教材化的，有纲缺目（语法、修辞都缺，这里仅指缺作文）的现象大量存在。有的缺而后补，如夏丏尊《文章作法》、孙俍工《记叙文作法讲义》等；有的缺而不补，如顾颉刚、叶绍钧就没有编写兼习文言文的作文教科书；有的明知其缺、着手去补而未成，如孟宪承、何仲英的混合文典编制，已有详细的作文教科书提纲发表，也未见其出版。教科书的样态只是一部部读本、一篇篇选文以及注释和练习，仅仅是选文较为具体详明而已，仅仅全白或文白分合而已，几乎谈不上什么纲目；第二层是对于第一层的说明和补充，也可以看作是对于教科书结构的规范，以便重新排列与组合。谋求的不只是选文本身的具体详明，而且是利用已有的学理积淀或是自我研究、概括抽象出的事项的具体详明；不只是局部地以具体事项统领选文，更注重具体事项之间的连贯推进，形成整体。事项的具体、侧重，更有讲究。

散列的文选型读本，不入浙江一师同仁的眼里，向来不符合夏丏尊心底的标准。他们的《国语教材》原先只是预定选编种种之中的一种，因"风潮"来袭，其余的种种"可能性"，无以变为"客观存在"了。所以，接受与批评的也仅有这一种。据署名季陶的文中披露，《国语教材》曾被蔡元培过目，他对省长的回答是："这种教材，选得不成系统。不过备学生底参考，也未始不可的。"给经亨颐的信里说道："这种文章，都从现在杂志上选出来，是学生所习见的，何以编入教本？"间接提出了"这到底是伦理教材？是国文教材？"的疑问[①]。面对外界复杂的情形，他们没有过多的情绪抗争，而是冷静的理性思考，认真寻找自身的"毛病"。教材"以和人生最有关系的各种问题为纲，以新出版各种杂志中，关于各问题的文章为目"的编法，"虽是依纲分列"，虽是着眼了语体形式的选文，却有悖于《国文教授法大纲》目的之侧重，其"实在很有缺陷"不在"从现在杂志选出"和"学生习见"，明显就在问题之纲。这也是"选得不成系统"的主要原因抑或说是根源之所在。诚如何仲英《白话文教授问题》文中所说"拘拘以问题为单位，似乎'喧宾夺

---

① 浙江省委党史征集研究委会编：《浙江一师风潮》，浙江大学出版社1990年版，第192页。

主'。况且问题别有专科；国文一科，何能'包罗万象'？长此以往，大家皆欢喜讨论问题，发扬虚气；恐怕和国文教授宗旨，越走越远"①。孟宪承《初中国文之教学》文里虽然针对的是孙俍工、沈仲九读本"第三四编略以问题为准"，却以为"有了这种教材，所以方法上自然也废除了逐字逐句的讲解，而注意到问题的讨论。这不可谓非国文教学上一大解放。然而我以为这样的启发思想说，也多少不免一种偏见，而含有必然的危险"。同样认为"现在专重社会问题的讨论，是否不致反忽了形式上的训练，喧宾夺主，而失却国文科主要目的，很是一个问题"②。夏丏尊等人的自我批评以及何仲英、孟宪承的批评，都是切中要处的。可孟宪承在《初中读书教学法之客观研究》中论述"编次教材，最好分为若干单元，每一单元中，至少有一个中心的精神，贯穿的计划"；他以邰尔和勃拉地二氏合编的初中一年级用《文学选读》为例，其中几个单元，"目的完全在激发学生爱国的观念的"③。似乎也偏向注意思想的内容上了。由此可知，走样、变形，并非偶然。不要说教科书的编写，连评价的尺度也会摇摆。

教科书的结构不是有纲目就行，不是什么纲目都成，昔以问题为纲、今以主题为纲，可以说都是以一组选文的共同内容为纲、为中心、为着眼点，有的主题宽泛得很，类似于电视上的一个栏目，如《动物世界》，把柳宗元的《黔之驴》、布丰的《松鼠》、法布尔《松树金龟子》（节选）、叶永烈《国宝——大熊猫》一并编进去，真实的动物与虚拟的世界同在，其中的不足，可见教育学硕士鲁芳芳《苏教版〈义务教育课程标准实验教科书·语文〉研究》论文第二章第三节的详细分析，作者访谈中和主编洪宗礼的交流，得到肯定。有的主题和选文不契合，说严重些，就是明显的搭配不当。如六年级"读书有味"主题中的课文《为学》《美容新术》《孙权劝学》，前一篇可归入八年级的"为学有道"，后两篇讲的是"读书有益"；"为生命喝彩"中的课文《清贫》《"诺曼底"号遇难记》，前一篇适合七年级的"人贵有精神"主题，后一篇适合八年级的"面对灾难"主题；主题泛化、重复出现，主题与主题之间无序而随意，凡此种种，不一而足。教育硕士郦奕天《上教版初中语文教材的变动研究——以单元和课文的变动为例》论文中，有具体的批评和切实的建议。

是内容为纲，还是形式为纲？这确是一个有关语文教科书性质乃至语文学科独

---

① 何仲英：《白话文教授问题》，《教育杂志》1920年第12卷第2号。

② 周谷平、赵卫平编：《孟宪承教育论著选》，人民教育出版社1997年版，第40页。

③ 周谷平、赵卫平编：《孟宪承教育论著选》，人民教育出版社1997年版，第67页。

立性的大问题，是课程拟定、教材编写所无法绕开的跨世纪命题。在教科书结构中各要素的组合层面，无论是传统还是现在，都把教材限定于概念和法则的观点是根深蒂固的。陈述性、程序性知识是个纲，字词句段篇都是目。作文法参考书、教科书以及语法、修辞等类书的编著，其体系、框架大都是外来的，经"曲为比附"而渐渐中国化、本土化，本身即科学性、现代化时代思潮的必然产物和组成部分。可是可惜，《文章作法》合编后，夏丏尊未能及时积跬步而迈大步，在自己或他人做分科型教科书的基础上，马上就合成出"体例较为完备的新型教科书"，大约经过十年的积淀，才诞生了"在语文教材史上具有划时代意义的《开明国文百八课》"①。其间，编写过读本、试行过"道尔顿制"的沈仲九，在《初中国文教科书问题》文中有很好的建言，诸多方面和夏丏尊前后的观念与操作一致。他主张国文教授有大大的注重法则的必要；妄用点时髦话来说，就是国文教授的科学化。就是不要像以前的只是讲点文章、改点文章就是了，要求出国文的法则来使学生了解，使学生应用。而这种教授的试行，应先编纂适于这种教授的教科书；他认为这种教科书是"偏于形式方面的"，与语法、修辞、作文法类书和而不同；他预设并期待这种"教科书如编成，学生才真可以自动的学国文"，"尽可依据而自修"。意向和见解不错，但是已是"能说不能行了"，至于明示法则的教科书，其具体内容和次序，也"不能举实例而详说"② 了。夏丏尊曾设想过改良文选读本的法子，如《关于国文的学习》文中依原有课文的内容形式两分的"选文系统"，虽是一种略做变动的权宜之计，却成为编者的一时之选，只不过比例多少而已；如朱文叔《初中国文读本》，看似采用两分法双纲目，其实还是偏向内容的，的确是承受了较多他科教科书的重担，不成语文教科书的系统。

夏丏尊没有那样去编写教科书，从先后推出的《开明国文讲义》《国文百八课》等，以及过程之中发表的诸多文篇，有些是反复申述的，可见其无时不在为教科书目标的指示定向、内容的确立丰富、结构的系统优化而劳心用力。具体表现在以下几点。

1. 坚持教科书语文学科性质、与学习着眼点匹配的理念不动摇。也就是说，以读写能力培养为目标的教科书，理当是以形式为纲，以选文共同的知识法则为主

---

① 顾黄初：《现代语文教育史札记》，南京出版社 1991 年版，第 129、137 页。

② 沈仲九：《初中国文教科书问题》，《教育杂志》1925 年第 17 卷第 10 号。

体，以具体细化的课程内容为事项，纵横排列组合。这样的教科书，与课程、教学都是匹配的。在阐述能力程度与学法的基础上，从《国文科课外应读些什么》提出"中学校的国文科的内容"是什么，到《学习国文的着眼点》学科的内容、相对应的教科书的内容，就越来越具体清晰了。在夏丏尊看来，选文"内容的价值，在国文科究竟不是真正的目的"；"国文科的学习工作，不在从内容上去深究探讨，倒在从文字的形式上去获得理解和发表的能力。……我们学习国文所当注重的，并不是事情、道理、东西或感情的本身，应该是各种表现方式和法则。"陶行知早在编写《平民千字课》和《〈语体文应用字汇〉序》文里，就主张语文教科书编写要"定出目标"、以科研"来做一种很好的根据"，指出："近代教育家要想把所学的和所用的联串起来，所以他们对于一切教材教法都要审查一番；他们对于一门一门的功课，甚至于一篇文章、一个标题、一项运动，都要依据目标去问他们的效用。他们的主张是要所学的，即是所用的。有用处的事物才给学生学，用处最大最多最急的事物在课程中占有优先权。"[①] 所谓"事物"即具体事项，这样去看，从学科内容到教科书内容再到教学的内容，就不是"一旦明确"得了的，需要理性的思考和编写的实践，需要本学科他学科教科书的比较参照，需要长期的开发、筛选和建构，有时更依赖于教学实际使用的经验和检测，成反向的运作。

2. 厘清教科书内容与选文内容的区别，破除选文中心论。教科书与选文是整体与部分、系统与配件、结构与要素的关系，教科书内容与选文内容，并非一回事，绝对不能混淆不清。选文对于教科书编写，只是其一，不是唯一。把选文看作编写工作的全部，以选文为教科书的结构主体，以选文自具的内容形式设置目标，有传统的惯性，有认知的局限，看似两面兼顾，往往混而不合、不成系统。夏丏尊解说"我国古今的书籍"形式一致、内容不同的属性，分析体裁样式共通、内容千差万别的情形，阐述字词、句式、表现法的教学，越来越细致地思索着以简驭繁、方便学生学习的教科书架构。他承认教科书选文的必要，却不承认有许多独立存在的语文科的选文和书籍，没有文白，没有文学与应用，没有非选不可的作家作品，"如果从形式上着眼，当作语言文字来研究，那就没有一种不是国语科的材料"，他以现存的各科教科书为依据，划分出两种性质："如算学、理化、地理、历史、植物、动物等科的书，都有一定的章节，一定的前后次序，这是有系统的。如国文读

---

① 陶行知：《陶行知全集》第 1 卷，湖南教育出版社 1983 年版，第 409、508 页。

本，如英文读本，就定不出严密的系统，……本身就没有严密的系统了。"这不是知其不可为，而是期待有所作为。多方比较的大视野使他痛苦、看出差距和落后，"别的科目的内容是以我们所需要的知识为范围排列着的……但是国文教科书的内容是什么呢？却说不出来。"这里指下文中的"有些教育者"，同样也"见到了"选文的排列"谈不到什么秩序和系统"，内容陈旧、杂乱"这一层"，所作所为是"依照了内容的价值来编国文教科书，他们预先定下了几个内容项目，以为青年应该孝父母，爱国家，应该交友有信，应该办事有恒，于是选几篇孝子的传记排在一组，选几篇忠臣烈士的故事排在一组，这样一直排下去。这方法无异叫国文科变成了修身科或公民科，我觉得也未必就对"。《关于〈国文百八课〉》文中，列举"内容相类似"的组合不一样，同样认为"这种方法，一方面侵犯了公民科的范围，一方面失去了国文科的立场，我们未敢赞同"，旗帜鲜明。夏丏尊认为，语文学科最重要而又最笼统，就在于"教学上苦于无一定的法则可以遵循"；教科书"照理原应该有人来按了年龄程度替你们特地编的"，内容"照理应该把一般的文字语言的法则包括无遗"。叶圣陶晚年慨叹道："咱们一向在选编（选文）的方面讨论的多，在训练的项目和步骤方面研究的少，这种情况需要改变"；并提示"切实研究，得到训练学生读作能力之纲目与次第，据以编撰教材，此恐是切要之事"[①]。仿佛又重温了他俩合编教科书时那激情燃烧的岁月。

3. 采用混合编制法，追求知识法则和结构系统的新颖科学，变教材为学材。文选与语法、修辞、作文法的简单相加，只能是混而不合；教科书不出现知识法则，不编写知识短文，所谓随文教知识，不求系统性，那更是不靠谱儿。夏丏尊一直认为语法、修辞、逻辑等类知识是教科书不可或缺的要素，《文章作法》有"符号和分段""三段论式"，《文心》有"修辞一席话"等，均注意知识的联络比较；《开明国文讲义》"在第一第二两册里，每隔开四篇选文有一篇关于文法的讲话。文法完了之后，接着讲修辞。"《国文百八课》"再次列文法或修辞，就文选中取例"，也就是和文选打通，把"这两部分注重理解和实用"，着落得更贴近、更精准、更为好懂有用，《关于〈国文百八课〉》中说道：文法和修辞的每一条法则，如果凭空造例，或随举前人的文句为例是很容易的，可是要在限定的几篇选文中去找寻却比较费事了。我们为了找寻例句，记忆翻检，费尽功夫，非不得已，不自己造句或随

---

① 中央教育科学研究所编：《叶圣陶语文教育论集》，教育科学出版社 1980 年版，第 744 页。

取前人文句。由此可知，这一点上，也"费了不少苦心"。从上述教材看，语文教育与学术界互通声气，研究成果转化和承接都较为主动积极，不存在钱理群所感觉到的如今"脱节很大"，滞后半个世纪的现象。如标点符号，黎锦熙认为"新式标点最早的一部汉文书，是清光绪三十年（1904）出版的，就是严复底《英文汉诂》"①。1915年胡适发表《论句读及文字符号》，1918年陈望道发表《标点之革新》，同年《新青年》第四卷出版始用新式标点，次年浙江一师课堂上就讲这些知识了。后之联系更紧密、更迅速。1932年《修辞学发凡》初版，时隔一年的《文心》、时隔两年的《开明国文讲义》就有修辞讲话，而且不只是说几个辞格，还讲修辞学；不只是说字词的推敲、句式的调适，还讲篇章结构的修辞，如第一册文话五《拟人的写作法》；有话题、文话的具体项目和修辞部分是相通拓展的，如《国文百八课》第一册第十七课"过去的现在化"，就是从《开明国文讲义》"示现"格，演变为篇章叙述的特点，成了读写训练的一事项。他们是教者、研究者、编者混合一体，不是一般的教者、研究者做编者，是有长期教学经验、学贯中外的研究者亲手去编。尽量采用新说，并"尽量改用新说"。挑选同类书籍中"最完整的"即时代一流的学术成果，也不是照单全收；朋友中，颇有从各部分研究，发现某一类词的某一法则，或某一类句式的构造的新的说明的。他们也曾努力于此，偶然有所发现。这些发现都是部分的，离系统地建设尚远。由此可见，不仅拿来、送去的知识法则新鲜，其态度和精神也是具有科学性的。《国文百八课》是"分课的混合编制法"，每一课一事项一目标，内含话题、文话、文选，改用演绎的结构方式，和语法、修辞的系统保持一致，并力求课与课即"目标与目标间的系统完整"；除了继续供"教学自修用"外，明确的"编辑旨趣"就是变"对列"为与数理等学科同列的纲目，不断丰富教科书的内容，"给予国文科以科学性"。

第四节　教材的单元：多样而灵活的设计

教材的单元是教科书结构的具体而微。教科书单元是20世纪二三十年代引进莫礼生单元教学法的产物，徐珍的《中外教学法演进》中介绍了1933年天津南开学校中学部"曾将初步试验情形作了一个简单的报告。并印行按单元组织编辑的国

---

① 黎锦熙：《国语运动》，商务印书馆1934年版，第60页。

文、算学、地理教本"等①，为进一步具体了解提供了不少线索；饶杰腾的《中学语文单元教学模式》里，阐述了欧美"新教育运动"背景下的单元教学法以及语文教材单元的发轫②。可见教科书变革往往根植于教学实践，是教学经验的总结和推广；也可见每课为一单元，每一单元有一定的目标，每册共十八课，供一学期的教学使用，是一种较为典型的莫礼生式语文教科书。历时地看，教材的单元，可以有多样而灵活的设计。

如同对于现今生活主题、人文主题单元组合或褒或贬一样，以问题为纲也有不同的声音。周予同认为"排列国文教材的方法，有讨论价值的，只有四种：一、按文体来分类；二、以问题为主纲；三、用程度作标准；四、依时代而逆溯"③。比较四种各自的优缺点后，他主张国语文的排列，主要"采取第二种的方法，就是以问题为主纲，以各种文体不同的文章为内容"。不用第一种，正是支持第二种的理由；文言文的排列，主要"采用第四种方法，即以时代为主纲，以历代艺术文和学术文为内容"。问题的次第依单简繁复为标准以及文言文的编排"逆溯"而不顺流，均为兼顾第三种。王森然的《中学国文教学概要》第三章，论述国文教材排列，观点和周予同基本一致。白话与文言采用两种不同的编法，体例仍然是分科型的，可以看作是对夏丏尊等人编写的《国语教材》的肯定。

周予同认为"文学史可以不必列入"教科书，他的诸多观点和胡适基本一致，引用与表达的句式都一致。胡适《中学国文的教授》文中说道："不先懂得一点文学，就读文学史，记得许多李益李颀老杜小杜的名字，却不知道他们的著作，有什么用处"？他"以为文学史可以避名而取实。这话怎么讲呢？就是当教授文言文的时候，依时代逆溯，于每一时代选出几个代表的文字，而教师于讲坛上再加以系统的说明，这不是实际的文学史吗？这不是强于坊间出版的二三万字的文学史教科书吗？"④《开明国文讲义》编有文学史话，从《诗经》与《楚辞》一直讲到"文学革命"，为什么编入教科书呢？"可以不必列入"非同于不可以列入、更不是不可以去读，胡适说的是阅读程序和效益问题，周予同"觉得很对"，补充的是教材与教学的分工协作。夏丏尊把不读作品只读史话、概论，看作是不努力于"基本的学

① 徐珍编著：《中外教学法演进》，群言出版社1996年版，第151页。
② 饶杰腾编：《中学语文单元教学模式》，开明出版社1992年版，第1-4页。
③ 周予同：《对于普通中学国文课程与教材的建议》，《教育杂志》1922年第14卷第1号。
④ 周予同：《对于普通中学国文课程与教材的建议》，《教育杂志》1922年第14卷第1号。

养"的"坏风气",是一种"空泛的读书法",犹如只有一根钱索子,而没有许多可贯穿的小钱;同样主张不仅要读作品而且要先读作品、后读史话或概论,也就是"该反其道而行之,去找寻许多小钱来穿才是"。《文心》第28篇《关于文学史》中借王先生的话说"作品是主脑,同以前一样;我的讲说是辅佐,所讲的就是简略的文学史"。《开明国文讲义》正是基于这样的理念,这样的过程方法指导,才采用先文选后文学史话的编排;换句话说,这样的编排,与他们所以为的学习内容与阅读程序相当吻合。把周先生、王先生们的"讲说"转为文字,着眼的是使用对象,便利当时社会上广大"失学"的青年们自学语文课程,文话、文学史话的相继出现,作为教科书内容增添的一部分,作为单元组合独特而极其重要的一部分,对于学与教而言,对于语文教科书建设和发展而言,是情势使然,是应运而生,是不幸之中的一大幸事!

不过,先文选、后文话与文学史话那样从具体到概括的归纳式,和语法、修辞的讲话并不一律;编辑例言"第一、二册里,每隔开四篇选文有一篇文话"也只是个大约平均数,如第一册两篇文选后即"文话——记述文";连续六篇文选后,紧接着文话二、三、四、五,分别为叙述文、记述文叙述文的混合、描写、拟人的写作法。疏密不均、格式不齐,和置文话与文法、修辞讲话于同一个层面有关,两头并列必有卡位的麻烦;另外,似乎随着文选的脚跟,为避免偏而不全不得不集中而至,面面俱到,仍是单篇或篇篇选文牵引了教科书布局,和教学的观念、方法大有关联。从《国文科的学力检验》比较历史学习的简明与国文学习的复杂,"往往一项之中又兼含其他各项,倘若要一一教学用遍,究不可能,教者无法系统地教,只好任学生自己领悟,学者也无法系统地学,只好待他日自己触发。结果一篇《项羽本纪》,对于一般学生只尽了普通历史材料的责任,无法完全其在国文课上的任务。"到《关于〈国文百八课〉》同样列举这一篇做比较,同样认为"一篇文章可以从种种视角来看,也可应用在种种的目标上",却确认"本书每课有一目标",每课也只有一个目标,明确导向的就是攻其一点,暂时不涉其余,伤其十指不如断其一指,新的项目中再及旧篇,未尝不可;至于"学生自己领悟""待他日自己触发"总是免不了的,也是必须的。由此可知,他放弃了"不可能",也无必要的因"篇"而全,进行并体现了学与教的系统升级。

吕叔湘述评《国文百八课》中认为"文话是全书的纲领,是全书成败所系,因而也是编者用力最多的部分"。这对于当下一些语文教科书有题无话,自然是一种提醒，一种对比和促进；从具体的事项以及编者的原意来说，话题与文话是对应的、不可分割的有机组成部分。共同用作全书包括每一单元的纲领。"本书在编辑过程中自信是极认真的，仅仅每课文话话题的写完，便费去了不少的时间。本书预定一百零八课，每课各说述文章上的一个项目。哪些项目需要，哪些项目可略，颇费推敲。至于前后排列也大费过心思。"有话题的文话，不同于单篇的阅读提示，而是单元导语。当下一些语文教科书的单元导语是否能够对应相关的话题？是否能够统领单元中的选文？教育硕士郝婵娟正在着手这方面的调研分析，期待她写出有真凭实据有自己见解的论文来。从《开明国文讲义》外面的情境内部的编排看取文话的生成，是一种视角；《文心》原有副标题"读写的故事"，台湾地区再版的封面上加一副标题"夏丏尊叶圣陶的32堂课"。似乎就可算是32篇有话题的文话，仅为用小说体裁说说关于阅读和写作的一切而已，后之合著的《文章讲话》是"《文心》完结以后，就有许多读者写信来要求再续下去，来一个《文心续编》。……为想不叫他们过于失望，于是在《中学生》里辟了《文章偶话》一栏，就文章的各方面随时写些讲话式的东西登载"。不必去探讨小说式、谈话式叙说关于文章的写作、欣赏种种方面的项目之难易，作为同一年间合著、合编的教材，彼此影响持续影响究属常态，这样，《国文百八课》话题、文话后，次之选文，就不仅是《开明国文讲义》先选文后话题、文话的倒置，从归纳式转向演绎式，而且有可能是《文心》的改编和扩容。或许，这也是一种视角。

周予同还认为文体分类法"不适合教科书的编辑，就是因为他太呆板又太琐碎的缘故"。其实，文体分类选本倒是教科书编排的传统。萧统的《文选》，体分三十八类，为多人诟病"太琐碎"；姚鼐的《古文辞类纂》"凡文之体类十三"，叶圣陶评说其"标准纷杂"；谢无量的新制《国文教本评注》，第一册有论著、序录、书牍、传志、杂记五编（相当于五个单元），顾黄初称之为"开创了以体裁编列单元的新体例"。可见传统还在，由繁而简是趋势。五四新文化运动后，文体的分类以主要表达方式为依据，以包举、对等、正确为标准，这近乎是文体分类新的变革了。实际做得怎样呢？叶圣陶的《作文论》独缺了"说明"，夏丏尊的《文章作法》第二至六章是"勉强凑集在一处"，尽管未必周全，可是依照分类标准简化文体的意愿是明确一致的。分科的作文教科书编写，自然会影响到综合型的语文教科书，有的学者谈论作文教学时涉及阅读教学，对于教科书的编写也不无启迪。如梁启超《中学以上作文教学法》中说道："不能篇篇文章讲，须一组一组地讲。讲文时不以钟点为单位，而以星期为单位。两星期教一组，或者三星期教一组，要通盘打算。譬如先讲记静态之文，选十篇（或专选同类的或不同类），令学生看"[①]。如此教法的教科书是以文体分类为单元组合的。朱自清认为"初中用分体办法；体不必多，叙事、写景、议论三种便够。因为初中学生对于文字的效用还未了然；这样做，意在给他打好鉴赏力和表现力的基础。类目标明与否，无甚关系，但文应以类相从"[②]。选编各种文体，下列同类文选，标明与否，况且不能说无甚关系；如果只是标明第一、二、三、四单元，那就不是关系问题，简直是甚无意义了。无论梁启超标明了"记静态之文"，还是朱自清"类目标明与否，无甚关系"之说，都是以类为目、体分粗而不细，类中有目，可以细化出具体的事项。孙俍工的《初中国文教科书》，以文章作法为线索，体分三种，组成读写结合的单元，类目标明；每册分8个单元，各有具体的话题，每题下选文10篇余。只是有题无话。朱文叔的《初中国文读本》每册7~8组，每组标明"教学目的"，讲的是篇篇选文的内容，话不对题；以第一册为例，描写类中以写的对象分目，描写手法多少、重现与否？难以逆料也不在编者的眼点中。非着眼于形式，则体分不细；体分不细，则有类无目，无以标明。单元目标要明示，还要懂得如何去标如何去说。吕叔湘有针对性地说："单就前四册来看，大纲目仍然是按记叙文、说明文、议论文的顺序讲解，可这三部分之内和之外都是提出若干小题目，一次讲一个题目，既有联系，也不呆板，很少出现'一、二、三'或'甲、乙、丙'。给读者的整个印象是生动活泼，文话本身就可以作为文章来学习"[③]。事在人为！

董菊初认为"单元型结构，这是自《国文百八课》以来普遍推行的结构。志公先生的初中《语文》也是这种类型。'它体现了语文学科，既有连续性、循环性，又有阶段性'的特点"[④]。说"普遍推行"有些夸大其词，继承之中加以变革、发展的案例也有不少。如孙起孟等人合编的《写作进修读本》、陆继椿的《分类集中分阶段进行语言训练实验课本》等，徐振维的H版初中语文教科书，以读写能力为目标，尤为值得关注的阅读部分，以方法之知统领单元的组合，其中的朗读、默读、质疑等一项项，逐项递进，层层展开，环环相扣，真正体现了语文学习各阶段

① 梁启超：《中学以上作文法》，中华书局1925年版，第45-46页。
② 朱乔森编：《朱自清全集》第2卷，江苏教育出版社1988年版，第81页。
③ 董菊初：《张志公语文教育思想概说》，人民教育出版社2001年版，第259页。
④ 吕叔湘：《吕叔湘论语文教学》，山东教育出版社1997年版，第114页。

的连续和循环，同样是凝聚了深厚的学养和丰富的教学经验。洪宗礼的苏教版初中语文实验教科书，九年级是阅读方法的单元；八年级是主题兼文体、七年级为主题单元，所以有人评说其多元合成。仅就这一点，按照直进或递进的编制法来看，似乎与"一本书、一串珠、一条线"的追求，还有些距离；似乎理想很丰满，现实很骨感。无论谁去编写，多数都适用这一流行语。主题单元也不是没有调整、革新的可能和必要，沪教版九年级上册第三单元"走近鲁迅"，统编版七年级上册有《朝花夕拾》的导读，如以传统名篇《藤野先生》为例、为起始，以选材写人为中心，适度穿插对比，思索：为什么写"这一个"而不写那一位老师？作者当时的处境和心情怎样？藤野先生对于鲁迅回国任教于浙江两级师范学堂（浙江一师前身）即对于鲁迅做教师、做文艺青年的导师有什么积极的影响？串联教材内外鲁迅的多篇文选，这样不仅是带领学生走近鲁迅，也是普通的教师走近大师。教育硕士朱慧芳正在着手这一课题的研究，期待能够提供出一个有价值的单元设计的样张。来自山东济南又回到济南担任语文教师的谢超，教育硕士论文《"济南二安"主题单元设计与阅读教学研究——依托济南地域文化展开》，选题与写作够接地气。该主题是根据清代王士禛《花草蒙拾》中"谓婉约以易安为宗，豪放唯幼安称首，皆吾济南人"而立，把著名词人李清照（号易安居士）、辛弃疾（字幼安）的词作以同为济南人组合起来，是除了苏轼、柳永词风流派比较的又一组对比，便于夯实知识、加强领悟；也便于依托地域文化资源，开展语文综合性学习，整合成一个动态拓展的、绵延不断的大单元，从王士禛的言语中可以预想，通过这样学习的学生，对于先人文化的尊崇与自信，对于家乡的情感，都会自然而然地流露出来。

第三章　语文读写教学

夏丏尊梳理读写关系清晰细致，思虑周密，具有较强的现实针对性；探析能力层级循序渐进，切合创新这一现代教育的主题和使命；阐述过程方法的多样选择、综合利用，尤为注重学科课程、教材的特点和教学的有效性，使人们感到的不仅是具有必要性，而且具有极大的可行性。

第一节　读与写：既要分得开也能合得拢

读写之间的关系一般人习焉不察，似乎不成问题，其实并非如此。分得开、合得拢，是夏丏尊审视、处置的观念和操作。虽然人之初便相伴的视听和言说是持续存在的一种接受和表达，但是入学后语文学习的重头、语文教学的主要目标和任务，就是文字的读与写。听说与读写两种来源、两条途径与方式，不是彼此排斥的，也不是全然并列运行的；而是融合的，是互相援助、共同促进、逐步提高的。专就文字的读写教学而言，夏丏尊始终认为是两种，不是一种，读书与作文实在是两种事，应当分别看待。

之所以强调读与写两种，是因为长期以来大多数人看作一种；即使列出了两项，也有固化的森严的等级：写是主子，读是奴仆；写是中心，读是边缘；写是目的，读是手段。读写关系的不同理解，可以说是简便检测、比对新旧语文教学的一张试纸。《文心》第13篇里说道："普通人都以为读书就是学作文，作文须从书上去学习，这实在是大错特错的见解。"乍一听，也许感觉这话也有一些说得偏而不全；只要联系当时的背景与历史，不难看出，这是对于积久已成传统的旧观念、旧势力，对于已经影响到普通人的语文教育界名流的集体意识，不得不做出的一种有力道的批评。读写关系大错特错的见解不仅仅为普通人所有，这是十分严重而尤为值得关注的。

钱基博《国文教学私议》文中"断断注意者，尤在讲读作三者之联络"，是"三者"，还不止两种，"主旨"却既定于作文一种。"予之教授国文，一以浚瀹儿童性灵，鼓励兴趣，考察平日闻睹之事物而记载之为主旨"①。三者或两种的关系又怎样呢？刘半农《应用文之教授》里明确地回答："着手第一步，便抱了'要能作应用文'的目的，故前文所说的选讲两方面，其实都是个'作'字的预备而已。"②这种预备论，不仅得到了响应，而且有了新的阐发，出现了新的论调。阮真《中学作文教学研究》中也主张"在讲文法和读文章的时候，就要做作文的预备工夫"；唯其如此，他还认为"读文是因，作文是果。读文成绩的好不好，往往在作文中表现出来，所以作文教学的成绩，也可包括全部国文教学的成绩"；并把因果论具象为"又好比种瓜得瓜，种豆得豆"，反问"读的是苏东坡《赤壁赋》，作的是《双十节感言》；读的是左国汉史，作的是十九语法不通的白话文；种的是瓜，希望得的是豆，哪有这个道理？"③他说教学中读写分离脱节的现象有些道理，但是读文言文就要写文言文未必合乎情理；读写关系的看法里牵涉出语文的检测与评价问题，他在《国文科考试之目的及方法》文中，明确地把"国文科分读作两项"，表达了对只考一篇命题作文的不满、对读文考试的重视和设计，颇有眼力；可是后之《中学国文教学法》里仍然坚持读文教学的应用练习，其主要目的当然在作文。所以读文和作文，应该要联络，才能使两者发生功效……要解决这个问题，他以为要把读文的大部分功夫当作作文的预备，作文当作读文的应用练习。似乎又转回到了原点，立了两项，强调联络，还脱不了个预备。从预备论到因果论、瓜豆论，可见他们的读写关系阐释，是与传统的写为鹄的、读为附庸，以及后继的写作是学语文的关键、以作文为中心的论调一脉相承。所以，泛论联络、结合，意义不大。那不过犹如群体默许或法律认定的夫妻名分，自古而然；至于是否平等互助、各自尊重人格的独立，是否搞大男子主义、娶妻只为生子，才是考察、判断两人世界健康、和谐、美满与否的标尺。否则，都是旧式婚姻，不是新鸳鸯蝴蝶梦。尊重并确认读与写相对独立、平等的地位，可谓语文教育界的"女性"维权行动。

夏丏尊之分得开，有如下几点理由：

1. 读文（书）自有目的和取向

春晖中学任教期间，夏丏尊对于课内外阅读的目的做了具体详细的阐述。读文言文就不是为了写文言文，他认为教文言文，目的只在读解的方面；并且专就

---

① 钱基博：《国文教授私议》，《教育杂志》1914年第6卷第4号。
② 刘半农：《应用文之教授》，《新青年》1918年第4卷第1期。
③ 阮真：《中学作文教学研究》，民智书局1929年版，第2、3页。

读解方面着眼，觉得这目的也是比较容易达到的。这是一种舍得，有舍有得。舍的是"文言文尽可不作"，得的是"文化上的影响"以及"享受先人精神的遗产"；要求并不降低，负担却大为减少。另外，读书本身自有目的，而且多种，是可以变动不断提升的，不能单纯为了作文。夏丏尊认为，读一部书，将他的里面的主张一成不变地拿来使用，或者摆在读者脑里做一个主宰，固然是一种目的，但读书的目的却不止一个，也不必就只为这一个目的才读书。将书里所主张的或讨论的做研究的对象，或做研究的参证，这也是读书的目的，或者还是第一个重要的目的。这已不是简单的识记，还包括了提取、概括、选择、发挥等多种应用的读法。读书的多种功用服从于多重的学习目标。就现代人所应有的视野和根基说，他认为读书如果为求知识，不如说为修养还根本些。所以，他列出"两个条件"、举出若干相关书籍，始终是从人的需求、发展出发，思考中学生阅读的目的、方法，规划范围、种类等。有关文学作品的学习，在《文艺论 ABC》第 12 篇中说道："真有鉴赏力的读者应以读者的资格自负，不必以自己非作家为愧。"实际上也是告诫包括中学生在内的广大读者，文学作品的理解与鉴赏"本身自有其价值，不必定以创作为目的。这情形恰和受教育者不必定以自己作教师为目的一样"，与其"做一个无聊的创作者，还不如做一个好的读者鉴赏者"。另外，他注意到一般人日常生活中读写的时间分配和练习机会，确实常常是可以一月不写文章，却未必一日不读书报，读与写是可以分得开的。

2. 读文（书）能力可以也应该检测

傅彬然写道："考查阅读成绩，（先生）最爱用"书取"的方法。"书取"大概是个日本名词，相当于英文 dictation。计算学期语文成绩是作文加上"书取"和文法的分数，平均起来"[①]；贾祖璋回忆"一九一五年，我考入浙师，丏尊师开始讲授国文，就教我们这一班。当时印发的选文教材，没有断句，更不分段。上课时丏尊师就随便指定一位同学读断句子。读错或读完了一段，指定另一位同学再读。全文读完，再指定同学分段讲解。同学们常恐点到名，读不断，讲不好，因而上课前总先认真预习。讲授的柳宗元的几篇游记，韩愈的《祭十二郎文》，苏轼的前后《赤壁赋》等都留下深刻的印象"[②]。由此可知，夏丏尊《国文科的学力检验》一文，是以

① 傅彬然：《怎样才对得起夏先生对得起自己》，《中学生》1946 年第 176 期。

② 中国出版协会编：《我与开明》，中国青年出版社 1985 年版，第 49 页。

浙江一师时的教学与评价经验为依据的。他认为"一般人日常生活上阅读的时间多于写作的时间，故理解可以说比写作更重要。理解的条件甚复杂，检验理解力最简单的标准是标点与分段。碰到一篇艰深的文章或一本书，如果你能逐句读得断，全体分得成段落，可以说你对于这篇文章或这本书已大致能理解的了。次之是常识的测验……"。就标点与分段这一点说，从《文章作法》的第一章到《文章讲话》的第一篇，可见其一贯地重视和持续地研究。叶圣陶《〈精读指导举隅〉前言》也说到现在的语文教科书和书籍报刊一样，都有标点和段落，认为"练习精读，这样的本子反而把学者的注意力减轻了。既已分了段落，加了标点，就随便看下去，不再问为什么要这样分，这样点，这是人之常情。在这种常情里，恰恰错过了很重要的练习机会。若要不放过这个机会，唯有令学生用一种只有文字的本子去预习，在怎样分段、怎样标点上用一番心思。预习的成绩当然不免有错误，然而不足为病。除了错误以外，凡是不错误的地方都是细心咬嚼过来的，这将是终身的受用"[①]。《开明文言读本》第三册中约有三分之一，就采用了这种更为原生态的选文形式。当下的语文教科书设置预习，从夏丏尊、叶圣陶不加标点不分段落的文言文选编与教学中吸取经验，以资借鉴，这样选编的文言文，本身就具备了练习的功能；这样的教法，也非预习不可了。

3. 作文的材料不只在文里书上

20世纪20年代相继出版的几部作文法书，均把"诚实""真实"，作为材料来源和写作态度方面的"最要紧的基本条件"之一，这是对于专从文里书上学作文的纠偏，如同未必否认艺术加工甚至虚构一样，"作文的材料到处都是，并不是只在书上"，并非不可以取法于书。是偏正的辩证，是自我表达的凸显，是思想解放、个性觉醒的五四新文化运动传统的继承和发扬。胡适《建设的文学革命论》把"八事"概括为"四条"，即"要有话说，方才说话"；"有什么话，说什么话；话怎么说，就怎么说"；"要说自己的话，别说别人的话"；"是什么时代的人，说什么时代的话"。鲁迅《无声的中国》一文谈论五四文学革命目标时，归纳为"要说现代的，自己的话，用活着的白话将自己的思想、感情直白地说出来"，并号召青年"先可以将中国变成一个有声的中国。大胆地说话，勇敢地进行，忘掉了一切利害，推开了古人，把自己的真心话发表出来"。新文化先驱们的忠告，与1923年课程纲

---

① 中央教育科学研究所编：《叶圣陶语文教育论集》，教育科学出版社1980年版，第5-6页。

要自由表达思想能力的目标，与《作文论》"写出诚实的、自己的话"；以及《文章作法》"文章是表现自己的，各人有各人的天分，有各人的创造力；随人脚跟，结果必定抑灭了自己的个性；所作的文章就不能完全自由表示自己的意思和情感，也就不真实不明确了"保持着高度的一致。就具体的操作而言，夏丏尊意识到，抄袭的不好大家承认，"至于模仿，古来却有不以为非的"。朱熹的"古人作文作诗，多是模仿前人而作之，盖学之既久，自然纯熟"为一种较为普遍的概括，着重了一方面，遮蔽了更重要的另一方面。模仿作为一种练习方式，并非不可取。学画只临摹不写生，即使能够以假乱真，依旧还是别人不是自己，平添了几幅赝品，失却了个体真我的风采和创造力。对于依样画葫芦式的、照着原形排泄出来的模仿，夏丏尊是坚决反对的。阮真明知偏于模仿"往往不见许于新教育家"，却详述"我幼时常常摹拟古文，得到很大的益处"；并以为"梁任公先生《中学以上作文教学法》中，也说过这种方法；张九如先生的《记事文教学本》，也用这种方法编辑的"，颇有些拉人造势、以壮行色的意味；并认为"只有多选一些好的范文，时常教学生模拟"。如他似的模仿得到怎样的"成功"？个体的经验有无群体教学实践的体会？距离自由、个性、创造力究竟有多远？

夏丏尊之合得拢，也有如下几点理由。

1. 读文与作文都是学科整体的部分

语文是"整个的对于本国文字的阅读与写作能力的教养"。语文是整体，是属概念；读与写是部分，是其中的两个种概念。相对独立，相辅相成。联络，并非阅读随从写作、依附于写作；结合，乃是彼此促进的互惠双赢，统一到提高学生语文能力与素养的整体上来。这是课程目标的要求。换句话说，读文与写作是课程里的项目，也都是生活上的项目。《文心》第3篇中说道："作文是应付实际需要的一件事情"，"作文是生活，而不是生活的点缀"，"犹如读书、学算一样""说话、做工一样，是生活中间缺少不来的事情"，都需要多方学习多加练习。20世纪30年代陶行知的教学作合一，业已成为普遍认同的教育原理，应用于语文教材教法却人言人殊。有孙怒潮编写的包括教案、选文、练习三项的教学作，有阮真教读古文、学作文言文的教学作。他认为当时高中的国文教材，十之七八不能和作文联络的，于是"教学作"三者不能不分离，这也是一件教学上最不经济的事；并直说"我是主张'教学作合一'，学生实际上需要做什么就应该学什么；教师也应该教他们做什么。教读文，就是教他们应用所读的材料方法去作文"。试看他的教材的分配，主要教材占60%，与写作联络。高中三年级上册主要教材哀祭文 30%，占一半。如此，少则数日，多则数月，学生们要呜呼哀哉、泪流满面了。这究竟是谁人的需要？还有多少出于真情实感呢？夏丏尊等人虽然没有明说教学作合一，却主张"一切科目应该与生活打成一片""把行动和看书打成一片"，他们是把原理融化于具体的论述之中了。

2. 读文与作文都要下触发的功夫

《文心》第 13 篇解释"所谓触发，就是由一件事感悟到其他的事。你读书时对于书中某一句话，觉得与平日所读过的书中某处有关系，是触发，觉到与自己的生活有交涉，得到一种印证，是触发；觉到可以作为将来某种理论说明的例子，是触发；这是就读书说的。对于目前你所经验着的事物，发现旁的意思，这也是触发，这种触发就是作文的好材料"。篇中列举的《领袖》《鸡叫》等，是日常生活中触发到的片断，再次表明了作文内容与选材的一种重要导向；因所读书籍、报纸、杂志而有自己的话说进而写成文章，也有多种方式。可以是两篇及以上的比较分析，可以是对于文章病患者条理清楚、观点材料一致的批评，也可以是对于一篇或是片言只语的欣赏。宋云彬《夏丏尊先生》文中记述："八一三"前几天，他曾拿了一张《立报》到我家里，眯着眼指着"小记者"写的一首短诗给我看，说："这两句好：'只要有那一天，一切牺牲都情愿！'我也这样想，只要有那一天，我牺牲一切都情愿。"因此，他住在狄司威路麦加里，人家都搬东西，他不搬，嘴里常常念："只要有那一天，一切牺牲都情愿。"[①]《整理好了的箱子》一文，既是当时纷扰情形"簌新鲜"的实录，又是夏丏尊蓄积情感的爆发，而导火索，正是那小记者的诗句。眼中有、心里有、笔下有，如此确是把读写与行动打成一片的。

3. 作文是包括读文在内的多方注意

《关于国文的学习》里说道："无论自由写作或命题写作，只靠临时搜集，是不够的。最好是预先多方注意，从读过的书里，从见到的世相里，从自己的体验里，从朋友的谈话里，广事吸收。或把它零零碎碎地记入笔记册中，以免遗忘，或把它分了类各各装入头脑里，以便触类记及。"这些教的法子都是根据自学的方法，把自己的体验感悟传导给中学生。他把作文比喻为母亲生小孩儿，"要把这胚种多方培育，使之发达，或从经验中收得肥料，或从书册上吸取阳光，或从朋友谈话中供给水分。行住坐卧都关心于胚种的完成"。稍有不同的语词，相似的句式，反复表

---

① 宋云彬：《宋云彬杂文集》，三联书店 1985 年版，第 482 页。

达的是同样的心意。又岂止是生动、形象，更重要的是入木三分的深刻透辟。秀才作文比他老婆生孩子艰难苦痛，除了其肚里无货硬作不出来外，即便有货作了出来，也须代圣人立言，无异于代孕而且是大网膜接种的借腹生子，屈辱、受罪之状，可想而知。阮真比喻读文为种瓜、种豆，把别人的文章看成自己作文的胚种，而且是一因一果，种什么得什么。和主张多方注意、广事吸收的夏丏尊大有不同。作文之果是包括读文的多种因素养分复合的结晶，读文只是一个条件、一种助缘，是其一而又不能执于一；它还有自己的果子要结，那就是阅读的能力、兴趣和习惯。所以，作文是多因之果，读文是多果之因。不必依赖、附属，必须多方学习、触类旁通。

在读的内容丰富、写的来源广泛的背景下，夏丏尊看取读与写，势必有隐显、松紧、疏密、整散的辩证关系。古诗词、文言文，不是要求仿拟的样品，尤其是内容、情调和生活的距离较远、和学生的年龄不相适应的，如《文心》第8篇列举陶渊明的田园诗，"目的大概是供给常识……知道有这一种趣味的诗而已"；即便急切需要的工场诗、都市诗，也只读而不勉强去作。有怎样的生活，有怎样的诗篇、怎样的情调，这样的读对于写，是含蓄、隐约、疏松的，古诗文的学习，在于了解传统文化的精华，打下人生与语文素养的底子，对于读写都会有潜移默化的影响。文言文包括一些名人名作的现代文，也不例外。如《文心》第1篇列举鲁迅的《秋夜》等，不说仿作了，连读解的程度也未必很合适。可以赞同《关于〈国文百八课〉》文中"青年是活泼的，让他们读现代中年人或老年人所写的感伤的文字，也同样不合理"，适度减少一些伤感的文字无妨；却认为"现在已经是飞机、炸弹时代了，从《三国演义》里选出单刀匹马的战争故事让青年来读，固然不对劲"有待商榷。从教学小品文的尝试看，练习的价值、教学的价值可以大于文体、文本的价值，特定体式的文本与读者的距离或长或短、客观存在，所谓"过去的现在化"犹如情境教学的紧缩时空，可以从第一册第十七课的话题、文话、文选中，理解文本叙述的现在化；从其中的一篇也正是钱梦龙教读的《愚公移山》中，探究文本教学的现在化；从学生当下与发展的需要出发，阐述文本理念的现在化①。所谓整体感知，也不只是主旨的把握，更不宜固定于一种读解，把作者原意、编者意向、当下读者的接受等方面结合起来，尽可能地做多元解读才能逐步感知与感悟整体，并且

---

① 程稀：《文言文教学的现在化》，《上海教育科研》2009年第8期。

能够包容个性化和创造力。可参见教育硕士逄晓蕾《〈卖油翁〉的教材选编与教学评析》一文。不同视角的解读有不一样内容的写作。夏丏尊《学习国文的着眼点》中认为，读直接作用于写的是其中的词语、句式和表现法。既有局部、抽绎的借用，也有一些骨骼间架的移植。他不似一般教师那样，读什么即写什么。看一展览、电影，听一报告、演讲，办一春游、秋游，早早就宣布回来交一篇作文。《文心》第 10 篇是以游带读促写的范例，气氛是融洽、宽松的。读与写紧密联系、相互促进、反复来回纠结的有翻译、评改、读书笔记，以及缩写、扩写、续写等多种练习形式。

第二节　读与写：共同趋向求真求精求新

求真、求精、求新，是夏丏尊读写教学逐步递进的能力层级，是环环相扣的共通的价值取向。真、精、新，是读写的公因式，新是读写的高标准，《文心》第 13 篇中读书贵有新得，作文贵有新味，是统领全书以及一系列文篇的总纲，是创设读写教学体系的一盏盏指路的明灯，由此出发，可以感受到作者强烈的创新意识和切实不懈的追求。

20 世纪 20 年代，语文读写教学论的建构还处于草创时期。有些概念是模糊不清的，有些解读是主观片面的，尤其是课程部分表述得单薄、零散甚至歧义，造成了教师的莫衷一是，教学的茫然无措。经过试验、研讨，30 年代后得到了长足的发展，但即使所求趋同，终极目标一致，着眼点与着力处也未必一样。与求真、求精、求新相关的概念，1923 年新学制初高中课程纲要均出现了前所未有的精读与略读，初中"精读选文（由教师选定书本），详细诵习、研究；大多在上课的时候直接讨论。略读整部的名著（由教师指定数种），参用笔记；大半是由学生自修，一部分在上课时讨论"。高中将"培养欣赏中国文学名著的能力"列为第一条目的，"略读的书，只要求了解欣赏书中大体；精读的书，则须有详细的了解，并应注重文学的技术。上课时，由老师与学生讨论答问。"1929 年初高中暂行课程标准目标中都有"欣赏"，仍然是精读"有详细的了解"，略读"有概括的了解和欣赏"。暂且不说讨论、答问教法，奇怪的是，目的在欣赏的兴趣和能力，培养却在略读而不在精读，究竟是"概括的了解"和"概括的欣赏"，还是"概括的了解"后"欣赏"不分明，也就是如夏丏尊所说那文字可做两种的解释（普通称为歧义）的一例。精读、略读，了解、欣赏，本是密切相关的阅读概念，就这样分别、错乱地排列着。

除了朱经农按照"新学制课程标准起草委员会"所下定义复述一遍、照单全收外，解说多多，各抒己见。有陈东原的两个比喻，他把略读称为泛览，类似于浏览或是不回视的速读。"所谓'泛览'不过像那机器缝衣一样，针在上面吃一遍就算了；那'精读'却是绣花，要密密地绣，细细地端详。"[1] 他的精略选择依选文、书籍的性质来决定。有孟宪承的两个要素，他认为略读"分析起来，至少包括领解与敏捷两个原素"；而"'精读'一个名词，大多数教师，恐怕还只有很模糊的一个观念。其实为明了正确计，不如直截了当地把他作为'熟读精思'解释，包含记忆与理解两个要素"[2]。他的诠释特别是依据传统的说法，着眼的是文白之别。和私意以为精读应该以中国文言文为中心、语体文不必选，翻译文更不必选有关，类似于梁启超《中学以上作文教学法》中的观点，更多地考虑了"保存过去"，却不见"创辟未来"之处，免不了还有些狭窄和保守。权伯华《初中国文实验教学法》对于暂行课标的精读教法断章取义，变逐字逐句讲解为课文背景、词句的"索性全不讲解"。祝世德《初中国文经验谈》中指出其走极端、行不通的同时，感到当时的一般教育家，都不会把"精读"和"略读"闹清楚。他批评初中课程纲要"前者的解释虽是在读，然而不精，后者却是干脆未读"，认为孟宪承"先得我心"，略读应是办到"读"而不仅是"看"，精读是既"彻底明了"，又能够"流利背诵"，背诵是精读的最高目的。上述解说和课程起草人表述得不够严密互为因果；起草人的解说如《论国文精读指导不只是逐句讲解》《〈精读指导举隅〉前言》《〈略读指导举隅〉前言》等篇，针对着课程与教学以及上述解说，和夏丏尊也有不同之处。

自 1923 年到 1948 年历次修订的课程标准，都有精读与略读，消逝了 40 多年后，又出现于 1992 年《初级中学语文教学大纲（试用）》，再现于 2000 年同类大纲（试用修订版）的阅读教学要求中，接着 2001 年《语文课程标准（实验稿）》建议让学生逐步地学会精读、略读和浏览，不仅学段安排先略读后精读的程序，而且明示了各自的能力要求和评价尺度。由此可见，这是两个跨世纪的阅读教学概念，实验稿课标中的界定以及现行统编本语文教科书里的解说，都可以和夏丏尊着眼于能力层级的探析对应起来，可以感受到历史的积淀、发展的脉络，更加坚信当下应有

---

① 陈东原：《国文学习法》，《学生杂志》1923 年第 10 卷第 6 号。

② 周谷平、赵卫平编：《孟宪承教育论著选》，人民教育出版社 1997 年版，第 43 页。

的观念和操作。这里不说语文教育界不断出现的新潮时尚的名词术语，依然借用为人熟知的三个维度，从课程文化语境中阐释精读与略读[①]，导入求真、求精、求新的思路。1923年新学制起始的初中课程纲要精读与略读是以课内与课外、选文与名著、直接讨论与学生自修相区分的，精读是课内选文讨论的教读模式，略读是课外名著笔记的自修模式。历次修订、起草人的补充说明，从教学方法或教学模式上思考的线路基本不变。或许他们认为只要这样去做，就能够达到精读和略读了，其实，是什么？为什么？也很重要。自缚于一对一概念的分辨、定义的识记，听命于教材的文白厚薄、课内外的时空转换，难以求得甚解和成效；单向的过程方法论难圆其说，也并非精读、略读的正解。总之，20世纪前期，多数人对于精读和略读的看法，或为教读自读的别称，或为记忆的深浅，或为了解的细粗，不是省略了读，就是缺少了新；了解和欣赏或未分化，或断为两段。夏丏尊把部颁暂行课标一体观照后，做出了不同凡响的分析和综合。

在语文教育发展史上，他不只是创设议题自己研讨或供别人研讨，如教学小品文、传染语感于学生等，对于别人的议题特别是写入课程标准里的概念更加关注。往往在倾听多方面意见的同时，陆续发表自己的见解和判断，使原先有些模糊、零散的概念明朗清晰起来，整合成各司其职、分工明确而又相互依存、交叉补充的功能系统。一旦确立，便坚守不移，经得起时间的、教学实践的考验。"每逢见到新辞新语，务须求得正解，多翻字典多问师友，切不可任其含糊。"出自《关于国文的学习》篇里，是他身体力行并劝告中学生的一句话。文中从词语说到句子、段落、篇章，"潜藏在文字背后的真意"以及"全文的真意所在"。初步把求真与理解、求精与鉴赏联系了起来；把了解与欣赏即理解与鉴赏的关系梳理清楚。这样的两步走，既不混为一谈，又不生生断开，现在看来，天经地义，当时却是不同一般的见解，是有所针对的。朱自清《古诗十九首·前言》中指出："只有能分析的人，才能切实欣赏；欣赏是在透彻的了解里。一般的意见将欣赏和了解分成两橛，实在是不妥的。没有透彻的了解，就欣赏起来，那欣赏也许会驴唇不对马嘴，至多也只是模糊影响。一般人以为诗只能综合的欣赏，一分析诗就没有了。其实诗是最错综的，最多义的，非得细密的分析工夫，不能捉住它的意旨。若是囫囵吞枣的读去，

---

① 程稀：《课程文化语境中的精读与略读》，《上海师范大学学报·基础教育版》2010年第4期。

所得着的怕只是声调词藻等一枝一节，整个儿的诗会从你的口中眼下滑过去。"①朱自清的议论可说是对夏丏尊鉴赏基于理解的声援。置于略读——那种大体、概括的欣赏，按《文艺论ABC》中的阅读等级衡量，学生只是收得作品的梗概，以事件为兴味的中心，做"最幼稚的读者"。诗如此，其他体裁的文章更有可能和必要分析理解，继而鉴赏玩味。文中对于"全阅或略读"，讲了过程、方法和要求；对于打下人生与语文素养根底的书籍当作课外读物加以涉猎，有的竟须全阅或精读，却没有具体展开。表明他起初就并不以为课外只有略读无须精读。不过，《国文科课外应该读些什么》里的确有这样的文字：最近教育部重订课程标准，关于中学国文科的"阅读"一项分"精读"与"略读"二门。"精读"属课内，"略读"属于课外。应该看作是一种介绍，一种对于约定俗成的复述，不是他的分析判断。在这段文字前，他还介绍了一种书的多种读法、多方面利用，从而获得意想不到的显著功效的实例和做法；《阅读什么》趣味修养的书，"种数不一定多，选择却要精。选定一二种，须定了时期来好好地读。……一种书读一年，读半年，全是诸位的自由，但求有益于自己就是，用不着计较时间的长短。"并以中日古今人物的事例，表明"把自己喜欢的书永久地读，是有意义的"。如果"有闲暇就读，星期日读，每日功课完毕后读……"说的是勤奋。那么《怎样阅读》补充读"这类书，也该尽量地利用参考书"，就是态度认真，就是课外书的精读法，就是良好的习惯和生活情趣了。夏丏尊始终是把课内外打成一片的，精读与略读不仅是过程和方法，而且是知识和能力，其中还渗透着情感态度和价值观。借用三个维度，是解开夏丏尊式的精读略读是什么、为什么、怎么做的一把锁钥。

　　文中指出："阅读通常可分为两种，一是略读，一是精读。略读的目的在理解，在收得内容；精读的目的在揣摩，在鉴赏。我以为要研究语言文字的法则，该注重于精读。分量不必多，要精细地读……"这就把两两相对的四个概念维系起来，把原先错位了的关系矫正过来，把层递分明的能力级别显示出来。鉴赏（欣赏）作为一个直指阅读教学目标的总概念，它不再为略读所独享，也不是文学的专利，而是精读的取向、评价的尺度。鉴赏与精读的依存度更高，鉴赏必精读，精读须临于鉴赏，不仅需详细地了解，更要自主个性地理解。止步理解为略读，皈依鉴赏为精读。注重精读绝对不是仅仅关注课堂教学、只在教科书上尽心用力。精读不是教读

---

① 　朱乔森编：《朱自清全集》第7卷，江苏教育出版社1992年版，第191页。

一次完成的，不能毕其功于一役，需要反复训练逐渐提升能级，需要学生课外自读；课外读书与读课外书，也不是同一概念。课外可读教科书，可读教科书以外的书。问题是不宜把属于精读的部分看作精读的全体、精读的品质，精读自有品质与取向，是高于略读的能级，是认真、不马虎、求甚解、有新得的态度和精神。所以，为何要打定根基、养成习惯，全在国文课的略读呢？以课内外、单篇短文与长篇巨著、教师指导的多少来看取，是一种界分，是单向、具象的线性思维；缺少了整合、抽象、切实而不失空灵的观照。致力于精读、鉴赏，也就是从课程目标的核心要素出发，抓纲治本，抓住阅读的关键能力。

求真、求精、求新，是分段与连续的统一，是依存、回旋、渐进的运作。如同略读、精读、鉴赏似的，把作文是否出于真情实感的流露、是否做到明了和适当、是否有新鲜的意味，按照《文心》第27篇中说的那样，逐一"回问自己"并对应了上去，未尝不可，却不免有些条块分拆的零散。求精基于求真，指向求新，贵有新得、新味、新的触发；精细与粗疏对立，而与真切相关。求真、求精、求新，本是循序渐进、互联互通的，是《文心》作者积长期的教学与科研经验，为中学生语文学习铺就的一条心路。读写求新之路全是心路，是学习主体尽心用力之路。试看从《关于国文的学习》到《文心》第30篇中鉴赏的解说，不仅指点"把我自己放入所读的文章中去，两者比较"的读法，还明确了学生是"鉴赏的本体"；不仅把创作上说的"美的一种条件是余裕"应用于鉴赏，还从见、视、观的一步进一步，比较论述"身入其境地用了整个的心去和它相对，是'观'。……不论看文章或看绘画，要到了'观'的境界，才够得上称鉴赏。'观'是真实的受用，文章或绘画的真滋味，要'观'了才能亲切领略"；不仅说到前人鉴赏所得的参考，还扩充了相关知识的预备，指出生活经验的积累以及想象力发达的重要。这一系列的同中有异、常中有变，意在导向不断接近文本、作家的心路历程，导向厨川白村曾名之为"共鸣的创作"[①]。何以不能共鸣？如何产生共鸣？篇中有较为具体的阐述。这与《文艺论ABC》第12篇中说到"真的，鉴赏不失为一种创作，只是创作是作家自己的表现，而鉴赏是由作家所表现的逆溯作家，顺序上有不同而已"有关联，与《文心》第1篇阅读的心理调适有关联，与第29篇中的"创作"更有关联。

中学生的习作和自由地无拘束地去写出文艺作品来的创作，都"在乎有新鲜的

---

① 厨川白村著，鲁迅译：《苦闷的象征》，人民文学出版社1988年版，第61页。

意味"；把鉴赏与创作（包括写出有新意的习作）相提并论，就《文心》所写的学段而言，是有课程依据又超出标准的。1932 年《高级中学国文课程标准》目标 4 破天荒地提出"培养学生创造新语新文学的能力"，大概夏丏尊依然"泛就了中学生设想而已"，个中的分寸感极强。王森然《中学国文教学概要》里指出：教学作文的目的，在于养成学生抒写的能力和发展思想的能力。像练习，创作，长时间限定之作文，短时间限定之作文，均属于第一个目的；日记，读书录，批评，均属于第二个目的。所谓"创作就是自由作文，自由作文和出题作文比较起来，意思可以自由，作品每每发现出人意外的优良。可见出题作文是练习工作，创作是成熟的发表。中学生不能说个个无发表能力，应当指导其方法，引起学生创作的兴趣以发展其独创之天才"[1]。蒋伯潜《中学国文教学法》中表明中学生作文就是习作，就是练习写作，而不是创作。两本语文教学法著作的观点，大致可代表多年来截然不同的两种看法。蒋伯潜还曾撰文说习作和创作不同，夏先生和叶绍钧先生合编的《文心》里已说得很明白；再次重申中学生的习作，只是习作，不是创作，更不是文学创作。鉴于此，有必要做一番解说和澄清。

重温《文心》第 29 篇，可见确是"说得很明白"。习作与创作既有区别又有联系，习作是基础，"只是法则与手腕的练习"；创作由习作出发，"才是发挥自己天分的真成绩"。中学生"如果想创作，非先忠实地在习作上做功夫不可"；"至少该一壁创作，一壁习作"。"中学原是整个的习作时代，创作虽不妨试试，所当努力的还应该是习作。"这里的程序、主次、轻重，都很分明。绝对不像蒋伯潜那样肯定习作就彻底否定创作，当然那样的如胡怀琛、阮真等，却大有人在。他们采用的是鲧的堵法，而夏丏尊等人则是大禹式的导法。心态是宽容的，思维是辩证的，早在《文艺论 ABC》第 14 篇里就说"创作与鉴赏本来是同一心的作用"，"普通接触文艺的人不必以读者自惭，不必漫起创作的野心"，但也"不能断定在我们的读者之中，全没有创作的天才者或志愿者，……全不知建筑学者，不能真正理解建筑的美，非知创作的大略者，不能有真正的鉴赏"。这和上述王森然的看法相似。《文心》第 32 篇中再次提到习作和创作，无论写一篇文还是作一首诗，"总之用创作的态度去对付，要忠于自己，绝不肯有半点的随便和丝毫的不认真。文学者固不必人人去做，然而文学者创作的态度却是人人可以采取的。唯能如此，才真受用不尽呢！"这番

---

[1]　王森然：《中学国文教学概要》，商务印书馆 1929 年，第 301－309 页。

话，语重心长！连贯起来，可见其中的创新意识、创作态度，正是语文读写能力素养的灵魂。

以创作的态度对待习作，允许尝试文学的创作，可以把"自由发表思想的能力"落实到位，可以"周遍地养成各种文体的写作能力"，可以拥有众多的真实的读者，可以呵护学生的兴趣爱好并做积极、正确的疏导，充分发挥潜能；这在《文心》里有具体丰富的体现。朱自清看到"有许多学生自己找到了写作的目标，就是创作，高兴地写下去"；并以为这20年来中学生的白话文特别是记叙文、抒情文方面确有不小的进步，虽然实际上进步还是少数人。在比较不同见解后，他说："有'创作'做目标，学生对于写作的兴趣好得多；他们觉得写作是有所为的，不仅是机械的练习"。《论教本与写作》文中，他已指出中学生文学创作是接受五四新文学影响的一条出路；《写作杂谈》篇里，又指出："现在已经能够看到的最大的出路，便是新闻的写作。"[①] 这些，都是真正为中学生着想的富有建设性的因势利导。表达与发表的感觉是大不一样的，这只要问问各地那些做过小记者写过新闻稿的学生就能了解。上海市闸北区第一中心小学由上海教育出版社出版了一套三册的《童心成长书系》，全是小学生的诗歌、散文、故事与绘画[②]。夏丏尊《教学小品文的一个尝试》中连带有学生的9篇习作发表，管建刚小学作文教学"以发表为中心"（可参阅教育硕士潘莺的专题研究论文），都是肯定学生的进步成长，给予成功的体验，增强写好作文的自信心。

第三节 读与写：多条路径多种方法训练

求真、求精、求新的读与写，具有一套较为完整、卓有成效的训练方法。它们是心、眼、口、耳并用的朗读，一遍一遍地熟习且不断抽绎出新意趣来的复读，为了精读拓展开去又顺带略读的参读，文字书以外的形、声、色兼备的非文字阅读。与之相对应的有得法于课内、得益于课外的写作，有自我表达与读者交流的意识，有独自完篇与两人及以上的共同作文，这些概念的诠释和方法的运用，对于当下如何提高学生的语文素养、提高读写的教学效率，均有切实的指导意义。

先述阅读，再评写作。单看阅读二字，是并列的组词；夏丏尊却要"分开来

① 朱乔森编：《朱自清全集》第2卷，江苏教育出版社1988年版，第109页。
② 陆梓华：《闸北区中心小学出版专著，让学生放飞梦想》，新民晚报2013年6月2日。

说"，也"不妨分开来用"。他认为"一般科学的教科书应该偏重于阅，语言文字的教科书应该偏重在读"；"一般科学的教科书应懂它的内容，不必从文字上去瞎费力，只要好好地阅就行，像国文、英文两门是语言文字的功课，应在形式上多用力，只阅不够，该好好地读"。不是平均比例而是有所侧重的递进关系。联系语文教学的历史语境，自能理解其合理性。这一和他的课程、教材理念相适应的读法，走的是传统老路，还是经济、实用的科学发展新路呢？

不闻书声但见听讲，是变私塾为学堂后较为普遍的现象。《奏定学堂章程》明示"凡教授之法，以讲解为最要"。于是"自有学校教育以来，对于文字往往只用眼睛看，用口来读的人已不多了"；日本教习木村指导的通师实小里，不仅齐读，还注重个读，这样做的确实不多。朱自清认为早年学校里教古文，也依旧这样。五四以来，中等以上的国文教学并不兴这一套。一线教师姚恩铭反映"今之教授读法者，往往注重讲解，而不注重诵读，以熟诵为私塾之陋习而排斥之"①。所以，是渐变的，而又以五四之后为烈。白话文篇幅较文言文长得多，教材的新变势必引发教法的变革。一些著名学者如胡适提倡用"看书"代替"讲读"，上课只有质疑问难和大家讨论两项事可做；梁启超认为一篇长文读一遍也得三十分钟，若再要讲，不但做不到，也不必要，主张选文让学生多看，不能篇篇文章讲，须一组一组讲。他们都强调"阅"而忽视"读"，新颖超前的教法见解和顾此失彼的缺憾并存。杜佐周跨越多省的中小学生读书能力抽样测试报告②中"注重静读"（速读），内容归纳有三：1. 朗读是传统，静读是新潮；2. 朗读无用，静读有用；3. 朗读有害，静读有益。周铭三、冯顺伯认为"按生活需要来默读不是朗读"，"按阅读心理学上原则"，朗读"不如默读思想既容易集中，时间也可经济"③。如此褒贬，把朗读与默读、速读尖锐地对立了起来，朗读就这样在创办新式学堂、提倡科学与民主的新文化背景下，随着教材教法变革，蒙羞受辱地销声匿迹的。

梳理过程揭示背景表明当时夏丏尊、叶圣陶等人站出来，重视并加强朗读训练，需要多大的勇气和力量。朱自清《论朗读》一文针对朗读、吟诵等方法的丢失，重复三遍说"这是教学上一个大损失"，同时指出："夏丏尊、叶圣陶二先生的《文心》里就有很好的意见——他们提议的吟古文的符号也简单切实。作者主张学校里恢复

---

① 姚恩铭：《小学作文教学法》，《教育杂志》1915 年第 7 卷第 6、7 号。

② 杜佐周：《国文教学的几个问题》，《教育杂志》1923 年第 15 卷第 7 号。

③ 周铭三、冯顺伯：《中学国语教学法》，商务印书馆 1926 年版，第 144 页。

以前范读的办法，吟、读、说并用"。的确，从《文心》第14篇发出书声归去来的呼唤，到《文章讲话》等著述的字里行间，可以看出他们的与众不同之处。不是简单的"恢复以前"，而是扬弃传统，并将朗读学的新知识融入训练之中。第14篇由"每日清晨傍晚都听到和尚的诵经声"而产生读法研究的兴趣，就是形象地揭示传统。当然读不是有口无心的小和尚念经，而是抽绎文意，以声传情。读文"声音的差异，不外高低、强弱、缓急三种"，另有一个"表示读到这里须摇曳的"，第15篇讲到这些，并让学生注上符号轮流朗读，均"须顾虑到文句的构造与感情两方面才好"；超音段音位往往称为句调或狭义的语调，就学生习作提出来研讨，第21篇中可见。不是以一换一、褒一贬一，而是既阅又读、兼而有别，寻求适切中学生语文学习、效率提高的途径和方法。姚鼐有"若但能默看，即终身做外行也"的《尺牍》，曾国藩有"非高声朗诵则不能"的《家训》，对于朗读和默读，古人与近人的观点恰恰相反。《文章讲话》的《所谓文气》篇末以及《学习国文的着眼点》文中，不仅陈述了古代人重在用口念、近代人重在用眼看的手段不同，也顺带出《文心》第14篇一般的学生只做到了一个"看"字而已。所受的社会影响，不仅分别从可读材料的多少、作文内容与应试形式方面分析读法选择的合理性，更进一步感到只阅不读的缺陷性。中学生并非已有较强阅读能力的成年人，只看不读、贪多求快，反而难以达到能理解能鉴赏的目的。《句子的安排》篇中说道："我所谓读，不一定要高声唱念，低声读或在心里默读也可以。"不过从学生语文学习的实际出发，却认为"不该只用眼与心，须于眼与心以外，加用口及耳才好"。读是多通道，多种感觉器官的协同作用，"是很有效的方法"。不是限于课内古文，而是白话、文言课内外全面训练，并从文体类别中把握其适用性。当时，除吟诵古诗文怕人耻笑外，另有白话文不能读的误解，还有不会读的困惑。"究竟这不可读的语体文，是否要有别种方法来代读，尚是疑问。"[1]《文心》与《学习国文的着眼点》中是文言、白话的朗读有所区别，训练又不仅仅限于课内，"下半年预备在原有的讲演会以外再设一个朗读会哩"。如果《关于国文的学习》中诗要反复吟、词要低回诵、文要周回默读、小说要耐心地细看是一种文体类别的分说，那么《学习国文的着眼点》里"词儿、句子、表现法等类的事项，大半是可在读的时候发见领略的"，则是不为文体所囿、突出语感因素的进一步分说。《所谓文气》里列举赵元任《科学名词跟科

---

[1] 陈东原：《国文学习法》，《学生杂志》1923年第19卷第6号。

学观念》一文，认为如果用旧式的念诵法去读近代的和欧化的语体文，有些"就觉不大流利畅快"。这启示人们：应该从文篇的体裁和学生的朗读要求出发，若是表情达意，读出文气，选取科技说明文未必适当。他认为"文气是近代文章上所忽略的一方面，本文谈文气不取近代语体文作例"，这也自我限制了进一步的思考。徐振维、钱梦龙教读《谈骨气》都重视并加强朗读，体会文中的感情色彩和一腔正气，既可补充前辈的不足，又堪做后人的示范。

一篇又一篇、一本接一本地去读，是新视窗新天地的开辟，侧重于外延的扩张；一遍又一遍，重逢再见，是另一种形式的多读，属于原有田亩里的精耕细作，侧重于内涵的深化，可称为复读。孔子学而时习、温故知新的老话，符合认知发展的规律。邵瑞珍曾经指出"直到 20 世纪 60 年代，美国认知教育心理学家奥苏伯尔提出有意义言语学习理论，才把学生原有知识在新的学习中的作用强调到唯一重要的地位。他说：'假如让我把全部教育心理学仅仅归结为一条原理的话，那么，我将一言以蔽之：影响学习的唯一最重要的因素，就是学习者已经知道了什么。要探明这一点，并应据此进行教学。'现代信息加工心理学家都十分强调原有知识在新的学习中的关键作用……可惜这一观点在我国目前的教育理论研究中被忽视了。"[1]被忽视的不只是知新时温故，更有温故中知新。前之为新篇学习凭借旧知，后之为旧篇阅读触发新得，是精读、鉴赏的必由之路，也是便利前者的真实基础。幸运的是，这些都被夏丏尊大大地重视了。"始信'旧书常诵出新意'是真话"见于"传染语感于学生"的篇中，学生语感的不足与补救，除了教师于知情两方面继续予以指导的外援，更切实长远的，就是学生内求诸己的一遍数遍的复读。复读不是简单重复、原地踏足，而是时有进步、常有新得。《文艺论 ABC》从读的次数与兴味变化、鉴赏等差的正相关，论述复读的必要和层次。《关于国文的学习》从阅读能级上继续阐述，并介绍了与及时复读相对的隔离复读法，其中以不同文体为例所做的经验谈，无一不是知己知彼、循循善诱的肺腑之言。《文心》在复读的方式上，展现出灵活多样的态势：既可阅又须读，既可圈画又可点评，既可抄录又可写作。《学习国文的着眼点》里说到"典故是讲不完的，故事是听不完的，一篇一篇的作品也是读不完的。……"《关于〈国文百八课〉》同义反复，都是告诫后人：不依靠一篇接一篇多而浅的略读，一篇要有一篇的所得，须把知识、法则学到手。学习新

---

① 邵瑞珍编：《教育心理学》，上海教育出版社 1997 年版，第 47 页。

篇新知识的基础、起点、依据，不是笼统的篇目，而是旧篇里原有的知识和法则，这绝不是课堂上教一遍读一遍就能掌握的。所以，"应该选择几篇可读的文字反复熟读，……读的程度要到能背诵。读得熟了，才能发见本篇前后的照应，才能和其他文字做种种比较"。如此，强调知识、法则在"新的学习中所起的关键作用"，使"相关的原有知识"处于"学生长时记忆中"不断激活，并"和别篇文字做种种的比较""有所发见"，可以说，和国外心理学家在观念操作上相去不远。无论旧篇还是新章，再三复读不可或缺。

参读是从教科书出发去读相关的篇章和书籍，为由此及彼的持续扩张，广度众所周知，深度常被人们忽视。夏丏尊的参读，是精读材料理应达到精读的要求非此不可的重要一环。否则，徒有精读之虚名，名至实难归。所以，参读是在广度、补充之中尽显其深度与实效。20世纪二三十年代对于要不要参读、读什么、怎样读一系列问题确有不同的回答。大致存在两种失之偏颇的倾向：一是紧缩于课内，"教师与学生都常常硬把印成的文选或'国文课本'当作'国文'，把其余的一切摈斥于'国文'之外。"自我设限，闭门读书，实际上否定了参读；二是膨胀于课外，对于参读似持肯定，却喧宾夺主，舍弃课本，否认教学的功效。如此课内外精读略读是隔膜的，甚至是断裂的。如果"紧缩"是太看重了教科书，那么"膨胀"就鄙视了教科书。夏丏尊深知其中的弊端，并做了长期的探究。他曾经也为中学生开列过一份书目，虽然定了方向、提了条件，却不免为书所役，不自觉落入个体经验的窠臼，突不破胡适、梁启超以及课程纲要略读书目的藩篱。自《关于国文的学习》发表，就有大的转变；《文心》第5篇《小小的书柜》是不开书单后新的设计，"能课外读书，原是好事，但是乱读不但无益，而且有害。你们在学校里有许多功课，每日自修又需要好几点钟的时间，课外的余暇很是有限，所以读书非力求经济不可。"这是对所有中学生的忠告，也是对教师的提醒。一味鼓励课外多读未必切实也未必有效。《阅读什么》的程序就是经济的读法，有机的联系。《怎样阅读》中的参读，从教育心理学上看，是既有注意力的集中，又有适当的分配；从阅读要求、方法上看，既为了精读，又顺带了略读，一箭双雕、一石二鸟，功效多矣。参读的广博还是现象，精深才是实质，问题意识探究兴趣才是关键。

明确提出读不用文字写的书，并非始于《文心》第13篇《触发》，夏丏尊尝试教学小品文，就顺势叩开了阅读的厚障壁。第11篇《词的认识》中又一次使人们感受到"读"的裂变，只不过不是用眼睛、心力去看，而是用耳朵、心力去听对话而已。读有字的书，不应舍弃无字书的视听；读无字的书，也不该削弱、取代有字书的阅读。第19篇《还想读不用文字写的书》中的"还"字，再次表明了两者之间相辅相成、并行不悖的辩证统一关系。这是即知即行、体脑并用、全面发展的现代教育的远大理想，也是不得已中途辍读的苦孩子不愿自暴自弃及时调整心态的权宜之计。正是两者的交错相通，烙下了本篇乃至全书先进的教学基因和鲜明的时代色彩。乐华的退学，与当时许多交不起学费的学子同其命运，作者没有把他塑造成一个单薄得只知道逆来顺受、任凭命运随意摆布的乖孩子，没有把他塑造成一个因退学而失却人生目标意义的厌世者，也没有塑造成一个大吵大闹或表面上显得一切无所谓、骨子里愤恨一切的叛逆者，更没有塑造成一个主动报名去广阔天地、为国为家分担忧愁的好学生。乐华的内心与表情满写着悲伤、痛苦、忧愁，唯其如此，才是一个真实丰满的乐华。然而，"他有要学习的热心，又有会学习的本领……"本篇突出的就是这种内在的潜质，学校所需精心打造的就是要学、会学的基础，培植、呵护并疏导学生的欲求。

杜威提到"我们时常看到一些人，他们几乎没有受过学校教育，可是他们这种缺少知识的状况，正好成为一种积极的有利的事情。他们至少还保持着他们朴素的常识和判断力，……使他们具有从已有的经验中来学习的宝贵的能力素质。如果在这一过程中，个人丧失了他自己的灵魂；丧失了对有价值的事物的鉴赏能力和与此有关的事物的评价能力；如果他对于所学过的知识丧失了应用的欲望，并且，最重要的是丧失了从即将出现的未来经验中吸取意义的能力，那么，获得一套规定的有关地理和历史的知识，获得读和写的能力，到底又有什么用途呢？"[①] 夏丏尊了解自己，也时常看到一些人，或有文凭却没有多少真才实学，也没有多少继续教育的欲望；或未能完成学业、没有一张文凭却坚持自学，从多方面求教中不断优化自己的智能结构。他就是后一种人，乐华的形象里有他的影子，也可以说，是以他为原型塑造的。得法于课内，得益于课外，互文见义，原指阅读教学，借用于夏丏尊的作文教学也未尝不可。多方注意的训练首先第一位的始终是以生活为读本，即便是基于文本的习作，也有多种形式和方法。如《国文科学力检验》文中讲道："翻文言为白话也好，翻英文为汉文也好，把普通文言诗歌或所读英文的一节，忠实地翻译过来，再自己毫不放松地逐字逐句与原文加以对照，就能看出自己的能力及缺陷所

---

① 杜威著，姜文闵译：《我们怎样思维·经验与教育》，人民教育出版社 1991 年版，第 271 页。

在。"可见翻译是一种话语与文体转换的练习，是打通外文与母语联系的练习。"因为翻译是有原文的，既须顾到译文，又须顾到原文，一切用字造句都不能随意轻率，一有错误，对照起来立即现出，所以是试练写作的好方法。"[①] 也可说是检测阅读能力的好方法。为作文练习着想，忠实地翻译出来也有两种选择。"把一篇他人的文字摆在面前，细心审读，好的部分加圈，坏的部分代为改窜，但好与坏都须把理由说得出，不准有丝毫的含糊。"是一种片段的练习。夏丏尊认为这两种比自由写作及命题作文来得可靠，既用不着滥调子，也用不着虚伪的修饰，而真实的写作能力赤裸裸地表现无遗。《文心》第18篇《左右逢源》、第24篇《推敲》就有翻译、评改的实例和阐述；第25篇《读书笔记》是另一种练习方式，不仅关注文中提示的种种，还把第9篇《文章病院》、第31篇《风格的研究》联系起来，可见这样的笔记写作是基于单个或多个文本的、课内外结合的、探究性研究性的学习。还有一种基于文本、跨越学科的写作，往往被人们所忽视，那就是科学小品文的写作。夏丏尊不仅鼓励学生，还亲自"下水"，选录《平屋之辑》的《人所能忍受的温度》《蟋蟀之话》《春日化学谈》，都发表于《中学生》杂志，杂志的"科学拾零"栏目中还有《动物界的无线电》《电子的话》等。贾祖璋《丏尊师和开明书店的科学读物》文中认为，1934年陈望道主编《太白》半月刊设"科学小品"栏，与开明书店有关。"开明书店仿佛是科学小品的发源地"。他回顾"一九二六年前后，我开始写作关于鸟类和其他方面的通俗文章。丏尊师以《鸟类面面观》为题，嘱为《一般》杂志撰稿。后来我把零篇文章编成两本书，丏尊师给拟名为《动物珍话》和《鸟与文学》，并且为《鸟与文学》写了序文，对我的写作给了很大的支持和鼓励"。他感到"开明书店能够出版众多通俗浅显的科学读物，应与主持编辑业务的诸位先生对科学有一定的兴趣有关。特别是夏丏尊先生曾在日本东京高等工业学校肄业，与科学是有缘的"[②]。《国文百八课》比《开明国文讲义》选编了较多的科学小品文，都是当作说明文来学习的。注意到通俗、易懂一面，忽略了形象、生动一面。开了个好头，也有明显的不足。从科学小品文体的特点、优秀语文教师的教学以及2012年人教版语文教科书八年级下册第三单元来看，科学小品文的教学也应该注意其文学趣味的一面，理当读写结合。教育硕士种秀娟的《初中语文教材科学小品的选编

---

① 程稀：《翻译：一种作文练习的方式》，《中学语文教学》2009年第7期。

② 中国出版工作者协会编：《我与开明》，中国青年出版社1985年版，第47-49页。

和教学研究》论文中，有较为全面的评析。

有一种写作理论是把"为自己写作"与"为读者而写作"并列或对立起来的，夏丏尊《文章作法》中说到"因为日记是独语"，当然他也看到日记体的散文、小说是面向读者的;《文心》第7篇的日记可以公开，第23篇诗体的心语可以秘不示人，分中有合。正如他把明了、适当看作是作文、说话共同的法则一样，自我表达与读者接受也是共同的需求。"所谓好文章，就是达意表情，使读者读了以后能明了作者的本意，感到作者的心情的文章";"所谓要有秩序，要明畅，要有力等等，无非都是相适应读者的心情。因为离了读者，就可不必有文章的"。他始终把"自我表达和与人交流"结合起来，把真我的个性、创造力与适切读者和谐并举，这一点尤为醒目。《文心》第4篇有异地升入初中写给小学教师的信，第6篇有向《抗日周刊》的投稿，都是有意识地扩大读者群，而且是真实的，不用"假想的读者"。他主张"自己写文字的时候也要读"，"就草稿自读自改"的过程中作者即第一读者，写作是一种交流的手段、对话的方式，诚如《文心》第3篇中是生活中缺少不来的事情，更直接地说"作文是生活，而不是生活的点缀"。所以，文稿是投出去的，一封信是"当然寄出"的。比较当下国外的写作理论，可以找出诸多相似点，却并非如建构主义论者那样忽视"原创"，忽视记叙文、个人经历等形式的习作;而是应用与文学结合，《文心》里的学生作文全用语体，体裁却十分广泛。有《新秋景色》的写景抒情，《闻警感言》的议论，《机械的工作》的说明，有《难中日记》《读书笔记》……要说实用，连书件的格式都留意，书写也要达到《现代习字》的标准;要说趣味，可编《戏剧》参加演出，可作《新体诗》，写新体诗"无异作文稿"，写小说即使不那么出色，至少也是值得一看的习作。同时，口语与书面交际并举，这从浙江一师大纲中"或口讲，或写在纸上"到《学习国文的着眼点》"我们心里有一种意思或是感情，用文字写出来或口里讲出来，这就是表现"，可见其一如既往，始终如一。他并非不了解说话和作文的差异，而是觉得口语交际不是随便谈话，要使之发挥书面交际一样的作用，都必须讲究组织。否则，不是"话语的杂货摊"，就是"文字的百衲衣";口语与书面交际一体论，不只是用笔说、用嘴写的形式变换，更重要的是书面表达要吸收口头语言的精华，口头语言表达须通过书面的方式得以提炼;再则，白话的小说、戏剧等，凡有对话的文章，所说未必全是作者的话，各人的话要符合人物的身份、地位、性格，这在《文章作法》附录二以及《文章讲话》的《文章中的会话》都有阐述。上述提出具有文学趣味的科学小品文写作，也是为了更好地适切读者、从而充分地表现自己，是立足当下、着眼中学生发展的可试可行的训练内容和方式。

以个人特别是以合作的方式进行写作，在独立自主与协调互动之间形成必要的张力，是国外写作课程改革的新动向，也是我国现代作文教学的老传统。夏丏尊合作方式的作文教学实践始于浙江一师期间。傅彬然回忆上作文课时，除普通的命题习作之外，还教做大纲，共同写作，共同订正。《文心》中是"各写一篇"与"合写一篇"并行不悖。既不彼此迁就，保持个性；又合群乐助，集思广益。其中有多个案例，具体展示了合作方式的特征和功效。共同作文也就是合作建构，以两人或五六人小组为宜，彼此讨论，拟定提纲，轮流起草，交流修改，直至完篇。从方法看，不仅和小学的助作法等断中有续、前后照应，使初中生感到熟悉而又新鲜，而且过程之中口语与书面交际、课内学习与课外活动结合，使师、生、文本的对话不止步于课堂教材的阅读教学，增添了不与应试作文教学对应的训练形式，促进了师生之间较高层面更为有效的互动，特别是对于学生之间的认知磨合、关系改善、集体观念团队精神的培养都有助益。继《文心》后，是于在春的《集体习作实践记》。该书作者在《夏丏尊先生的晚年》文中说道："由于夏先生在语文现象研究和语文教学这两个方面的努力和造诣，我从二十一年开始教读时就在精神上向往其人。……从那时起，我同他保持着不时的接洽。我的集体习作实践记写成，接受了他很多的指点和纠正，并且由他介绍和开明订过出版的契约，准备在出版时写一篇序文。"[1]后由叶圣陶为之撰写序言，评价"集体习作，这个方法非常好，就是许多人共同练习说话，练习思想。一个人难免有欠周妥处，大家讨论，讨论到大家满意，那一定是比较最好的说法和想头了。我曾经写过些关于作文教学的文字，都说到共同讨论，正合在春先生的意思"[2]。于在春立足孤岛的艰难实验曾经得到边区教育领导的积极响应，可详见晁哲夫《国文教学必须改造》[3]一文。1964 年 2 月 17 日《人民日报》发表吕叔湘《关于语文教学问题》一文，讲到写作本身时，当然要以各人各写为主，但是也可以安排几次分组集体作文，也可以试试集体来评改。他们的实践和见解理应得到该有的重视。优良传统不能轻易丢失，而是有待弘扬。

从作文教学方面看，似乎现今也难以整体超越夏丏尊；从阅读教学设计看，他

---

① 于在春：《夏丏尊先生的晚年》，《文章》1946 年第 3 期。
② 顾黄初：《现代语文教育史札记》，南京出版社 1991 年版，第 207 页。
③ 晁哲夫：《国文教学必须改造》，《新教育》1946 年第 2 卷第 2 期。

未能留下具体的教案和实录，尽管《文心》第 1、2 篇是预习、讨论、练习三段的演示，叶圣陶也发表过多篇相关的文章，可是除"讨论"以外的"质疑"，在教师引导下，学生提出问题进而解决问题，还是徐振维、钱梦龙等语文特级教师拿出了成功的案例。这是承前启后的发展，是改革开放年代上海语文教改的一大创获，值得珍视。因为"进行对话的时候教学有许多方式，鼓励学生提出疑问是最好的一种"①。

---

① 斯滕伯格等著，赵海燕译，《思维教学》，中国轻工业出版社 2002 年版，第 71 页。

第四章　　名著品读

　　本章选录夏丏尊的部分著述，分编为五节，方便阅读理解与鉴赏，以指导当下的学习研究以及未来的教学实践。每一节的小标题、每一节从文中取出的若干提示语，类似于"有了一根钱索子"，一篇篇附录于后的文章才是宝贵的"可贯串的小钱"；单篇或并置两篇以上的点评，不过"间接地得到鉴赏的指示"，关键还在"自己的眼识"和行动。

第一节　　教育理念阐述

品读提示

1. 教育上第一件是要以人为背景

　　一篇有关教育目的、人才规格的论述，为什么题名为《教育的背景》？当今的教育以人为本与夏丏尊的教育以人为背景，异曲同工，都是具象的比拟。教育要成为一幅画、一首诗、一种艺术，必须关注特定时空中的人，人是教育园地里最美丽的风景；否则，便了无情趣、失却意味，"也不能叫做教育"。作者分三层解说，条理清晰，环环相扣。

　　《教育的背景》连载于五四运动之际、浙江一师风潮山雨欲来之时，是夏丏尊入校工作 12 年，担任过翻译、舍监、修身、国文等多种职务，带着丰富的积淀和深切的理解写就的一篇教育论文。其中涉及语文教材、作文教学等亟待改革的方面。

　　文中引用卢梭的这句话："不管学生将来入何种职业，先使他成功一个人。"意在表明我们所行的教育是"注重陶冶品性"的人格教育，而不是某一项技能的职业教育；与下文"真正的教育需完成被教育者的人格"前后照应。与《"自学"和"自己教育"》一文引用威尔斯"教育的目标是要使各个人成为善良的变通自在的艺人（因为环境在变迁，所以要变通自在），成为在那一般的规划中自觉能演一角的善良的公民，成为能发挥其全力的气象峥嵘、思虑周到、和蔼可亲的人格者……"一脉相承。

教育学是人学，夏丏尊自浙江一师到春晖中学、开明书店，持续不断地丰富着他体悟的教育的人论。《关于国文的学习》一文，"描绘"了一个具备20世纪读写能力，既能睁开眼睛看世界、又有中国文化根基和文学素养的"理想的中学生"；《文心》第19篇里提出"精神劳动与体力劳动相调和"，塑造了在劳力之上劳心的自强不息的乐华形象，可以说，他的理念和陶行知生活教育的理念乃至马克思人的全面发展的教育思想息息相通。

教育的背景

不论绘画戏剧小说，凡是一种艺术，大概都应当有背景。背景就是将事物的情况烘托显现出来，叫人不但看见事物，并且在事物以外，受着别种感动刺激的一种周围的景象。事物的好坏，不是单独可以判定的，必须摆入一种背景的当中，方才可以认得它的真相，了解它的意义。所以在艺术上，这个背景很有重要的位置。

中国人一向不大讲究背景：画地是白的；戏剧里面的开门关门，光是用手装一个样子；车子只有两扇旗子，骑马也只有一支马鞭就算了。近来虽已经加了布景，但是不管戏情，用来用去，总是这几种老样式，也可算不讲究背景的证据了。至于古来的诗词，却颇多用背景的。用了背景，就添出许多的情趣。譬如"风萧萧兮易水寒，壮士一去兮不复还"，这可算得最悲壮的文字了。但是离开了第一句，便失却它悲壮的意味，因为第一句就是第二句的背景的缘故。其余如"暝色入高楼，有人楼上愁"，"落日照大旗，马鸣风萧萧"等许多好文章，也都可以用这个道理来说明它的好处。

从此看来，背景差不多可算艺术的生命了。教育从一种意说也是一种艺术，主张这一说的人近来很多。就是当初将教育组成为一种科学的海尔把尔脱也有这个意见：也应当有背景。没有背景的艺术不能叫做艺术。没有背景的教育也不能做教育。

什么叫做教育的背景？这个问题可分几层解释。

第一、我们所行的教育是人的教育，当然应当用人来做背景。人究竟是个什么？这原是最古的疑问，到现在还没有十分解决。原来人有两种方面：一种是动物的方面，就是肉的方面；一种是理性的方面，就是灵的方面。古今东西的哲人都从这两方面来解释人。因为注重的地方不同，就生出种种的意见来了。西洋史上显然有这两个潮流：希腊及罗马初期的人注重肉的方面；基督教徒注重灵的方面，就是前一潮流的反动。这两种主张彼此冲突，结果就变了宗教战争。文艺复兴以后到十九世纪，就是主肉主义全盛的时代，近来学者大概主张灵肉一致了。这个灵肉一致，在我们中国却是已经有过的思想。孔子所谓"从心所欲不逾矩"，就是灵肉一致的状态。

这个人字的解释将来不知还要如何变迁，现在的理想大概是灵肉一致了。所以我们看人不可看得太高，也不可看得太低。进化论一派的学者说人不过是生物的一种，这样看人未免太低。但是用一般所说的人为万物之灵、可以支配一切的看法来看人，也未免看得太高。这两种都不是人的真相。人原本是两面兼有的：一面有肉欲的本能，一面还有理性的本能；一面有利己的倾向，一面还有利他的倾向；一面有服从的运命，一面还有自由的要求。这两方面使他调和一致，不生冲突，这就是近代人的理想。近代伦理学上主张自我实现，教育上主张调和发达，也无非想满足这个要求。"不管学生将来入何等职业，先使他成为一个人。"卢骚这句话说在百年以前，到现在还是真理。现在普通教育中所列的科目，都是养成人的材料，不是教育之目的物，也不是学问。地理是从面的方面解释人生的，历史是从直的方面解释人生的，数学是锻炼人的头脑的，理科是说明人的周围及人与自然界之关系的，语言文字是了解人与人的思想的，体操是锻炼人的身体意志的，其他像手工农业等，虽似乎有点带着职业的色彩，但是在普通教育中，仍有注重陶冶品性的一面。总之，现在普通教育上所列的科目，除了以人为背景以外，完全是毫无意义的，若当作教育之目的物看，当作学问看，那就大错了。

我们中国办学已经二十年光景，这个道理好像大家还没有了解。社会上大概批评学校里的课程无用。有几种父兄竟要求学校说："我的子弟只要叫他学些国文算学。体操手工没有什么用场，不必叫他学。"普通学校里的学生也有专欢喜国文的，也有专欢喜数学的，也有专欢喜史地的。遇到洒扫劳动的作业，大家就都不耐烦。这种都是将材料当做目的物看，当做学问看，不当它养成人的方便看的缘故。不但社会和学生不晓得这个道理，就是教育者，不晓得这个道理的也很多。现在大多的教育者，无非将体操当作体操教，将算术当作算术教，将手工当作手工教罢了。

课程自课程，人自人，这种无背景的教育，就是再办几十年也没有什么效果。

所以教育上第一件是要以人为背景。

人是教育第一种的背景了。无论何物，不能离开空间与时间的两大关系。这个空间时间，在人就是境遇和时代了。不论英雄豪杰，都逃不了境遇和时代的支配。印度地处热带，山川动植物皆极伟大，自然界恍如扑倒人生，所以有佛教思想。中欧气候温和，山川柔媚，所以有自由思想。批评家看见绘画诗文，就是无名的，也能大略辨别它是哪代的制作。这都是人不能离开境遇和时代的证据。所以教育上，第二应当以境遇和时代为背景。

从前斯巴达以战争立国，奖励敏捷，教育上至提倡盗窃。这虽是已甚的例，足见时代和境遇所要求的知识，才是有用的知识。现在是何等时代，我们现在是何等境遇，这都是教育家所应当考求的问题。教育家虽然不能促进时代，改良境遇，断不可违背大势而误人子弟。已经这个时候了，还要去讲春秋的大义，冕旒的制度，教人读《李斯论》《封建论》的文章，出《岳飞论》《始皇论》的题目，学少林、天台派的拳棒，使学生变成半三不四的人物，学了几年，一切现代的制度，生活上应有的常识，仍旧茫然。这不是现在教育界的罪恶么？八股时代有一句讥诮读书人的话，说道"八股通世故不通"，现在的教育界能逃避这个讥诮么？

一国有一国的历史，自然不能样样模仿他人，但是一般的趋势，也应该张开眼来看看。一味的保守因袭，便有不合时宜、阻止进步的流弊。旧材料并非不可用，就是用这个材料的态度，很宜注意。一切历史上事实，无非人文进化的过程。这个过程，并无可宝贵的价值。若用了这些材料来说明现在的文化的来历，使人了解所以有新文化的道理和新文化的价值，自然是应该的事。若食古不化，拘泥了这个过程，这就是于现在生活无关系的用法，这种教育就是无背景的教育了。时势既到了今，不能再回到古去。历史上虽然也有复活的事实，但所谓复活者，并不是与前次一式一样，毫无变易的。譬如以前衣服流行大的，后来流行小的，近来又渐渐地流行大的了。近来的大的与以前的大的，究竟式样不同，以前的大，却不失为现在的大的过程。但若是要想拿来混充新的，这是万不能够的事。现在教育家只求博古，不屑通今，所以教育界中完全是尊古卑今的状态。十几岁的学生一动著笔便是古者如何，今则如何，居然也有"江河日下，世风不古"的一种遗老的口吻。这虽是他们思想枯窘聊以塞责的口头禅，也可算是教育不合时势的流毒了。所以要主张以境遇时代为教育的背景。

上面两种背景之外，还有第三种的背景，就是教育者的人格。现在的学校教育是学店的教育，教育者与被教育者的中间但有知识的授受，毫无人格上的接触；简直一句话，教育者是卖知识的人，被教育者是买知识的人罢了。机械的大家卖来卖去，试问这种知识有什么用处？真正的教育需完成被教育者的人格，知识不过人格一部分，不是人格的全体。现在学校教育何尝无管理训练，但是这个管理训练与教授绝对的无关系。教育者大概平日只负教授的责任，遇着管理训练的时候，便带起一副假面具，与平时绝对成两样的态度了。这种管理训练除了以记过除名为后盾以外，完全不能发生效力。而且愈发生效力，结果愈不好，因为于人格无关系的缘故。

人格恰如一种魔力，从人格发出来的行动，自然使人受着强大的感化。同是一句话，因说话者人格的不同，效力亦往往不同。这就是有人格的背景与否的分别。空城计只好让诸葛亮摆的，换了别个便失败了；诸葛亮也只好摆一次的，摆第二次便不灵了。

"以言教者讼，以身教者从"，教育者必须有相当的人格，被教育者方能心悦诚服。只靠规则是靠不住的。我说这句话的意思，并不是凡是教育者必须贤人圣人。理想的人物本是不可多得的，我并不要求教育者皆有完美之人格。原来学校所行的教育，都不过是一种端绪，一切教科，无非是基本的事项，不是全体。所以教育者于人格方面，也只求能表示基本的端绪够了。这个人格的基本端绪，比了教科的基本端绪成就虽难，但是不能说这是无理的要求。

这三种是教育的背景，教育离开了这三种，就无意义。试问现在的教育用什么做背景？有没有背景？

刊《教育潮》第一卷第一期、第二期
（1919 年 4 月、6 月）

2. 你的使命，是你随生带来的，自己总应明了

1921 年夏丏尊应经亨颐校长之邀，来到白马湖畔的春晖中学任教，并在不远处设计建造了心爱的平屋。据范寿康《经亨颐先生传》说："此地湖光山色，如入画图，可称办学胜地。1922 年秋季举行招生，12 月举行开校典礼。"[1] 所以，才有文章开头"今日又是你底诞辰了""你堕地不过一年零几个月"不同寻常的表达。

这是一篇夏丏尊和春晖中学的对话，是一位妈妈对于幼小孩子的深情期许和美好祝愿，是一份散发着理想色彩并付诸实际行动之中的《春晖中学计划书》（以下

---

[1] 潘守理主编：《浙江省春晖中学》，人民教育出版社，1999 年版，第 11 页。

简称《计划书》），只是他没有写成公文，更没有"受上虞陈春澜先生之委托"的副标题，通体用拟人化手法，"为你向大众布告"。所以，可以读作白马湖派散文，可以载入春晖中学校史册。《中国名校丛书·浙江省春晖中学》选录的文中有一字之误、一日之差，如"世间没有一个钱的基础"的"础"应为"金"。热心教育的陈春澜出资 20 万元建校，其中就有 10 万元作为发展基金，所以"你底财产原不能算多，但也算不得没有"是句实话；文末署时日为"1923 年 12 月 1 日"[①]，多本选文均为 12 月 2 日。不是计较细枝末节，而是有意识地和春晖中学一周岁、和去年今日《经亨颐校长在开学典礼上的讲话》（以下简称"讲话"）对接起来。

　　夏丏尊浙江一师任教时，经校长曾任命他担任语文教研组长多年；春晖再聚，彼此熟悉了解，曾有心让他担任教导主任。先生却另荐他人，只想做个安居乐业的语文教师，但协助办学是责无旁贷的。他不是达则兼济、穷则独善的传统文人，而是和当年的经校长一样是理想主义的教育改革家。

　　《春晖的使命》显然是《计划书》《讲话》等文篇的呼应、理解和发挥，如办《春晖》杂志，经校长《计划书》中认为"宜刊行学校杂志……当以灌输思想学术为主旨，如近来《北京大学月刊》。学校程度虽有分别，而同为教育研究家所居之地，促进社会文化之职责，当然与大学并驾齐驱。将来春晖中学月刊，为全国人民所必读，庶名副其实。春日之晖，普及遐迩，岂独一乡一邑已哉"[②]。这除了"斯校僻在乡间"，更需要开通声气外，和学校高远的目标定位息息相关。《春晖》杂志初创于首届新生入学后不久，暂无学生投稿；举行开学典礼时已出四期，逐渐有外来考察和讲学的名人的稿件，如吴觉农的《对于春晖中学的几个希望》、蔡元培的《在春晖中学的演说》等。《春晖》杂志是《春晖的使命》的诞生地，负责组织耕耘的就是夏丏尊。《〈爱的教育〉译者序言》里提到的刘薰宇撰稿较多，朱自清《春晖的一月》《教育的信仰》等发表于此，丰子恺既画插图又写文章……就在《春晖的使命》刊登的两个月前，夏丏尊将杂志的专栏做了重新设计：既有教职员的"仰山楼"，又有学生的"曲院文艺"，还有来宾讲演录或寄稿的"他山之石"等，因为一定责成校长及各专任教员主持办理的就有"讲习会"，是早已写进《计划书》中的，"他山之石"把办杂志和开放办学结合了起来，为没能到现场听到讲座的教师和学

---

①　潘守理主编：《浙江省春晖中学》，人民教育出版社，1999 年版，第 111 页。

②　张彬编：《经亨颐教育论著选》，人民教育出版社，1993 年版，第 181 页。

生提供了便利。

请进来，还走出去。如办农民夜校，经校长《讲话》中表明，春晖中学"所以设在白马湖者，是想感化乡村。本校教员及学生现已筹设农民夜校，不久可以成立"[①]。10 天后，夏丏尊和叶天底就在校外设立的农民夜校上课了，1923 年 2 月 3 日《民国日报·觉悟》上做了报道和赞扬。叶天底《白马湖上伴农民读书半年》一文，也记述了当时的一些情景。

再如同志结合，经校长《讲话》中说到"本校教职员是同志集合的，现已拟学校经营教员住宅，使教员得集居一处，安心教育"[②]，他考虑的是后勤保障，是硬件，属于总务处工作；实际上，先后来春晖的不少教师，都与平屋比邻而居，夏丏尊"使你的同志"结合在质上更加纯粹，在量上更加丰富，并"从此多方接引"说到做到。他考虑的是师资建设，是软件，属于人事处工作。他俩共同经历了浙江一师风潮，都感到乡村民办的学校反比都市官办的学校更有利于教育理念的实行，"无门"不"关门""同志结合"正与"争竞位置"相对，树起真正的旗帜，振兴纯正的教育，既是自我的人格要求，也是浙江一师时校长阐释《纯正教育之真义》所谓"教育为纯正之事，教育者为纯正之人"[③]的延续和发展，并一致看到春晖地处"清洁幽美的长处"以及可能产生的"毛病"，读者可参读经校长发表于 1924 年 9 月 16 日《春晖》第 32 期上的《勖白马湖生涯的春晖学生》一文。

经校长是春晖的 CEO，夏丏尊只是学校里尽心尽力的骨干教师，如此很多特有使命表于文中现于篇外，如此对学校尤其是对自己的高标准严要求，形成了上下协同、通力合作、开放改革课程、教材与教学的生动局面，构建了春晖中学建校初期特有的校园文化，这难道不是一道更加"清洁幽美"的风景、一份更加值得"珍重"的精神财富？

现任或未来的教师，如何走近校长？是你职业生涯面临的一个课题。学校的规划与发展，"你的使命"，以及"是你随生带来的"青春的教育梦想，你自己总应该明了。如能彼此走近，相互理解、和衷共济，你必能抒写出告慰夏丏尊的学校教育发展的新诗篇。

---

① 潘守理主编：《浙江省春晖中学》，人民教育出版社，1999 年版，第 28 页。
② 潘守理主编：《浙江省春晖中学》，人民教育出版社，1999 年版，第 28 页。
③ 张彬编：《经亨颐教育论著选》，人民教育出版社，1993 年版，第 58 页。

春晖的使命

　　啊，春晖啊！今日又是你底诞辰了！你堕地不过一年零几个月，若照人底成长比拟起来，正是才能匍匐学步的时期，你现在正跨着你底第一步，此后行万里路，都由这一步起始。你第一步底走相，只要不是厌嫉你的人们，都说还不错。但是第一步总究是第一步，怯弱底难免，即在爱你的人，也是不能讳言的。

　　怯弱倒不要紧，方向却错不得！你须知道，你有你从生带来的使命！你底能否履行你底使命，就是你底命运决定底所在。你底运命，要你自己创造！

　　你的使命，是你随生带来的，自己总应明了。我们为催促你和为你向大众布告起见，特于今日大声呼说，一面也当作对于你的祝福，但愿你将来是这样：

　　你是生在乡间的，乡村运动，不是你本地风光的责任吗？别的且不讲，你可晓得你附近有多少不识字的乡民？你须省下别的用途，设法经营国民小学、半日学校等机关，至少先使闻得你钟声的地方，没有一个不识字的人，才是真的。至于你现在着手的农民夜校，比起来那只可说是你的小玩意儿，算不得什么的。

　　你是一个私立的，不比官立的凡事多窒碍。当现在首都及别省官立学校穷得关门，本省官立中等学校有的为了争竞位置、风潮叠起、丑秽得不可向迩的时候，竖了真正的旗帜，振起纯正的教育，不是你所应该做的事吗？

　　你生也晚，正当学制改革之时。在新制之下，单纯的初级中学，办理上很是困难的。你现在第一步虽只办初级中学，但总须设法加办高级中学，酌量地方情形，加设文科、理科及农科、师范科等类的职业科。这条血路，你不是应该拼了命杀出的吗？

　　你已男女同学了，这是本省中等学校底第一声，也是你冒了社会的忌讳敢行的一件好事。你应如何好好地保持这纤弱的萌芽，使它发达？又，现在女子教育，事实上比男子教育待改良研究的地方更多。你在开始的时候，应如何改变方向，求于女子教育有所贡献？

　　你生在山重水复的白马湖，你底环境，每引起人们底美慕。但这种环境，一不小心，就会影响你的精神，使你一方面有清洁幽美的长处，一方面染蒙滞昏懒的坏习的！你不应该常自顾着，使没有这种毛病的吗？

　　你无门无墙，组织是同志集合的。你要做的事情既那样多而且杂，同志集合，实是最要紧的条件。你不该从此多方接引同志，使你底同志结合在质上更纯粹，在量上更丰富吗？于现在有少数的校董、教员以外，再组织维持员等类的事，你不应该开了"无门的门"，尽力地做吗？

你底财产原不能算多，但也算不得没有。你不多不少的财产，也许反容易使你进退维谷。但你须知道，真正的教育事业，根本是靠你同志们底辛苦艰难的牺牲精神，光靠你底财产是没有什么用的。世间没有一个钱的基金，以精神结合遂能在教育上飞跃的学校多着；有了好好的基础，而因精神涣散、奄奄无生气的学校也多着哩！以精神的能力，打破物质上的困难，并非一定是不可能的事，而在你更是非做到这地步不可的。你该怎样地用了坚诚的信念，设法培养这精神，使你自己在这精神之下，发荣滋长？

春晖啊！你于别的学校所有的一切使命外，同时还有着这许多特有的使命。这于你或许要感受若干特有的困难，但决不是你的不幸。前途很远！此去珍重！啊，啊，春晖啊！

（原载 1923 年 12 月 2 日《春晖》第 20 期）

3. 教育上的水是什么？就是情，就是爱

序文和译著是既关联又独特的存在和表现。夏丏尊《我之于书》介绍书籍到了他的手里，他习惯是先看序文，次看目录；如果页数不多的往往立刻通读。如果以为只是依循了惯例去通读整本的书，那就失之肤浅了；两篇序文尤其是第一篇，不仅要"看"，还要"品"；努力达到《文心》第 30 篇里说的"咀嚼细尝"、观赏"玩味"的境界。

翻译是夏丏尊的第一份正式工作，也是他了解和传播教育理念的信息平台。花开两枝，先表一朵。日本国语教育尤其是作文教学方面暂且不论，以日本语言文字为媒介，打开阅读赫尔巴特、卢梭、裴斯泰洛齐等多个视窗，是 20 世纪初期中国先进的知识分子引进西方教育文化的一条主要路径；夏丏尊《爱的教育》的翻译以及序言的写作，正是这一路径的典型范例和丰硕成果。

《〈爱的教育〉译者序言》（以下简称《序言》）记述了读、译这本书的时空背景和心路历程。他不是先睹的读者，也不是唯一的译者。包天笑《馨儿就学记》曾说后来夏丏尊先生所译的《爱的教育》一书，实际上与他是同出一源的改写；施瑛在已有开明版《爱的教育》、龙虎版《爱的学校》的情况下，从英文本转译的称为"足本"，他在翻译书名时，也"颇费周折"，认为"文坛先进夏丏尊先生初译此书，连载于《东方杂志》，用《爱的教育》一名，确乎是画龙点睛的笔法。而且这

名字已为中国少年读者所熟知，本书也就借用夏先生的译名了"①。王干卿从意大利文原版翻译，自以为夏译本"误译和漏译不在少数，而且有些日记可以说是节译或简译，与原著出入较大"②，可是这位"原汁原味"的译者，也举《爱的教育》这块"金字招牌"，而不是用《心》。

《序言》里较为详细地写了夏丏尊在译著书名上斟酌、推敲的情景，用"爱"把亚米契斯原书名《考莱》的"心"意包孕内中，"教育"取其广义，的确是美妙而传神的表达。一个精心构思的书名，创立了一个经久不衰的图书品牌，树起了一面纯正教育的鲜艳大旗，迎着风，高高飘扬！套用当下流行的说法，夏丏尊也是始于颜值、忠于书品的。他看到了绝色"美人"，也看到了绝对"教育的生命"，既流露了惭愧、感激之情，又表达了愤世嫉俗之情，不仅有比较阅读的"感动"，更有对于教育核心价值的感悟："教育没有了情爱，就成了无水的池，任你四方形也罢，圆形也罢，总逃不了一个空虚。"把这样的序言连同译著捧出来，与中小学生以及与他们"有直接关系的父母教师们"分享，读者怎能不感受到一颗赤诚滚烫的心？

人民文学出版社推出王干卿译本的 2007 年，出版"文学大师钟情的文化经典，几代中国读者的启智读物"的《天火丛书》，选编的是夏丏尊的译本。其原因是"他们不仅在创作上为我们留下难以企及的经典，在现代的文学翻译领域，也是筚路蓝缕的先行者"，并指出译绝对不是简单的传声筒，而是他们与外国作家心灵交流和对话的通道，是他们观察社会看人生的窗口，也是他们文化价值取向的坐标③。编者的话，对于施瑛的引言，是承前启后；对于王干卿的说法，似乎是某种预先提示。

《爱的教育》的翻译以及《序言》的写作，奠定了教育家夏丏尊的深厚根基。所以，与其说是译者长久的期待、美丽的邂逅，不如说是独具的慧眼、注定的命运共同体；与其说是他的教育理念，不如说是他教育生涯的坚定信念崇高信仰。我们从《序言》中可见，他是长期沉浸书中、反复品味、用心动情的鉴赏者，是看破"走马灯似的更变迎合"虚浮的孤独的思想者，是有意识拓展了读者受众的真诚的

① 亚米契斯著，施瑛译：《爱的教育》，上海启明书局 1946 年版，引言第 3 页。
② 王干卿：《深切的怀念、困惑与无助——为意大利作家阿米琪斯逝世 100 周年而作》，《中华读书报》2008 年 7 月 2 日。
③ 亚米契斯著，夏丏尊译：《天火丛书》，人民文学出版社 2007 年版，第 1、2 页。

分享者,《序言》之外可见, 他是知行合一、爱的感化教育的实践者。以至于"一提起"夏丏尊"就想到"《爱的教育》的表达, 在读者中较为普遍。当今歌坛翻唱比原唱出彩、轰动的, 不在少数; 近百年前"一部翻译小说, 跟译者的名字联系得如此之紧, 在读者的印象中竟超过了作者, 这样的现象是极其少见的。究其原因, 恐怕就在于夏先生立意之诚"[①]。叶至善的观察与推测自有道理。丰子恺回顾浙江一师求学时, 比较李先生的是"爸爸的教育"、夏丏尊的是"妈妈的教育"后, 直指夏丏尊后来翻译《爱的教育》, 风行国内, 深入人心, 甚至被取作国文教材, 绝不是偶然的事。分明启示读者除却作品本身和比较阅读经验、从之前或过程之中去思考感人的力量。这样, 包括《序言》首句的"感动", 无疑也渗透了既往的教学实践的经验; 偶然之中有着必然因素。没有身体力行, 怎能心有灵犀? 应该说, "因了这种种"翻译的《爱的教育》及其影响, 是有人格做背景的。

朱自清认为"夏先生是以宗教的精神来献身于教育的。……他是热情的人, 他读《爱的教育》, 曾经流了好多泪。他翻译这本书, 是抱着佛教徒了愿的精神在动笔的, 从这件事上可以见出他将教育和宗教打成一片。这也正是他的从事教育事业的态度"[②]。这番话, 也正是确认《序言》所述"以己意改名"形同举起爱的大纛、宣告教育信仰的依据。

唐弢自述:"我最初知道夏丏尊先生不是因为他是一个文学家, 而是因为他是一个教育家; 我知道他是教育家, 也不是因为他和叶圣陶先生合写了那时没有一个中学生不知道的《文心》, 而是因为他翻译了意大利作家亚米契斯的《爱的教育》。"这可以用心理学上第一印象来解释, 但作者不以为然; 心目中夏丏尊的形象"朴直, 和善, 诚敬。作为教育家, 他自己便是'爱'的全部的化身", 而且"始终是'爱'的化身"。他也道出了一个奇特的接受现象, 即"《爱的教育》在国际上不如卢梭的《爱弥儿》著名, 但在中国, 这本书受欢迎的程度却要超过——至少是不亚于《爱弥儿》"[③]。可以说,《考莱》辗转来到中国, 名叫《爱的教育》, 是作者与作品的幸运, 也是中外文化交流史上相得益彰、合作双赢的一页。

朱自清、丰子恺, 是《序言》里写到的亲历者、参与者; 唐弢是现代文学史大家, 着眼点却如朱自清的文题《教育家的夏丏尊先生》, 朱自清说他仔细地读了

---

① 叶至善:《纪念夏丏尊先生》,《我是编辑》, 中国少年儿童出版社 1998 年版, 第 215 页。

② 朱自清:《朱自清全集》第 4 卷, 江苏教育出版社, 1990 年版, 第 461 页。

③ 唐弢:《从绚烂转向平淡》,《人民日报》1986 年 5 月 27 日。

《爱的教育》，很受感动；也完全同意译者在序文里对学校教育那种改来改去、举棋不定的做法的批评。这类批评早已在《回顾和希望》文中，做了具体的阐述，而且和《序言》一样边破边立；可贵的是《序言》把前文中"自己的信念""赤裸裸地"亮了出来。《序言》写得既有感性、多情的一面，又有理性、专业的一面；上述读者的文章也写得情理兼备，十分到位，其读法和读后感值得参考。

《序言》原署"十三年十月一日丏尊记于白马湖平屋"，用的是夏丏尊在小品文作法中讲到的"兼述生活情趣"的记法。《平屋之辑》为"刊开明书店版《爱的教育》（1924年10月1日）"，易使读者把序言的写作与后来开明书店出单行本的时日混为一谈，编者欧阳文彬所作《夏丏尊先生年表》里即如此；叶至善《序译林版〈爱的教育〉》以为是1923年介绍到我国来的，并在《东方杂志》上连载，也有不够确切之处。从四年前才得此书的日译本，到《东方杂志》第21卷第2号开始连载译文，中途因为忙和生病，又中断了几次，至第23号文末注"全书完"，具体时间是1924年1月25日至12月10日。这篇《序言》写在译文未完待续、单行本计划出版之际，时间较为急迫，可是并未即出，且不是开明书店。直到1926年3月商务印书馆初版，次年2月后才"刊开明书店版"。从读、译到出单行本，《爱的教育》一书，前后七年之久，陪伴过了而立的夏先生走向教育人生的真正不惑。

夏丏尊的译本先后有普及本、修正本两种，为弥补《序言》中所说的"遗憾"，切实起到普及作用，做了一次修改；1938年8月推出修订一版，至1951年4月20版。1980年6月上海书店印行的所谓复印本、1997年的译林版等，均为自改本。

读《序言》、读《爱的教育》，是读夏丏尊极其重要的一部分。有条件考察从原版到日译本等的流转，比较中文各译本的优劣得失，进而完善夏译本，也许是一项有意义的研究工作。

《〈续爱的教育〉译者序》（以下简称序）翻译的动因是读者的热切期盼，引燃夏丏尊"发心译了"的导火索是曾在湖南一师共过事的语文教育界同仁孙俍工。译文先发表在1929年《教育杂志》第21卷第1~4号和7~12号"教育文艺"栏，第5、6号中断，大概是编辑而非译者的缘故。译本1930年3月初版，次年4月四版；1946年10月二十一版，文字较前有所改动，封面与《爱的教育》修正本配套。

第21卷第1号前有《译者志》，文字写道：这书以安利柯的舅父白契为主人公……可以得着一种调剂为止。有读者以为《序言》一节用上了画龙点睛的笔法，这一节可以说，用的是赫尔巴特派的联络比较的笔法，《文心》第26篇中也可见。许是简要地介绍和比较地述评，只注意到连续阅读者吧，出单行本时，改"志"为"序"，只加上了最后一节，后署"十九年二月丏尊记于沪寓"。

增添这一节，表明《序》的写作，不是为译著做广告；单行本的发行，不仅仅满足于读者的心理需求和情绪调节，还要为无力升学甚至中途辍学的小学生、初中生提供人生的参照，使之发出自信、生出勇敢的力量来，去直面青春的挑战。如果说，《序言》主要针对为父为师者，具有教育界现状的批判性，那么《序》则更多了对于"失学"青少年的指引和忠告。两本译著和两篇序文的写作，都是夏丏尊语文教育思想形成发展中的基石。

《爱的教育》译者序言

这书给我以卢梭《爱弥儿》、裴斯泰洛齐《醉人之妻》以上的感动。我在四年前始得此书的日译本，记得曾流了泪三日夜读毕，就是后来在翻译或随便阅读时，还深深地感到刺激，不觉眼睛润湿。这不是悲哀的眼泪，乃是惭愧和感激的眼泪。除了人的资格以外，我在家中早已是二子二女的父亲，在教育界是执过十余年的教鞭的老师。平日为人为父为师的态度，读了这书好像丑女见了美人，自己难堪起来，不觉惭愧了流泪。书中叙述亲子之爱，师生之情，朋友之谊，乡国之感，社会之同情，都已近于理想的世界，虽是幻影，使人读了觉到理想世界的情味，以为世间要如此才好。于是不觉就感激了流泪。

这书一般被认为有名的儿童读物，但我以为不但儿童应读，实可作为普通的读物。特别地敢介绍给与儿童有直接关系的父母教师们，叫大家流些惭愧或感激之泪。

学校教育到了现在，真空虚极了。单从外形的制度上方法上，走马灯似地更变迎合，而于教育的生命的某物，从未闻有人培养顾及。好像掘池，有人说四方形好，有人又说圆形好，朝三暮四地改个不休，而于池的所以为池的要素的水，反无人注意。教育上的水是什么？就是情，就是爱。教育没有了情爱，就成了无水的池，任你四方形也罢，圆形也罢，总逃不了一个空虚。

因了这种种，早想把这书翻译。多忙的结果，延至去年夏季，正想鼓兴开译，不幸我唯一的妹因难产亡了。于是心灰意懒地就仍然延阁起来。既而，心念一转，发了为纪念亡妹而译这书的决心，这才偷闲执笔，在《东方杂志》连载。中途因忙和病，又中断了几次，等全稿告成，已在亡妹周忌后了。

这书原名《考莱》，在意大利语是"心"的意思。原书在一九零四年已三百版，各国大概都有译本，书名却不一致。我所有的是日译本和英译本，英译本虽仍作《考莱》，下又标《一个意大利小学生的日记》几字，日译本改称《爱的学校》（日译本曾见两种，一种名《真心》，忘其译者，我所有的是三浦修吾氏译，名《爱的学校》的）。如用《考莱》原名，在我国不能表出内容，《一个意大利小学生的日记》，似不及《爱的学校》来得简单。但因书中所叙述的不但学校，连社会及家庭的情形都有，所以又以己意改名《爱的教育》。这书原是描写情育的，原想用《感情教育》作书名，后来恐与法国佛罗贝尔的小说《感情教育》混同，就弃置了。

译文虽曾对照日英二种译本，勉求忠实，但以儿童读物而论，殊愧未能流利生动，很有须加以推敲的地方。可是遗憾得很，在我现在实已无此功夫和能力。此次重排为单行本时，除草草重读一过，把初刷误植处改正外，只好静待读者批评了。

《东方杂志》记者胡愈之君，关于本书的出版，曾给与不少的助力，邻人刘薰宇君，朱佩弦君，是本书最初的爱读者，每期稿成即来阅读，为尽校正之劳；封面及插画，是邻人丰子恺君的手笔。都足使我不忘。

刊开明书店版《爱的教育》

（1924 年 10 月 1 日）

《续爱的教育》译者序

亚米契斯的《爱的教育》译本出版以来，颇为教育界及一般人士所乐阅。读者之中，且常有人来信，叫我再多译些这一类的书。朋友孙俍工先生亦是其中的一人，他远从东京寄了这日译本来，嘱我翻译。于是我发心译了，先在《教育杂志》上逐期登载。这就是登载完毕以后的单行本。

原著者的事略，我尚未详悉，据日译者三浦关造的序文中说，是意大利的有名诗人，且是亚米契斯的畏友，一九一零年死于著此书的桑·德连寨海岸。

这书以安利柯的舅父白契为主人公，所描写的是自然教育。亚米契斯的《爱的教育》是感情教育，软教育，而这书所写的却是意志教育，硬教育。《爱的教育》中含有多量的感伤性，而这书却含有多量的兴奋性。爱读《爱的教育》的诸君，读了这书，可以得着一种的调剂。

学校教育本来不是教育的全体，古今中外，尽有幼时无力受完全的学校教育而身心能力都优越的人。我希望国内整千万无福升学的少年们能从这书获得一种慰藉，发出一种勇敢的自信来。

刊开明书店版《续爱的教育》
（1930 年 2 月）

4. 青年眼光要深沉，要从根本上做功夫，要顾到自己，勿随了世俗图近利

《春晖的使命》顾名思义，说的是学校教育的发展；《给青年的十二封信》说的是青年学习生活的目标价值取向，为了培养"国家社会的生力军"，作者期望从教学双边做出改进，治病疗伤，还"真正的教育"以本来的面貌。

本文是为朱光潜著的书所写的序，序文的题名与书名同。朱光潜曾在《教育杂志》上发表《在"道尔顿制"中怎样应用设计教学法？》一文，被夏丏尊看到并赏识其见解，邀请他于 1924 年来春晖中学任教英语，是"从此多方接引同志"中的一员。显而易见，他们不是"目的但在地位薪水"的教师，更不愿意把学生连同自己都"嵌入某种预定的铸型去"。日常教学忙碌之余，他们读书写作，不断进修，用不同的方式和途径提高自己的教育素养。尽管书之"作者去国已好几年了"，但白马湖畔基于共同的教育理念合作互助建立起来的友情长存。他们互通"消息"，据说是在爱丁堡大学期间，朱光潜接到夏丏尊的约稿信，才有了 1926 年《一般》第 11 月号《谈读书——给青年的十二封信之一》等的陆续发表。1929 年夏丏尊把这些书信汇编成集、撰写序文交由开明书店出版，即风行一时的《给青年的十二封信》。如此命名，恰好不多不少的十二封，或许是与《学生杂志》上格利康著、陈镈译的《给一个青年的十二封信——讨论恋爱和健康》隐然相对。

序文首先总体肯定了这十二封信是《一般》杂志数年努力的"最好的收获"，是"第一"不是"之一"。接着摆出很有说服力的依据，条分缕析：一是读者群体的确定，从"一般人"转向"以中学程度的青年为对象"；二是服务态度的认真与亲和，"作者实是一个终身愿与青年为友的志士"，行文、连称呼对应的署名都"笼有真实的情感"；三是话题适切，着眼根本和未来，发出了矫正"极近视"、克服浮躁心态的"忠告"。然后举其中一封信中提到的"超效率"，认为过分追求效率和讲究实用，不是"粗疏"就是"近视"，共同"流于浅薄"，教育不宜图速效，不能急功近利。序文里引述作者的诊断，并表示"同感"，可谓开出了一份会诊报告。那些唯恐孩子输在起跑线上的家长、教师，那些把大学教育当作就业培训班的本科生、研究生，会不会在认真看了序文读了信后有所感悟？

序文中夏丏尊看取教学效率较为辩证，《文心》里也多次提到"经济的读法"；对于"随了世俗图近利"的实用，早在1923年就发表了《中国的实用主义》一文。那是数学教师刘薰宇和他说到某生怀疑"数学学了有什么用？"后的有感而发，是从春晖的个案向传统文化的内里去追溯；朱光潜的这十二封信，正如夏丏尊序文中说"实是作者远从海外送给国内青年的很好的礼物"。他们是同事，是作者与编者，更是教育上互通声气相与援助的同道知己。

办杂志曾经是"春晖的使命"之一，是夏丏尊学校教育的重要组成部分。《一般》作为立达学园同仁杂志，"'要想以一般人的现实生活为出发点，介绍学术，努力于学术的生活化'。取名立意'只是一般的人，这种杂志又是预备给一般人看的，所说的也是一般的话罢'了①，有自认平凡、普及大众的意味。"这十二封信是"最好的收获"，也是意外的收获；某种程度上，是启示，是惊喜。欧阳文彬认为，"《一般》'这个刊物可说是《中学生》的前身，也可说是夏先生从办学校转向办刊物的转折点'"②。这不仅是时序上的衔接，更重要的是，读者对象、交流方式、信息导向上的明确，可以说，《给青年的十二封信》的序文，不只是推介了朱光潜的一本书，同时也预告了孕育之中的新的杂志的编辑意图，而《中学生》杂志，就是即将诞生的和一般学校既打通又独立的、大家云集的大型综合性的教育平台。

给青年的十二封信

这十二封信是朱孟实先生从海外寄来，分期在我们同人杂志《一般》上登载过的。《一般》的目的原想以一般人为对象，从实际生活出发来介绍些学术思想。数年以来，同人都曾依了这目标分头努力。可是如今看来，最好的收获第一要算这十二封信。

这十二封信以中学程度的青年为对象，并未曾指定某一受信人的姓名，只要是中学程度的青年，就谁都是受信人，谁都应该读一读这十二封信。这十二封信实是作者远从海外送给国内青年的很好礼物。作者曾在国内担任中等教师有年。他那笃热的情感，温文的态度，丰富的学殖，无一不使和他接近的青年感服。他的赴欧洲，目的也就在谋中等教育的改进。作者实是一个终身愿与青年为友的志士。信中首称

① 夏丏尊：《"一般"的诞生（对话）》，《一般》1926年9月第1期。
② 欧阳文彬：《文苑梦忆》，学林出版社1999年版，第105页。

"朋友"，末署"你的朋友朱光潜"，在深知作者的性行的我看来，这称呼是笃有真实的情感的，决不只是通常的习用套语。

各信以青年们所正在关心或应该关心的事项为话题，作者虽随了各话题抒述其意见，统观全体，却似乎也有个一贯的出发点可寻。就是劝青年眼光要深沉，要从根本上做功夫，要顾到自己，勿随了世俗图近利。作者用了这态度谈读书，谈作文，谈社会运动，谈爱恋，谈升学选科等等。无论在哪一封信上，字里行间都可看出这忠告来。就如在《谈在露浮尔宫所得的一个感想》一信里，作者且郑重地自把这态度特别标出了说："假如我的十二封信对于现代青年能发生毫末的影响，我尤其虔心默祝这封信所宣传的超效率的估定价值的标准能印入个个读者的心孔里去。因为我所知道的学生们学者们和革命家们，都太贪容易，太浮浅粗疏，太不能深入，太不能耐苦，太类似美国旅行家看孟洛里莎了。"

"超效率！"这话在急于近利的世人看来，也许要惊为太高蹈的论调了。但一味亟亟于效率，结果就会流于浅薄粗疏，无可救药。中国人在全世界是被推为最重实用的民族的，凡事向都怀一个极近视的目标：娶妻是为了生子，养儿是为了防老，行善是为了福报，读书是为了做官，不称入基督教的为基督教信者而称为"吃基督教的"，不称投身国事的军士为军人而称他为"吃粮的"，流弊所至，在中国什么都只是吃饭的工具，什么都实用。因之，就什么都浅薄。

试就学校教育的现状看吧！坏的呢，教师目的但在地位薪水，学生目的但在文凭资格；较好的呢，教师想把学生嵌入某种预定的铸型去，学生想怎样揣摩世尚毕业后去问世谋事。在真正的教育面前，总之都免不掉浅薄粗疏。效率原是要顾的，但只顾效率究竟是蠢事。青年为国家社会的生力军，如果不从根本上培养能力，凡事近视，贪浮浅的近利，一味袭蹈时下陋习，结果纵不至于"一蟹不如一蟹"，亦只是一蟹仍如一蟹而已。国家社会还有什么希望可说。

"太贪容易，太浮浅粗疏，太不能深入，太不能耐苦，"作者对于现代青年的毛病曾这样慨乎言之，征之现状不禁同感。作者去国已好几年了，依据消息，尚能分明地记得起青年的病象，则青年的受病之重也就可知。

这十二封信啊，愿你对于现在的青年有些力量！

1929 年元旦书于白马湖平屋

5. 中等学校教育的课程，只是一种施行教育的材料，从诸君方面说，是借了这些材料去收得发展身心能力的

《受教育与受教材》发表于 1930 年 4 月《中学生》杂志第四号，是秉承"本志的使命"为诸多读者"解答疑问"的一篇。第一节就交代了写作的缘由，是夏丏尊从诸多来信、"非常繁多"的问题之中，"寻出一个比较共同的"来做"总答"。

信中"差不多都提及到这实力养成的问题"，所以首先解释"实力"的含义。其实在那篇《"你须知道自己"》文中，夏丏尊质疑学校的本体，除了到期给诸君以文凭外，能否给诸君以智德体三方面的真实能力，就从一个侧面简要陈述了"实力"所包括的三个方面。本篇针对疑惑不解甚至有些误解，从中学生所应具备的本钱、本领出发，界定为"普通一般的身心上的能力"，不外乎智德体等方面有所调整、有所补充而已，和语文学科相关的"读书力""发表力"等，也有提及。

接着，阐述了能力的功用和获得的途径。读过上篇《给青年的十二封信》，再加一篇发表于《中学生》杂志第一号上的《谈吃》，不难理解本文所以使用了"换饭吃""变铜子""切卖""值得买"等通俗接地气的语词来推论说理；如若还读了下篇《"自学"和"自己教育"》，不难理解夏丏尊心目中的"教育"，历来是广义的大教育，是开阔而持续、立足当下并顾及长远的生存发展之道。

读到"所谓教育，就是能力给与的设计。学校就是为施行这种设计的而特造的人为的环境"后，可速读下文或跳读到文末，直接拈出"中学校的性质如此，是借了教材给与能力的"一句，这是全篇立论的根本和依据所在。解释"实力"的含义，区分不同类别学校的课程目标与内容，"应世"面临不同的境遇和挑战，以及寄予中学生的两点希望，无一不是紧扣"中学校的性质"而来的。的确，"你须知道自己"！你是中学生，进入了中学校。中学原来只是普通教育即基础教育，你"须有养成身心诸能力的自觉才好"，而且"对各科目要普遍地学习"，不能偏科。"如果要吃醋溜鱼，就到杭州西湖边上去；如果要吃烤鸭，那么上北京菜馆去"，夏丏尊打的比方，可谓写照传神。这里谈吃，和其他文篇相比，似乎少了点儿辛辣讽刺，多了点儿幽默风趣。

叶圣陶在《夏丏尊先生》一文里说："他创办了《中学生杂志》。他认为一般中学都办得不得其法，学生太吃亏了，想凭这个杂志给他们一点真正的教育。他的大旨见于他的《受教育与受教材》一篇文字中。学生在一般中学里，至多受到了某种学科的教材，但是受教材并不等于受教育，受教育的范围宽广多了。必须食而能

化，举一反三，知识能力从而长进，思想情感从而发皇，才是真正的受教育"[1]该文末注"一九四八年五月一日发表"。后来，又有幸读到叶圣陶作于 1983 年 7 月 5 日的《读书和受教育》篇，尤其是文中写到"受教育是上学的全部意义和整个目的，读书是受教育的一种手段"[2]，自然就想起夏丏尊的"诸君在中学校里，目的应是受教育，不应是受教材"。"夏叶从来文字侣"，不忍心不同时期的中学生"大吃其亏"，反复申述，表明他们的心是始终相通的。

一篇《受教育与受教材》，就可见《中学生》杂志的"大旨"。大概是夏丏尊急中学生之所急中，尚能从容、体贴、渐进地把"真正的教育"的基本常识流注入他们的心田，并且一以贯之，从不倦怠。

受教育与受教材

自从我在《中学生》创刊号上写了那篇《你须知道自己》以后，就接到了不少的青年的来信。有的自陈家庭苦况，有的问我中学毕业后的方针，有的痛诉所入学校的不良，问题非常繁多，欲一一答复，代谋解决，究不可能。没法，只好就诸信中寻出一个比较共同的问题，来写些个人的意见当作总答。

我在创刊号那篇文字里，曾劝中学生诸君破除徒以读书为荣的"士"的封建观念，养成实力。这次所接到的来信中，差不多都提及到这实力养成的问题。关于这，我实感到有答复的责任。至于答复得好与不好，且不去管他。

先试就实力二字加以限制。我的谈话的对手是中学生，所谓实力，当然不是什么财力、权力、武力，也并不是学士或博士的专门学力，乃是普通一般的身心上的能力。例如健康力、想象力、判断力、记忆力、思考力、忍耐力、鉴赏力、道德力、读书力、发表力、社交力等就是。

这种能力，虽是很空洞，很抽象，却是人生一切事业的基础。犹如数学公式中的 X，诸君学过数学，当然知道 X 的性质。X 本身并无一定价值，却是一切价值的总摄，只要那公式是对的，无论用什么数目代入 X 中去都会对。上面的各身心能力，本身原不能换饭吃，成学者，或有功于革命，但如果没有这诸能力，究竟吃不成什么饭，成不了什么学者，或有什么贡献于任何革命事业的。

这身心诸能力，原也可从自然环境或职业部分地获得，例如滨海的住民常善泅

---

[1] 叶至善等编：《叶圣陶集》第六卷，江苏教育出版社 1989 年版，第 289-290 页。
[2] 张圣华主编：《叶圣陶教育名篇》，教育科学出版社 2007 年版，第 75 页。

泳，当兵的自会富于忍耐力。但人为的有组织的养成机关，不得不推学校教育。所谓教育，就是能力给与的设计。学校就是为施行这设计的而特造的人为的环境。

专门以上的学校为欲使学生直接应世，倾向常偏重于专门的知识技术的传授。专门以下的学校所传授的，不是可以直接应世的知识技术，其任务宁偏重于身心诸能力的养成，愈是低级的学校愈如此。所谓课程也者，无非施行教育作用的一种材料而已。专门以上的课程收得了也许就可应世，就可换饭吃，至于专门以下的学校课程，收得了仍是不能应世，换不来饭吃的。不信，让我举例来说：诸君花了不少的学费，费了不少的光阴，好容易了解了几何中西摩松线的定理或代数中的二项式，记得了蒲公英、鲸鱼的属类与性状，假如初中毕业时成绩第一。但试问这西摩松线的定理和二项式的解答和关于蒲公英、鲸鱼的知识，写出来零折地卖给谁去？怕连一个大钱也不值吧。又假定诸君每日清晨在早操班上"一二三四"地操，一日都不缺课，操得非常纯熟，教师奖誉，体育成绩优等。试问这"一二三四"的举动，他日应起世来，能够和卖拳头的江湖朋友一样收得若干铜子吗？以上不过随举数例，其实诸君所学习着的各科无不皆然。

诸君读到这里也许又要感到幻灭了，且慢且慢，西摩松线二项式和蒲公英鲸鱼的知识，虽不能卖钱，但因此而表现的推理力记忆力等等是终身有用的。又，幸而能升学进而求更高深的科学，这些知识当作基础也是有用的。"一二三四"操得好，虽不能变铜子，但由此锻就的好体格，和敏捷、忍耐、有规则等的品性，是将来干任何职业都必要的。"功德不虚"，诸君用几分功，究竟有几分益处在，断不至于落空。

由此可知，中等学校教育的课程，只是一种施行教育的材料，从诸君方面说，是借了这些材料去收得发展身心能力的。诸君在中学校里，目的应是受教育，不应是受教材。重视书册，求教师多发讲义，囫囵吞枣似地但知受教材，不知受教育，究是"买椟还珠"的愚笨办法。

诸君读了我上面的话，如果以为是对的，那么希望诸君注意二事。

第一，要自觉地从各科目摄取身心上的诸能力。我上面所说的话，原只是普通教育上的老生常谈，并非什么新说，照理，教师们都该知道了的。他们应该注意到此，应该利用了教材替诸君养成实力，不应留声机器似地，徒把教本上的事项来一页一页地切卖给诸君。但现在的学校实在太乱杂了，一年之中可换三四个校长，前学期姓张的先生来教诸君的地理，后来归姓胡的教，这学期又换了姓王的。在这样杂乱无序的情形之下，说不定诸君的教师之中没有不胜任的分子。又，教育是教师与学生合作的事，教师虽施着正当的教育，学生如果无接受的热心，也不会有好结果，故诸君须有养成身心诸能力的自觉才好。一个代数方程式，同级的人都能解，你如果解不出，这事本身关系原不大。但在一方面说，就是你的记忆力或思考力不及人，不到水平线，这却是大事。冬天早操屡次赶不上，这事本身原不算得什么有碍，但由此而显现着的你的这惰性，如果不改革，却是足为你终身之累的，无论你将来干什么。

第二，对各科目要普遍地学习。近来中学生之间，常有因浅薄的实用观念或个人的癖好，把学习的科目偏重或鄙弃的事。有的想初中毕业后去考邮局电报局，就专用功英语，有的想成文人，就终日读小说。无论哪一校，数学都被认为最干燥无味，大家对了都要皱眉的科目。体育科，则除了几个选手人员外，差不多无人过问，认为可有可无。图画、音乐等科，也被认为无足轻重的东西。这种倾向由能力养成上看来，真是大大的错误。因了学科的性质，有的须多用些功，有的可少用些功，原是合理的。又，现制中学的高中已行分科制，学生为了将来所认定的方向，学习要偏重某些方面，也是对的。我所指摘的只是普通一般的中学生的对于学科的偏向，尤其是对于初中部的学生。你想毕业后去考邮局或电报局并不是坏事，但除了英语的知识以外，多带些知识趣味去，就是说，在记忆力忍耐力等以外，多养成些别的能力去，不更好吗？你想成文人也好，但多方面的能力修养，将来不会使你的文人资格更完满吗？

中学原只是普通教育，其中的学科都是些人类文化的大略的纲目，换言之，只是一个常识，在综合地养成身心的能力上看来，不消说是好材料。次之，在有升学希望的人，当作预备知识也自有其意义。至于要想单独地拿了一种去换职业，究竟是毫无把握的。将来情形变更也许不能这样断言，至少在现制度是如此。任你怎样地去偏重，结果所偏重的依然无用，而在别的方面却失去了能力养成的普遍的机会，只是自己的损失而已。

一家商店，常有一种东西是值得买，而其余是不值得买的。例如杭州西湖上的菜馆里，醋溜鱼是好的，而挂炉烤鸭就不好，虽然门口也挂着"挂炉烤鸭"的牌子，我们如果要吃醋溜鱼，就到杭州西湖边上去；如果要吃烤鸭，那么上北京菜馆去，不然就会找错了门路。学校犹如商店，在中学校里所可吸收的是普通的身心能力，不是可以直接应世的教材。如果要买应世实用的教材，那么将来进专门大学去，或是现在就进甲种实业去，急于考邮局电报局的，还是进英文夜校去。

中学校的性质如此，是借了教材给与能力的。诸君在中学校里，试自己问问："我在这里受教育呢？还是在这里受教材？"

刊《中学生》第四号

（1930 年 4 月）

6. 对于学和受教育的一种正当观念

《"自学"和"自己教育"》发表于 1937 年 1 月《中学生》杂志第七十一号，是履行"本志的使命"主要为"失学"苦闷着的青年"指导前途"的一篇。主旨是让他们"抛开那种阴晦的观念"，转向、建构起"对于学和受教育的一种正当观念"，如此，"前面等候着的往往不是苦闷而是成功"。

文篇先表白职务的优势，以便利读者的接受；说出"我的厚幸"，隐含有感激各地青年来信寄稿的信赖之意，这样"和诸位随便谈谈"，想必大家都会愿意。接着，较为具体地叙述了来件中"宣露出现在青年的一段苦闷"，并自问自答出"自然"的指向，阐明理想社会的教育与当前的事实客观存在的差距，实话实说出不能"给你一个满意的答复"，而所能给你的就在下文……

众所周知，"爱的教育""自学"和"自己教育"是夏丏尊坚信不疑奉行不渝的教育哲理（语文等各学科普遍适用），是他对教育最鲜明、最为人熟知，同时也是最具感召力和影响力的主张，并且这两项主张是他亲身体验、切实践行的，是拧成一股贯穿他教育人生始终的一条红线。主张自学和自己教育，就是确认学生的主体地位，激发学生的主体意识，《文心》第 19 篇里说到"学习的主体是我们自己"！夏丏尊曾有多次因为交不上学费、中途辍学的经历，感同身受学生的苦闷、家长的沉痛，自身没有也不号召别人把苦闷、烦恼化作冲天的怒火，进而做出非理性的过激的言语行为，而是，强调"自己来学！自己来教育自己！只要永久努力，绝不懈怠，一切应该学的东西还是可以学得好好的"。这就给已经失学或即将失学的青年"闪着一道希望的光"。这样的主张和疏导，不正是发乎真心的爱的教育？而且夏丏尊就是通过自学和自我教育逐步走向成功的，他的主张自有人格的魔力，有行动做言论的背景，也"自然使人受着强大的感化"。

概说下文的论述，大致可以分为这四个各方面：

（1）学和受教育的狭义与广义之分

狭义的学和受教育指的是"在学校里边，以受学校教育而言"；而"按照广义的说起来，学和受教育是'终身以之'的事情，离开了学校还可以学，还可以受教育，而且必须再学，必须再受教育"。把学校里边的看作教育的全部，其余不算，那是自限、是狭隘；夏丏尊主张的是学校和生活打成一片的教育，是广义的。他的所谓广义的界定，既有共时的拓展，又有历时的考量。即不仅包括课外离校后的家庭、社会的学和受教育，还包括毕业或辍学后的学和受教育。后一部分，现在的教科书常列为终身教育的章节。文中，他引述威尔斯等在《生命之科学》中的话，认为人"终其生都要有能受教育的适应性。旧时的那种阴晦的观念，以为人当在青年期之前把一切应该学的东西都学好，而以后只是用其所学，和多数的动物一样，那种观念是在从人的思想中消逝了"。其目的，就是要青年人改变旧观念，接受广义的大教育、生活教育、终身教育，以避免在校的变成"狭的笼"中的"瘦的鸟"，失学的苦闷而茫然，即便是毕业入职的，也是及时的提醒。

（2）自学和自己教育是可能的、必须的、普适的

夏丏尊不把自学和自己教育局限于无奈辍学的青年，认为"即使住在学校里边，也不能只像一只张开着口的布袋，专等教师们把一切应该学的东西一样一样装进来，也必须应用自己的智慧和能力，思索这一样，练习那一样"，而这"思索"和"练习"，就是自学和自己教育的题中之义。且不说教师教法的有待改进，他的解释实为当下倡导的发挥学生主体性的能动学习；他不回避"离开了学校，没有教师的指点，没有种种相当的设备，就方便上说自然差一点，然而有一个'自己'在这里，就是极大的凭藉"。学生是学习的主体，主要凭自力；即使失学，也可借用他力。文中未能出示种种"变通"而"自在"的方式方法，如参阅写于本文前的《文心》，不难得到一些可资借鉴的路径。

（3）取得必胜之权的凭借不是一张文凭

夏丏尊没有一张文凭，却有工作、有成就，可他绝对没有我能你应该能必须能的强势。当时事业机关需要招收"干练适用"的员工，章程的资格项下，"往往不单写着'中学毕业生'，而再附加着'或有同等程度者'这样的语句"，这对于中学毕业生来说，是挑战；对于拿不出文凭来的，是机遇。所以说"取得必胜之权的凭藉不是一张文凭，而是货真价实的知识和训练。在'自学'或是'自己教育'上努力得愈多的人，他的被录取的机会也愈多"。

（4）专业学习之外，别做研修是自己长育的良法

夏丏尊是主张先就业再择业的，他觉得一些青年指导书中的理论：什么"事业要应合自己的兴趣哩，事业要发展自己的专长哩"未免高调，不适合实际，尤其

是失学的中小学生。可以在工作的过程中，为做好工作而自学，进而"寻出兴趣""练出专长"来。不过他强调择业、就业，不管干什么，要有做人的底线。推及开去，当下就是不能为了赚大钱快致富求上位而不择手段，丧失人格。另外，他主张在"事业所需要的知识和训练之外，更可以作其他的研修"。认为"专力本业是当前献身的正轨，而别作研修是自己长育的良法，二者兼顾，一个人才会终身处在发展的程度之中"。文中提示了两条发展之路：一是继续，一是"跳槽"。

综上所述，夏丏尊文中的诸多论点，可以在现今的教育学教科书、择业指导书或职工培训手册上看到相似的表述，这表明当时他的教育理念、看法，是先进的、超前的，即便置于当下，也未过时，仍能给予我们不少的启迪。

自学或自己教育不只是学习之法，更是学会生存与发展之道。"觅取进取的途径，其权柄大部分还操在诸君自己的手里"，请记住夏丏尊的这句话。

"自学"和"自己教育"

我为了职务的关系，有机会读到各地青年的来信和文稿。这些文字坦白地表示着诸位青年的生活，经验，思想，情感。一位在中等学校里担任职务的教师，他所详细知道的只限于他那个学校里的学生。可是我，对于各地青年都有相当的接触。虽然彼此不曾见过面，不能说出谁高谁矮、谁胖谁瘦，然而我看见了诸位青年的内心，诸位期望着什么，烦愁着什么，我大略有点儿理会。比起学校里的教师来，我所理会的范围宽广得多了。这是我的厚幸。我不能辜负这种厚幸，愿意根据我所理会到的和诸位随便谈谈。

从一部分的来件中间，我知道有不少青年怀着将要失学的忧惧，又有不少青年怀着已经失了学的愤慨。那些文字中间的悒郁的叙述，使人看了只好叹气。开学日子就在面前了，可是应缴的费用全没有着落，父亲或是母亲舍不得"功亏一篑"，青年自己当然更不愿意中途废学。于是在相对愁叹之外，不惜去找寻渺茫难必的希望，牺牲微薄仅存的财物。或者是走了几十里地，张家凑两块钱，李家借三块钱，合成一笔数目。或者是押了田地，当了衣服，情愿付出两三分四五分的高利，以便有面目去见学校里的会计员。在带了这笔可怜款项离开家庭的时候，父亲或是母亲往往说："这一学期算是勉强对付过去了，但是下一学期呢？"多么沉痛的话啊！至于连这样勉强对付办法都找不到的人家，青年当然只好就此躲在家里。想找一点事情做做，东碰不成，西碰不就。哪怕小商店的学徒，小工厂的练习生也行。然而小商店正在那里"招盘"，小工厂正在那里"裁员减薪"。于是每吃一餐饭，父亲叹着气，母亲皱着眉，青年自己更是绞肠刮肚似的难过，无论吃的是咸汤白饭，或是窝窝头，都是在吃父亲母亲的血汗呀！像上面所说那样的叙述，我看见得非常之多，文字好一点坏一点没有关系，总之宣露出现在青年的一段苦闷。

是谁使青年受到这样的苦闷呢？笼统地说，自然会指出"不良的社会"来。我们很容易想象一个理想的社会，在这个理想的社会里，受教育是一般人绝对的权利，不用花一个钱，甚至为着生活上必需的消费，公家还得给受教育者津贴一点钱。而现在的社会恰正相反，须要付得出钱才可以享受受教育的权利。那么给它加上一个"不良的"的形容词，的确不算冤枉。但是这样判定之后，苦闷并不能就此解除。理想的社会又不会在今天或是明天无条件地忽然实现。在现在的社会里，要受教育就得付钱，不然学校就将开不起来，这是事实。事实是一垛坚固的墙壁，谁碰上去，谁的额角上准会起一个大疙瘩。这就是说，如果付钱成为问题的话，那么上面所说的苦闷是不可避免的。你去请教无论什么人，总不会给你一个满意的答复，因为无论什么人的一两句话，不能够变更当前的事实。

不过要注意，上面所说的学和受教育乃是指在学校里边学，以受学校教育而言。这只是狭义的学，狭义的受教育。按照广义说起来，学和受教育是"终身以之"的事情，离开了学校还可以学，还可以受教育，而且必须再学，必须再受教育。威尔斯等在《生命之科学》一书里说得好："教育的目标是要使各个人成为善良的变通自在的艺人（因为环境在变迁，所以要变通自在），成为在那一般的规划中自觉能演一角的善良的公民，成为能发挥其全力的气象峥嵘、思虑周到、和蔼可亲的人格者。终其生都要有能受教育的适应性。旧式的那种阴晦的观念，以为人当在青年期之前把一切应该学的东西都学好，而以后只是用其所学，和多数的动物一样，那种观念是在从人的思想中消逝了。"可是我觉得，一班给"失学"两字威胁着而感到苦闷的青年还没有抛开那种阴晦的观念。住在学校里边叫做学，离开学校叫做"失学"，好像离开了学校，一切应该学的东西就无法学好了，其实哪里是这么一回事，所谓"自学"或是"自己教育"，非但是可能的，而且是必须的。即使住在学校里边，也不能只像一只张开着口的布袋，专等教师们把一切应该学的东西一样一样装进来，也必须应用自己的智慧和能力，思索这一样，练习那一样，才可以成为适应环境的"变通自在的艺人"。而思索这一样，练习那一样，就是"自学"或是"自已教育"呀。离开了学校，没有教师的指点，没有种种相当的设备，就方便上说自然差一点，然而有一个"自己"在这里，就是极大的凭藉。自己来学！自己来教育自己！只要永久努力，绝不懈怠，一切应该学的东西还是可以学得好好的。这样看起来，如果能把那种阴晦的观念抛开，建立"自学"或是"自己教育"的信念，那么遇到付钱成为问题的时候，固然不免苦闷，但是这决非顶大的苦闷。本来以为"就此完了"，所以认为顶大的苦闷。而在实际上，只要自己相信并不"就此完了"，那就不会"就此完了"，所以决非顶大的苦闷。

以上并不是勉强慰藉的话，而是对于学和受教育的一种正当观念。这种观念，无论在校不在校的人都是必需的。不过对于不在校的人尤其有用处，它能给你扫去障在面前的愁云惨雾，引导你走上自强不息的大路。

我知道有人要说：你不看见现在社会的实际情形吗？现在凡是新式的事业机关招收从业员，限定的资格起码要中学毕业生。工厂学徒哩，公司练习生哩，甚至大旅馆中同于仆役的"侍应生"哩，上海地方专以伴人游乐为事的"女向导员"哩，没有中学毕业程度的都够不上去应试。所以读不完中等学校，就等于被摈在从业的希望的门外。一般青年因为将要失学而忧惧，因为已经失了学而愤慨，原由在此。一般父母宁愿忍受最大的牺牲，而不肯让儿女"功亏一篑"，待要真个无法可想，那就流泪叹气，以为家庭的命运已经临到绝望的悬崖，原由也在此。

这种实际情形，我也知道得很清楚。按照理想说，岂但新式的事业，最好是无论什么事业，从业员的资格都起码要中学毕业生，这样，事业上的效率一定会比现在大得多。不过到了这样情形的时候，进学校将纯是权利而不担什么义务了。现在进学校多少带一点"投资"的意味，既然担着付钱的义务，总希望将来能有连本带利的丰富的收获。我知道，这样想法不止是多数父母的见解，更有许多青年也在或明或暗地意识着。这并不足以嗤笑，在现在这样的社会里，自然要产生这样的想头。而照大家的眼光看来，要得到丰富的收获，惟有在新式事业中取得一个从业员的位置。同时，惟有新式事业需要有了相当的知识和训练的从业员，其他事业现在还没有这种需要。所以在新式的事业机关招收从业员的章程里，才有"资格——中学毕业生"这一条。所以每逢新式的事业机关招考的时候，前往投考的常常是那么拥挤，出乎主持人的意料之外。

但是有一点可以注意：在招收从业员的章程的资格项下，往往不单写着"中学毕业生"，而再附加着"或有同等程度者"这样的语句。这说明了什么呢？第一，从这上面可以看出现在学校教育并不能和新式事业完全适应。新式事业所需要的是干练适用的从业员，但是根据平时的经验，觉得拿得出毕业文凭来的不一定干练适用，所以宁愿把挑选的范围放宽，在"有同等程度者"中间也来挑选一下。第二，从这上边可以看出有了一张毕业文凭的，其被录取的机会并不特别多。他不但有同样有了一张毕业文凭的和他竞争，并且有"有同等程度者"和他竞争。这当儿，取得必胜之权的凭藉不是一张文凭，而是货真价实的知识和训练。在"自学"或是"自己教育"上努力得愈多的人，他的被录取的机会也愈多。

就失学的人说来，这里就闪着一道希望的光。只管沉溺在苦闷之中，那惟有一直颓唐下去，结果把自己毁了完事。不如振作起来，在"自学"或是"自己教育"上努力。直到真个"有同等程度"的时候，直到真个有货真价实的知识和训练的时候，其并没有被摈在从业的希望的门外，不是和有了一张毕业文凭的人一样吗？

除了新式事业以外，还有许多的事业，如耕种，如贩卖，如小工艺的制作，细说起来，门类也就不少。这些事业，如果真没有办法参加进去做，我也说不出什么话。我不能从事实上没有办法之中说出办法来。但是，如果有一点办法可以参加进去的话，我以为这些事业都不妨做。在一些教训青年的书里，说到"择业"的时候往往有一套理论。事业要应合自己的兴趣哩，事业要发展自己的专长哩，还有其他的项目。其实这些都是好听的空话。一个人择业定要按照这许多项目，结果只好一辈子无业可做。事实上惟有碰到什么就做什么，只要那种事业不是害人的，例如当汉奸卖国，贩卖毒品毒害人家。在碰到了一种事业的时候，你就专心一志去做，你能够抱着"自学"或是"自己教育"的信念，即使没兴趣的也会寻出兴趣来，即使不专长的也会练出专长来。同时你不必以此为限，这就是说，在你那事业所需要的知识和训练之外，更可以作其他的研修。这并不是游心外骛的意思。专力本业是当前献身的正轨，而别作研修是自己长育的良法，二者兼顾，一个人才会终身处在发展的程度之中。一朝研修有了相当的成就，而恰又碰到了另外一种事业可以应用这种成就的，你自然不妨放弃了从前的事业去做另外的事业。那时候你还是专心一志地做，和做从前的事业一样。请想想，如果所有从业的青年都像这样子，社会上的各种事业不将大大地改换面目，显出突飞猛进的气象吗？其时任何事业都像新式事业那样有着光明的前途，就从业员的收获说，也不至于会怎样不丰富。

以上的话，我以为不但对于给"失学"两字威胁着的青年有些用处，就是在校的或是从业的青年也可以从这里得到少许启示。诸位要相信，事实虽然是一堆坚固的墙壁，但在不超越事实的情形之下，觅取进取的途径，其权柄大部分还操在诸君自己的手里。能够"自学"或是"自我教育"的，在他前面等候着的往往不是苦闷而是成功！

刊《中学生》第七十一号

（1937 年 1 月）

第二节　语文课程研讨

品读提示

1. 目的以形式实质为主次，教材以问题为纲课文为目，教法令学生自己研究教师处于指导地位

20 世纪前期教学大纲、课程纲要、课程标准相继呈现，名异而实同。有的校本国文教学大纲完整前置于教材之中，这份《浙江一师〈国文教授法大纲〉》（以下简称《大纲》）节录自署名仲九的《对于中等学校国文教授的意见》一文，个别文字做了删改。该文明显具有引述做读解、推介的性质特点，透露了所拟《大纲》是一篇语文教育革新派的"共同作文"。

"我以前不曾做过教员，于国文教授，毫无经验。但是觉得改革国文教授法，非常要紧，所以在浙江第一师范学校代课的时候，和诸位国文教员，共同拟了一种国文教授法大纲。现在把大纲写在下边，略加说明，和教育界诸君商量"[①]。这里的"我"即沈仲九，"诸位国文教员"就是夏丏尊、陈望道、刘大白、李次九，均非语文教育界的等闲之辈。沈文几乎是《大纲》内容的唯一信源，根据以上陈述就认他是第一起草人未必公允。

当年浙江一师的教学改革中试行教员专任、国文改授国语，陈望道《"五四"时期浙江新文化运动》回忆"1919 年下半年，我在杭州第一师范教书。……这学校是五年制的师范，有五个学级，每一个学级国文课都有一个国文主任教员，五个国文主任教员中有四个是倾向进步的，即夏丏尊、刘大白、李次九和我，当时有人称我们为'四大金刚'。另一个是省政府派来的，原是省政府秘书，很反动"[②]。沈仲九

---

① 顾黄初、李杏保主编：《二十世纪前期中国语文教育论集》，四川教育出版社 1991 年版，第 100 页。

② 浙江省党史征集研委会编：《浙江一师风潮》，浙江大学出版社 1990 年版，第 351 页。

不在五人之中，是否"代课"呢？曹聚仁《一代政人沈仲九》里写道："在杭州省教育会主编《浙江潮》的沈仲九先生，也是我所最敬爱的导师。他并没教过一师的书，……但他是五四运动中转移东南风气的人。"①由经校长兼任省教育会会长、发行的机关刊物是《教育潮》，沈仲九担任主编，可见校长的倚重。文章发表于第一卷第五期，已是1919年的年末，浙江一师风潮正来势凶猛。

在《对教育厅查办员的谈话》中，经校长说国文科的教材，是几位教员共同商定的。言下之意是集体的意志；责任不能推诿给"代课"的临时工，也等于为"诸位国文教员"的部分工作出具了证明。《全体教职员挽留经校长宣言》中写道：国语的教授，因为是创始的事情，最为难的就是没有现成的教材可用。但是方针既然已经决定了，在短时间里，没有完美的办法想得出来。所以就草草地由国文教授会议，暂定了一种国文教授法大纲，选辑了一百多篇的国文教材。虽是依纲分列，却仍异说并存，叫学生用批评的眼光，采取研究的方法。上述文字包括了"诸位国文教员"的看法，他们是大纲和教材的亲力亲为者；沈仲九至多列席会议、参与研讨，或场外获得有关资料。所以，选录的《大纲》中，把原文"对于国文教授的意见"前之"我"字删去。

"诸位国文教员"中，夏丏尊是国文科主任，相当于现今的语文教研组长。1916年9月《丙辰秋季始业式训辞》中宣布：自本学年开始各学科皆设主任，修身、教育暂由校长兼任、国文请夏丏尊先生、数学请朱听泉先生担任，以谋统一联络。陈望道上篇回忆录里有"夏丏尊（当时是学校国文课主任）"的说明；《全体教职员挽留经校长宣言》中还写道：国语问题，在学科制组织法上规定出教授语法和修辞法，并责成国文科主任精选教材和规定教授程序等。曹聚仁《前四金刚》篇中透露"一师教职员呈教育厅挽留经校长呈文，即刘师的手笔"②，这就从"诸位国文教员"之中，明确肯定了夏丏尊的职责和担当。由此可以推测：在当局封禁《浙江新潮》、查办浙江一师、诋毁国文教师和教材的情势下，如此把《大纲》和即将把这教材的目录刊登出来，是一种技术处理、一种斗争策略，沈仲九功不可没。《大纲》的酝酿、拟定，应该是经校长授意下，夏丏尊领衔的团队的具体工作实际。

---

① 曹聚仁：《我与我的世界》，生活·读书·新知三联书店2011年版，第160页。
② 曹聚仁：《我与我的世界》，生活·读书·新知三联书店2011年版，第130页。

浙江一师《国文教授法大纲》

对于国文教授的意见，分目的、教材、教法三项，逐项说明如下：

目的1——形式的。使学生能够了解用现代语或近于现代语——如各日报杂志和各科学教科书所用的文言——所发表的文章，而且能够敏捷、正确、贯通。

目的2——形式的。使学生能够用现代语——或口讲，或写在纸上——表现自己的思想感情，而且要自由、明白、普遍、迅速。

目的3——实质的。使学生了解人生的真义和环境的现状。学校各种科目，无非是一种做人的工具。所以国文科的内容，也应该注重人生和环境，使学生能够了解做人的道理。

教材　国文研究的材料，以和人生最有关系的各种问题为纲，以新出版各种杂志中，关于各问题的文章为目。这种问题和文章，要适合学生的心理，现代的思潮，实际的生活，社会的需要，世界的大势，而且要有兴味。浙江第一师范学校，现在着手编辑中等学校国文教材，在下期《教育潮》中，我拟把这教材的目录登载出来，给大家参考。

教法　令学生自己研究，教员处于指导的地位。读看、讲话、作文，都用联络的方法。详细方法如下：

1. 说明。每一星期或两星期，由教员提出一个研究的问题，将关于本问题的材料，分给学生，并指示阅览的次序。如学生不能全阅，可指定专阅一二篇。

2. 答问。学生对于教材的文字和内容，如有不明瞭的地方，应询问教员。教员亦得随时讲解文章的结构，或令学生轮讲、断句。

3. 分析。学生每看一篇文章，应该先用分析的工夫。分析的次序如下：

① 就全篇意义上观察，把全篇分作几大段，每段定一小标题；

② 把一大段的大意，再分析起来，用简括的文字写出来。这是做一篇大纲的次序。

4. 综合。学生看完各篇文章，作好各篇大纲以后，应该对于一问题，用综合的工夫。综合的次序如下：

① 把各篇的小标题比较同异，同的合并起来，异的另立标题；

② 就各小标题的同异，把全问题分作几大段，各大段又定一个标题；

③ 把各篇文章对于一问题中小标题的意思，用简括的文字写出来。这就是做一个题的大纲。

5. 书面的批评。学生作好一问题大纲以后，应该把自己对于这个问题的意见，用文章表示出来，作成"批评"。

6. 口头的批评。学生作好"大纲""批评"以后，教员随便取几个学生的"批评""大纲"，发表出来，请各学生口头批评。教员又批评学生"口头的批评"。

7. 学生讲演。教员应请学生轮流在讲台上讲演一问题的"大纲"和"批评"。讲演时间，得由教员限定。讲演后，由教员学生，共同加以批评。国人素乏讲话的能力，从前教授国文，又绝不注意讲话，也是国文教授的缺点。现在有这一种办法，于养成学生讲话的能力，有很有利益的。

8. 辩难。教员学生得提出对于一问题的甲乙两说，请各学生认定赞成那一说，两方互相辩难。教员随时加以判断，并得参加意见。

9. 教员讲演。教员讲演分两种：

① 把各生"书面批评"的内容，分别统计，下一总批评；

② 教员自己对于一问题的意见。

10. 批改"书面批评"。学生"书面批评"的字句，如有不妥的地方，教员应加改削。

11. 临时作文。有临时事情发生时，教员得提出关于这事情的题目，请学生用文章表示意见。

以上 1 至 4，可看做"该看"的工夫，5、10、11 可看做"作文"的工夫，6、7、8 可看做"讲话"的工夫。这十一种方法，教员也可以酌量省略，不必全用。

除以上十一种方法以外，"国语法""国文法"和"注音字母""标点用法"——这两种也可包括在"国语法""文法"当中——也应该教授的。

原载《教育潮》第一卷第五期（1919）

2. 在国文科里，我们所要学习的是文字语言上的种种格式和方法

《学习国文的着眼点》是夏丏尊"承教育部的委托"所作的"关于国文科的讲演"，分上下篇。

上篇先解释形式"就整篇的文字说，有所谓章法段落结构等等的法则；就每一句说，有所谓句子的构成及彼此结合的方式；就每句中所用的词儿说，也有各种的方法和习惯。此外因了文字的体裁，各有一定共通的样式"，并"以为在国文科里所应该学习的就是这些方面"。这里只是概述和枚举，能指肯定大于所指，所指也有待做进一步细化。字词、句式、段落、篇章、文体，就承载、表达的内容来说，它是形式；就国文科来说，它是教与学的侧重点，它就是内容。这是国文科的性质、目的、任务决定的。夏丏尊之所以主张学习国文应该着眼在文字的形式上，是因为"国文科是语言文字的学科，和别的科目性质不同"。道出了最大、最充分、最刚性的理由。至于"把诸君案头上教科书拿来比较"，国文教科书和别的科目教科书，在"秩序和系统"方面存在巨大的差别，其因除了传统"文选型"教材编制的路径依赖，实质就是"国文教科书的内容是什么呢？却说不出来"。夏丏尊曾在《中学生》创刊号上发表《"你须知道自己"》一文，"借用了这句希腊哲人的标语"，劝告中学生认识所处的时代和境遇，"发见求学的新目标"；这里再借用来提醒从事语文教学与研究的同仁，认识语文学科的个性特点、独有的任务，也未尝不可。不种自己的地，去耕别人的田。还是"代课"；不管自家门前雪，却扫他人瓦上霜。或许有点儿夸张，总之是淡化、消解了所任职的语文学科。夏丏尊讲道："我的意思，国文科是语言文字的学科，除了文法修辞等部分以外，并无固定的内容的。"这除了的部分已经成为较为固定的内容，而尚无固定的部分，正是下面以及今人探索、研讨的课题。他举英语、小学课文为例，以利于听读者触类旁通、有所感悟；他了解学情，分析比较，找到"劳而无功"的根源所在，无一不在夯实申述的理由。

下篇续讲，实是结合所谓形式的三个方面即国文科词、句子、表现法的内容，做具体学习方法的讲解和指导。

（1）词。夏丏尊告诫，统计日常用字、使用字典词典，对于学生语文学习有利、有用，也有限。以为"只要晓得了这一二千个字，就可看得懂一切的文字了，其实这是大错的，中国常用的文字数目虽有限，可是拼合成功的词儿数目却很多"，这是告知字词教学，不仅需把单个字做前缀、后缀的组合，还要比较、辨析近义词的意思情味的不一样。他举"轻狂""轻薄"两个词，只得到"不稳重""不庄重"等类的共通的解释。不知使用的是哪一部词典？查《现代汉语词典》第7版"轻薄"释义为"言语举动带有轻佻和玩弄意味（多指对女性）"，比较明晰；解释语中"轻佻"释义为"（言语、举动等）不庄重，不严肃：举止～｜妖冶～"，从搭配上尚能看出，多指女性；男女有别。"轻狂"释义为"非常轻浮：举止～｜～放纵"；"轻浮"释义为"言语举止随便，不严肃不庄重：举止～"[1]。似乎又是原有的套路："轻

---

① 社科院语言研究所编：《现代汉语词典（第7版）》，商务印书馆2016年版，第1062页。

狂"与"轻浮"明明有区别，可是查2011年版较早出的词典，也能得到近于相同的解释。"词典"编写的进步是学生之福，尚有不尽如人意之处，就得"靠自己去领略"词的意义、情味及其在句子中的用法。夏丏尊的确是真正的行家高手。

（2）句子。上述词儿"在句子中的用法"里，已讲到语法的内容。夏丏尊"曾经有一个志愿，想把中国文字的句式来作归纳的统计"，是个有意义有待完成的研究课题。取材选料可以是初中语文教科书，不仅"就句子独立着的情形讲的"，还注意到"并不简单"的句子和句子的关系，后者肯定大于中学生应知应会的常用复句。如《从百草园到三味书屋》文中"且不说……也不说……单说"的句式，就较为常见，也便于习用。他提示"一句句子放在整篇的文字里和上文下文可以有种种的关系，连接的式样很多"，即注意语境的上下文；还得注意社会情境的上下文，包括写作与阅读接受的背景。如老三届知青的芳华年代，常见"农村是个广阔的天地，在那里是可以大有作为的"一句；面对来自五湖四海的语文教育硕士生，仿写成"上海是个广阔的天地，在这里是可以有所作为的"。意义和情味可不一样，前句是浪漫主义的号召，后句是现实主义的诱导。再如完全相同的一句"你不在我身边，却在我心里"，一般用作表达思念和怀念；对于失恋还一时未能解脱的人来说，那就是最痛的距离。

（3）表现法。夏丏尊定义表现法，天广地阔，涉及句子段落篇章结构，文中是一种留白的写法。"意思只是一个，表现的方法却不止一个，在许多方法之中究竟哪一种好"？这就和修辞相关。身处大都市，耳闻"你不理财，财不理你"的广告语，且不说中学生，连在职教师都说不出何种表现法，不知是哪里出了问题。20世纪30年代《开明国文讲义》都讲修辞学了，包括句子和篇章；现今语文课程标准、考纲仅仅只有八个修辞格的要求，是否适当？初中语文教科书中出现的修辞现象肯定多于课标、考纲的规定，视而不见、不教不学，可以自然而然地提高学生的阅读能力吗？杨振宁的《邓稼先》一文，曾入选沪版等语文教材。其中写道：接了邓稼先的信后，一时热泪满眶，他追想为什么有如此大的感情震荡，"是为了民族而自豪？还是为了稼先而感到骄傲？我始终想不清楚"。句式上，它是选择问句，却无须二者必居其一；从修辞的视角说，它是二者兼而有之、表达复杂感情的距离，使用的频率较高，早已被修辞学专家定为辞格。既然进入了教科书的，何以拒之于教学之外呢？假如，把文中的选择问句换成并列的"既为……又为……"，或改为递进的"不仅为稼先……而且……"，情意的表达，平直而无韵味；不及原文句式表达得那么逼真。由此可知，形式不同，效果迥异；表现法自有表现力。须去精挑细选才是。

"读文字的时候最好能随时顾到，看作者所用的是哪一种表现法，用得有没有效果？自己写作文字，对于自己所想表现的意思，也须尽量考虑，选择最适当的表现法。"夏丏尊要求中学生在读写中知彼知己、就是让他们把表现的主动权，自觉自在地紧握在他们自己的手里。你我的手里，有吗？够用吗？

学习国文的着眼点

上

中学生诸君：这回我承教育部的委托，来担任关于国文科的讲演。讲演的题目叫做《学习国文的着眼点》。打算分两次讲，今天先来一个大纲，下次再讲具体的方法。

为了要使听众明了起见，开始先把我的意见扼要地提出。我主张学习国文该着眼在文字的形式方面。就是说，诸君学习国文的时候，该在文字的形式方面去努力。

所谓形式，是对内容说的。诸君学过算学，知道算学上的式子吧，"1+2=3"这个式子可以应用于种种不同的情形，譬如说一个梨子加两个梨子等于三个梨子，一只狗加两只狗等于三只狗，无论什么都适用。这里面，"1+2=3"是形式，"梨子"或"狗"是内容。算式上还有用"X"的，那更妙了，算式中凡是用着"X"的地方，不拘把什么数字代进去都适合，这时候"1""2""3"等等的数字是内容，"X"是形式了。

让我们回头来从国文科方面讲，文字是记载事物发挥情意的东西，它的内容是事物和情意，形式就是一个个的词句以及整篇的文字。文字的内容是各各不同的，同是传记，因所传的人物而不同，同是评论，有关于政治的，有关于学术的，有关于经济的，同是书信，有讨论学问的，接洽事务的，可以说一篇文字有一篇文字的内容，无论别人所写或自己所写，每篇文字决不会有相同的内容的。内容虽然各不相同，形式上却有相同的地方，就整篇的文字说，有所谓章法段落结构等等的法则；就每一句说，有所谓句子的构成及彼此结合的方式，就每句中所用的词儿说，也有各种的方法和习惯。此外因了文字的体裁，各有一定共通的样式，例如，书信有书信的样式，章程有章程的样式，记事文有记事文的样式，论说文有论说文的样式。

这种都是形式上的情形，和文字的内容差不多无关。我以为在国文科里所应该学习的就是这些方面。

国文科是语言文字的学科，和别的科目性质不同，这只要把诸君案头上教科书拿来比较，就可明白。别的科目的教科书如动物、植物、历史、地理、算术、代数，都是分章节的，全书共分几章，每章之中又分几个小节，前一章和后一章，前一节和后一节，都有自然的顺序，系统非常完整，可是国文科的教科书就不是这样了。诸君所读的国文教材，大部分是所谓选文，这些选文是一篇一篇的东西，有的是前人写的，有的是现代人写的，前面是《史记》里的一节，接上去的也许可以是《红楼梦》或《水浒传》的一节，前面是古人写的书信，接上去的也许会是现代人的小说。这种材料的排列，谈不到什么秩序和系统，至于内容，更是杂乱得很。别的科目的内容是以我们所需要的知识为范围排列着的，植物教科书告诉我们关于植物的一般常识，历史教科书告诉我们人类社会活动进步的经过，地理教科书告诉我们地面上的种种现象和人类的关系，都有一定的内容可说。但是国文教科书的内容是什么呢？却说不出来。原来国文科的内容什么都可以充数，忠臣孝子的事迹固然可以做国文的内容，苍蝇蚊子的事情也可以做国文的内容，诸君试把已经读过的文字回忆一下，就可发见内容上的杂乱的情形。国文科的内容不但杂乱，而且有许多不是我们所需要的。譬如说：现在已是飞机炸弹的时代了，我们所需要的是最新的战争知识，而在国文教科书里所选到的还是单刀匹马式的《三国志演义》或《资治通鉴》里的一节。我们已是二十世纪的共和国公民了，从前封建时代的片面的道德观念已不适用，可是我们所读的文字，还有不少以宗桃贞烈等为内容的。我们是青年人，青年人所需要的是活泼勇猛的精神，可是国文教科书里尽有不少中年人或老年人所写的颓唐感伤的作品，甚至于还有在思想上态度上已经明白落伍了的东西。国文科的教材如果从内容上看来，真是杂乱而且不适合的。有些教育者见到了这一层，于是依照了内容的价值来编国文教科书，他们预先定下了几个内容项目，以为青年应该孝父母、爱国家，应该交友有信，应该办事有恒，于是选几篇孝子的传记排在一组，选几篇忠臣烈士的故事排在一组，这样一直排下去。这办法无异叫国文科变成了修身科或公民科，我觉得也未必就对。给青年读的文字当然要选择内容好的，但内容的价值，在国文科究竟不是真正的目的。

我的意思，国文科是语言文字的学科，除了文法修辞等部分以外，并无固定的内容的。只要是白纸上写有黑字的东西，当作文字来阅读来玩味的时候，什么都是国文科的材料。国文科的学习工作，不在从内容上去深究探讨，倒在从文字的形式上去获得理解和发表的能力。凡是文字，都是作者的表现。不管所表现的是一桩事情、一种道理、一件东西或一片情感，总之逃不了是表现。我们学习国文所当注重的，并不是事情、道理、东西或感情的本身，应该是各种表现方式和法则。诸君读英文的时候，曾经读过"龟兔竞走"的故事吧。诸君读这故事，如果把注意力为内容所牵住，只记得兔最初怎样自负，怎样疏忽，怎样睡熟，龟怎样努力，怎样胜过了兔等等一大串，而忘却了本课里的所有的生字难句，及别种文字上的方式，那么结果就等于只听到了"龟兔竞走"的故事，并没有学到英文。国文和英文一样，同是语言文字的科目，凡是文字语言，本身都附带有内容，文字语言本来就是为了要表现某种内容才发生的，世间决不会有毫无内容的文字语言。不过在国文科里，我们所要学习的是文字语言上的种种格式和方法，至于文字语言所含的内容，倒并不是十分重要的东西。我们自己写作的时候，原也需要内容，这内容要自己从生活上得来，国文教科书上所有的内容，既乱杂，又陈腐，反正是不适用、不够用的。我们的目的是要从古人或别人的文字里学会了记叙的方法，来随便叙述自己所要叙述的事物；从古人或别人的文字里学会了议论的方法，来随便议论自己所想议论的事情。

学习国文，应该着眼在文字的形式上，不应该着眼在内容上，这理由上面已经说了许多，想来诸君已可明白了。有一件事要请大家注意，就是文字的内容是有吸引人的力量的东西，我们和文字相接触的时候，容易偏重内容忽略形式。老实说，一般的文字语言的法则，在小学教科书里差不多已完全出现了，诸君在未进中学以前，曾经读过六年的国语，教科书共有十二册。这十二册教科书照理应该把一般的文字语言的法则包括无遗。可是据我所知道的情形看来，似乎从小学出来的人都未能把这些法则完全取得。这是不足怪的，文字语言具有内容形式两个方面，要想离开内容去注意它的形式，多少需要有冷静的头脑。小学国语教科书的内容更不同，总算是依照了儿童生活情形编造的，内容的吸引力更大，更容易叫读的人忽略形式方面。用实在的例来说，依年代想来，诸君在小学里学国语，第一课恐怕是"狗，大狗，小狗，大狗叫，小狗跳"吧。这寥寥几个字，如果从文字的形式上着眼去玩味，有单语和句子的分别，有形容词和名词的结合法，有押韵法，有对偶法，有字面重叠法，但是试问诸君当时读这课书，曾经顾着到这些吗？那时先生学着狗来叫给诸君听，跳给诸君看，又在黑板上画大狗画小狗，对诸君讲狗的故事，诸君心里又想起家里的小花或是间壁人家的来富，整个的兴趣都被内容吸引去了，哪里还有工夫来顾到文字形式上的种种方面。据我的推测，诸君之中大多数的人，在小学里学习国语，经过情形就是如此的。不但小学时代如此，诸君之中有些人在中学里读国文的情形恐怕还是如此。诸君读到一篇烈士的传记，心里会觉得兴奋吧。读到一篇悲情的小说，眼里会为了流泪吧。读到一篇干燥无味的科学记载，会感到厌倦吧。这种现象在普通读书的时候是应该的，不足为怪，如果在学习文字的时候，要大大地自己留意。对于一篇文字或是兴奋，或是流泪，或是厌倦，都不要紧，但得在兴奋、流泪或厌倦之后，用冷静的头脑去再读再看，从文字的种种方面去追求，去发掘。因为你在学习国文，你的目的不在兴奋，不在流泪，不在厌倦，在学习文字呀！

竟有许多青年，在中学已经毕业，文字还写不通的，其原因不消说就在平时学习国文未得要领。文字的所以不通，并不是缺乏内容，十之八九毛病在文字的形式上。这显然是一向不曾在文字的形式上留意的缘故。他们每日在国文教室里对了国文教科书或油印的选文，只知道听教师讲典故，讲作者的故事，典故是讲不完的，故事是听不完的，一篇一篇的作品也是读不完的。学习国文，目的就在学得用文字来表现的方法，他们只着眼于别人所表现着的内容本身，不去留心表现的文字形式，结果当然是劳而无功的。

从前的读书人学文字，把大半的工夫花在揣摩和诵读方面。当时可读的东西没有现在的多，普通人所读的只是几部经书和几篇限定的文章。说到内容，真是狭陋得很。所写的文字也只有极单调的一套，如"且夫天下之人……往往然也"之类。他们的文字虽然单调，在形式上倒是通的，只是内容空虚顽固得可笑而已。近来学生的文字，毛病适得其反，内容的范围已扩张得多了，缺点往往在形式上。这是值得大大地加以注意的。

我的话完了，今天说了不少的话，最重要的只有一句，就是说，学习国文应该着眼在文字的形式方面。至于具体的学习方法，留到下一回再讲。

下

中学生诸君：前两天，我曾有过一回讲演，题目叫做《学习国文的着眼点》，大意是说，学习国文应该从文字的形式上着眼。今天所讲的是前回的连续，前回只讲了一番大意，今天要讲到具体的方法。

学习国文的方法，从古到今不知道已有多少人说过，我今天所讲的不消说都是些"老生常谈"，请勿见笑。我是主张学习国文应该着眼在文字的形式的，我所讲的方法也是关于形式方面的事情。打算分三层来说，（一）是关于词儿的，（二）是关于句子的，（三）是关于表现方法的。

先说关于词儿所当注意的事情，第一是词儿的辨别要清楚，中国的文字是一个个的方块字，本身并无语尾变化，完全由方块的单字拼合起来造出种种的功用。中国文字寻常所用的不过一二千个字，初看去似乎只要晓得了这一二千个字，就可看得懂一切的文字了，其实这是大错的，中国常用的文字数目虽有限，可是拼合成功的词儿数目却很多。例如"轻""重"两个字，是小学生都认识的，但"轻"字"重"字和别的单字拼合起来，可以造成许多词儿，如"轻率""轻浮""轻狂""轻易""轻蔑""轻松""轻便"都是用"轻"字拼成的词儿，"重要""重实""严重""厚重""沉重""郑重""尊重"都是用"重"字拼成的词儿，此外还可有各种各样的拼合法。这些词儿当然和原来的"轻"字"重"字有关联，可是每个词儿意思情味并不一样，老实说每个都是生字。你在读文字的时候必会和许许多多的词儿相接触，你在写文字的时候必要运用许许多多的词儿，词儿的注意，是很要紧的。中国从前的字典只有一个个的单字，近来已有词典，不仅仅以单字为本位，把常用的词儿都收进去了。每一个词儿的意义似乎可用辞典来查考，但是你必须留意，词典对于词儿的解释，是用比较意思相像的同义语来凑数的。譬如说"轻狂"和"轻薄"两个词儿，明明是有区别的，可是你如果去翻词典，就会见"不稳重"或"不庄重"等类的共通的解释。这并不是辞典不好，实在是无可奈何的事，一个词儿的意义是多方面的，辞典当然不能一一列举，只能把大意用别的同义语来表示了。词儿不但有意义，还有情味，词儿的情味，完全要靠自己去领略，辞典是无法帮忙的。犹之吃东西，甜、酸、苦、辣是尝得出而说不出的。文字语言是社会的产物，词儿因了许多人的使用，各有着特别的情味，这情味如不领略到，即使表面的意义懂得了，仍不能算已了解了这词儿。再举例来说，"现代"和"摩登"，意思是差不多的，可是情味大大不同。"现代学生""现代女子"并不就是"摩登学生""摩登女子"的意思。这因为"摩登"二字在多数人的心目中已变更了意义，"现代"二字不能表出它的情味了。又如"贼出关门"和"亡羊补牢"这两句成语，都是事后补救的譬喻，意思也差不多，但使用在文字语言里，情意也有区别。"贼出关门"表示补救已来不及，"亡羊补牢"表示尚来得及补救。这因为"亡羊补牢"一向就和"未为晚也"联在一处，而"贼出关门"却是说人家失窃以后的情形的缘故。对于词儿，不但要知道它的解释，还要懂得它的情味。你在读文字的时候，如果不用这步工夫，那么你不但对于所读的文字不能十分了解，将来自己写起文字来也难免要犯用词不当的毛病。

上面所讲的是词儿的解释和情味两方面。关于词儿，另外还有一个方面值得注意，就是词儿在句子中的用法，这普通叫词性，是文法上的项目。我在前面曾经讲过，中国文字本身是一个个的方块字，一个词儿用作名词、动词、形容词、副词，有时候都可以的。譬如"上下"一个词儿，就有各种不同的用法，这里有几句句子："上下和睦"，"上下其手"，"张三李四成绩不相上下"，"上下房间都住满了人"，这几句句子里都有"上下"的词儿，可是文法上的词性各不相同。"上下"是两个单字合成的词儿尚且有这些变化，至于单字的词儿变化更多了。这些变化，在普通的辞典里是找不着的，你须得在读文字的时候随处留意。你已记得梅花兰花的"花"字了，如果在读文字的时候碰到花钱的"花"字，花言巧语的"花"字，或是眼睛昏花的"花"字，都应该记牢，如果再碰到别的用法的"花"字，也应该记牢，因为这些都是"花"字的用法。你如果只知道梅花兰花的"花"，不知道别的"花"，就不能算完全认识了"花"的一个词儿。

关于词儿，可说的方面还不少，上面所举出的三项，就是词儿的意义，情味，在句子中的用法，是比较重要的，学习的时候应该着眼在这些方面。

以下要讲到句子了。关于句子，第一所当着眼的是句子的样式。自古以来用文字写成的东西，不知有多少，即就诸君所读过的来说，也已很可观了。这些文字，虽然各不相同，若就一句句的句子看来，我认为样式是并不多的。我曾经有一个志愿，想把中国文字的句式来作归纳的统计，办法是取比较可做依据的书，文言文的如"四书""五经"，白话的如《红楼梦》《水浒》，句句地圈断，剪碎，按照形式相同的排比起来，譬如说"子曰""曾子曰""孟子曰"和"贾宝玉道""林黛玉道""武松道"归成一类，"不亦说乎""不亦乐乎""不亦快哉"归成一类，"穆穆文王""赫赫泰山""区区这些礼物"归成一类，"烹而食之""顾而乐之""垂涕泣而道之"归成一类，这样归纳起来，据我推测，句子的种类是很有限的。确数不敢说，至多不会超过一百种的式样。诸君如不信，不妨去试试。读文字，听谈话，能够留心句式，找出若干有限的格式来，不但在理解上可以省却力气，而且在发表上也可以得到许多便利。诸君读文言传记，开端常会碰到"××，××人"或"××者××人也"吧，这是两个式样，如果有时候碰到"一丈，十尺"或"人者仁也"不妨把它归纳起来当作一类的格式记在脑子里。诸君和朋友谈话，如果听到"天会下雨吧"，"我要着皮鞋了"，就把它归纳起来当作一类格式来记住。

这样把句子依了式样来归并，可以从繁复杂乱的文字里看出简单的方法来，在学习上是非常切实有用的。此外尚有一点要注意，句子的式样是就句子独立着的情形讲的。一篇文字由一句句的句子结合而成，句子和句子的关系并不简单。平常所认定的句子的式样，和别的辞句连在一处的时候，也许可以把性质全然变更。譬如说"山高水长"这句句式和"桃红柳绿"咧，"日暖风和"咧，是同样的。但如果就上面加成分上去，改为"先生之风山高水长"的时候，情形就不同了。光是从"山高水长"看来，高的是山，长的是水，至于在"先生之风山高水长"里面，高的不是山，是先生之风，长的不是水，也是先生之风，意思是说"先生之风像山一般地高，水一般地长"了。这种情形，日常语言里也常可碰到，譬如，"今天天气很好"，"我和你逛公园去吧"，这是两句独立完整的句子，如果连结起来，上一句就成了下一句的条件，资格不相等了。一句句子放在整篇的文字里和上文下文可以有种种的关系，连接的式样很多，方才所举的只不过一二个例子而已。读文字的时候对于每一句句子不但要单独的认识它，还要和上下文联结了认识它，自己写作文字的时候，对于每一句句子不但要单独地看来通得过，还要合着上下文看来通得过。尽有一些人，在读文字的时候，逐句懂得，而贯串起来倒不清楚，写出文字来，逐句看去似乎没有毛病，而连续下去却莫名其妙，这都是未曾把句子和句子的关系弄明白的缘故。

上面已讲过词儿和句子，以下再讲表现的方法。文字语言原是表现思想感情的工具，我们心里有一种意思或是感情，用文字写出来或口里讲出来，这就是表现。表现有各种各样的方法，同是一种意思或感情，可有许多表现的方式。同是一句话，可有各种各样的说法。譬如说"张三非常喜欢喝酒"，这话可以改变方式来说，例如"张三是个酒徒"咧，"张三是酒不离口"咧，"酒是张三的第二生命"咧，意思都差不多，此外不消说还可有许多的表现法。"晚上睡得着"一句话可以用作"安心"的表现；骂人"没用"，有时可以用"饭桶"来表现，有时可用反对的说法，说他是"宝贝"或"能干"。意思只是一个，表现的方法却不止一个，在许多方法之中究竟哪一种好，这是要看情形怎样，无法预定的。读文字的时候最好能随时顾到，看作者所用的是哪一种表现法，用得有没有效果？自己写作文字，对于自己所想表现的意思，也须尽量考虑，选择最适当的表现法。

文字语言的一切技巧，可以说就是表现的技巧。写一件事情、一种东西或是一种感情，用什么文体来写，先写什么，后写什么，写得简单或是写得详细，诸如此类，都是表现技巧上的问题。所以值得大大地注意。

我在上面已就了词儿、句子、表现法三方面，分别说明应该注意的事情，这些都是文字的形式上应该着眼的。诸君学习文字，我觉得这些就是值得努力的地方。

末了，我劝诸君能够用些读的工夫。从前的读书人，学习文字唯一的方法就是读。自有学校教育以来，对于文字往往只用眼睛看，用口来读的人已不多了。其实读是很有效的方法，方才所举的关于词儿、句子、表现法等类的事项，大半是可在读的时候发现领略的。我认为诸君应该选择几篇可读的文字来反复熟读，白话文也可以用谈话或演说的调子来读。读的篇数不必多，材料要精，读的程度要到能背诵。读得熟了，才能发现本篇前后的照应，才能和别篇文字作种种的比较。因为文字读得会背诵以后，离开了书本可随时记起，就随时会有所发现，学习研究的机会也就愈多了。不但别人写的文字要读，自己写文字的时候也要读，从来名家都用过就草稿自读自改的苦功。

关于国文的学习，可讲的方面很多。时间有限，今天所讲的只是这些。我对于中学国文教学，曾发表过许多意见，有两部书，一部叫《文心》；一部叫《国文百八课》，都是我和叶圣陶先生合写的，诸君如未曾看到过，不妨参考参考。

本文是向全国中学生作的广播稿

刊《中学生》第六十八期 （1936 年 10 月）

3. 对于国文科的学力，曾在心中主观地描绘过一个理想的中学生，至今尚这样描绘着。现在是把这理想的人介绍给诸君相识

浙江一师《国文教授法大纲》与新学制国语课程纲要、部颁国文暂行课程标准相比，内容架构上，缺少了"最低限度"（程度）的说明。自《受教育与受教材》文中提醒"不到水平线，却是大事"到《怎样对付教训》篇里劝告"如能按'整个程度的水平线'为标准，自定取舍，奉行上也就不会有什么困难了"，可见其对于标准与尺度的重视。

"中学课程中科目不少，这里试单就国文一科来说。"引用《国文科的学力检验》（刊《中学生》四十六期 1934 年 6 月）文中的这句话，只能表示其学科的定向与视点的集中，而标志着这种定向、集中的是《关于国文的学习》。该文发表于1931 年 1 月《中学生》第十一期。自始，杂志每期增设各科学习法，由专家对于擅长的学科，指示修习的方法，上达的门径及应用的工具，等等，务求适于实用，后合编为《中学各科学习法》，列入《开明青年丛书》出版。无论时序上还是内容具体丰富上，这一篇都可说是夏丏尊阐释语文课程目的、内容、方法和程度的代表作，也可说是一份加上了自己心意和新解的类课标。

"学习"和"检验"，前者为基于调查（了解学生与课标）后的决策和实施，后者是检测和评估，也就是对前者来"做一清算"；均为国文教学循序运作过程中不可或缺、互动的重要环节。"要谈中学生的国文学习法，先须预定中学生应具有的国文程度。有了一定的程度，然后学习才有目标，也才有学习法可言"；"检验可由他人来行，也可以自己来行"，总之，是"用了某种程限或标准来对诸君做检验的事"。学习中，"对于毕业时的国文科的学力，各自做怎样的要求"和"期待"？"已将在初中或高中毕业"时，就"到了学力受总检验的时期了"，"值得自己来一加反省与考察"。由此可见，夏丏尊从中学生国文学习的全流程出发，面向全体中学生，依据部颁课标，又自定取舍、发表己见，聚焦应具的国文学力，指导中学生自己学习、自悟自度、自检自控，所以，把《关于国文的学习》与《国文科的学力检验》两篇并置读解，完全具备可能性和必要性。

《关于国文的学习》一读再读后，吸引眼球的未必依然是国文学力的内容和结构、过程和方法，而是篇章前后照应、首尾呼应的"人"，一个有形象、有气质有基本素养的语文人（尽管"他"在语文学力方面还略显青涩）。这个"他"，是作为"我"的夏丏尊"至今尚这样描绘着"的"一个理想的中学生"，把这样的人"介绍给诸君相识"，便是全文的使命。前之文篇，夏丏尊是从学校教育论人。如《教育的背景》说的是离不开境遇和时代的人格者；《受教育与受教材》说的是各身心能力健全发展的人。本文是从语文学科论人，夏丏尊不仅"曾在心中主观描绘过"，而且曾经行诸笔端，如《叫学生在课外读些什么书》就有"一、做普通中国人所不可不读的书。二、做现代世界的人所不可不读的书"。具体书籍不同，大方向一致。《文心》里提倡既读有字书，还读无字书。由此可知，夏丏尊的"描绘"，包含过去时，又是正在进行时，还有将来的进一步。这种"人"的画法，是从课内外结合的大语文教育的视角去做动态的细描细绘的。画面上的"他"，是具备20世纪所需读写能力的、知晓外国文化常识、了解中国传统文化并具有文学鉴赏力的中学生，姑且称之为语文人。

前之文篇只是说不能"课程自课程，人自人"的分离，"知识不过人格的一部分，不是人格的全体"；本文是语文课程与人融为一体，知识能力、过程方法兼备，学力方面包括阅读、写作，还有《国文科的学力检验》篇中提到的书法，以现代人应具的"敏捷、正确、匀净为目标"，《文心》第 16 篇《现代的习字》合成为"迅速、准确、匀整和合式"四项标准。"夫人格者，多数人之格，即为人之格式也"[①]。人格教育具有丰富的内涵，"市上正流行着什么《会考指南》《升学必携》等类的书册，这类书册的效力如何，我不知道。"不推荐、不参与，大概是夏丏尊人格修为的细微之处吧！他把"理想中所期待悬拟的中学毕业生的国文科的程度"和"教育部所规定的"相比较，审慎变通为中学生的国文学力之格，展现了具体丰富的语文人格教育，完全可以学习了去借鉴去操作。

夏丏尊指出："具备了这水平线的程度，然后升学的可以进窥各项专门学问，不至于到大学里还要听名词动词的文法，读一篇一篇的选文。不升学的可以应付实际生活，自己补修起来也才有门径。"《国文科的学力检验》文中"提出几项极普通的标准，做诸君自己检验的参考"，给予即将毕业的中学生补习的门径。细读之中，一句"教为不教"流于唇齿，跃然纸上。尽管夏丏尊在《国文科课外应读些什么》文中把学科解作"整个的对于本国文字的阅读与写作能力的教养"；尽管《关于国文的学习》篇末说到"真的文字学习，须从为人着手。'文如其人'，文字毕竟是一种人格的表现"，"我愿诸君于学得了文字的法则以后，暂且抛了文字，多去读书，多去体验，努力于自己的修养"。所谓"文如其人"，从文坛的种种情状来说，未必绝对和客观，却是夏丏尊的理想以及对于中学生的期待。他主张学为做人，把学力程度与人格的逐步完善联系起来，鼓励中学生自学自知、自测自补，自己掌握学习，也就是自己掌握命运。有了这样的"教养"，加上自己的"修养"，何愁没有中学语文人的良好素养？

值得注意、重视而又不必惊诧的是，两篇选文分别就教材和课标中的言语表达存在的问题提出批评。之所以采取这样平和、冷静的态度，是因为早已有之，现今也未必没有。文中列举的种种可自行阅读，细加体会。如"略读名著十二种而能大致了解和欣赏"句，是大致的了解和大致的欣赏，还是大致的了解之后去欣赏？只做大致的了解怎能欣赏？这不仅是夏丏尊说的有歧义的一例，而且是"了解"和"欣赏"两个阅读教学的概念间关系不清。即便是把"这'毕业最低限度'一项除去了"，内容里还在，不信去读课标。看一看，以前课标"不曾下着定义"的，现

---

① 张彬编：《经亨颐教育论著选》，人民教育出版社 1993 年版，第 98 页。

在下了吗？想一想，夏丏尊的精读、略读和叶圣陶的诠释一样吗？现今的课标怎么说？试练一下自己的语感。《文心》第9篇里设立"文章病院"，还让学生去做诊治报告，这个办法挺棒！课程标准是教师行动的指南，教科书犹如学生每天饮用的乳液，怎能不特加重视呢？至少教学时要指出来，作为反例。

关于国文的学习

一　引　言

摆在我面前的题目，是《关于国文的学习》，就是要对中学生诸君谈谈国文的学习法。我虽曾在好几个中学校任过好几年国文科教员，对于这任务，却不敢自信能胜任愉快。因为这题目范围实在太广了，一时无从说起，并且自古迄今，已不知有若干人说过若干的话，著过若干的书；即在现在，诸君平日在国文课里，也许已经听得耳朵要起茧哩。我即使说，也只是些老生常谈而已。

我敢在这里声明，以下所说的不出老生常谈。把老生常谈择要选取来加以演述，使中学生诸君容易领会，因而得着好处，是我的目的。这目的如果能达到若干，那就是我对于中学生诸君的贡献了。

二　中学生应具的国文能力

国文二字，是无止境的。要谈中学生的国文学习法，先须预定中学生应具的国文程度。有了一定的程度，然后学习才有目标，也才有学习法可言。

诸君是中学生，对于毕业时的国文科的学力，各自作怎样的要求，我原不知道，想来是必各怀着一种期待吧。我做了许多年的中学国文教员，对于国文科的学力，曾在心中主观地描绘过一个理想的中学生，至今尚这样描绘着。现在试把这理想的人介绍给诸君相识。

他能从文字上理解他人的思想感情，用文字发表自己的思想感情，而且能不至于十分理解错，发表错。

他是一个中国人，能知道中国文化及思想的大概。知道中国的普通成语与辞类，遇不知道时，能利用工具书自己查检。他也许不能用古文来写作，却能看得懂普通的旧典籍；他不必一定会作诗，作赋，作词，作小说，作剧本，却能知道什么是诗，是赋，是词，是小说，是剧本，加以鉴赏。他虽不能博览古昔典籍，却能知道普通典籍的名称，构造，性质，作者及内容大略。

他又是一个世界上的人，一个二十世纪的人，他也许不能直读外国原书，博通他国情形，但因平日的留意，能知道全世界普通的古今事项，知道周比特（Jupiter）、阿普罗（Apollo）、委娜斯（Venus）等类名词的出处，知道"三位一体""第三国际"等类名词的意义，知道荷马（Homer），拜伦（Byron）是什么人，知道《神曲》（《Devine Comedy》),《失乐园》（《Paradise Lost》）是谁的著作，不会把"梅德林克"误解作乐器中的曼陀铃，把"伯纳特·萧"误解作是一种可吹的箫。（这是我新近在某中学校中听到的笑话，这笑话曾发生于某国文教员。）

　　我理想中所期待悬拟的中学毕业生的国文科的程度是这样。这期待也许有人以为太过分，但我自信却不然。中学毕业生是知识界的中等分子，常识应该够得上水平线。具备了这水平线的程度，然后升学的可以进窥各项专门学问，不至于到大学里还要听名词动词的文法，读一篇一篇的选文。不升学的可以应付实际生活，自己补修起来也才有门径。

　　现在再试将十八年八月教育部颁行的《中学课程暂行标准》中所规定的高中及初中的毕业最低限度抄列如下。

（甲）高中国文科毕业最低限度：

　　（一）曾精读名著六种而能了解与欣赏。

　　（二）曾略读名著十二种而能大致了解欣赏。

　　（三）能于中国学术思想、文学流变、文字构造、文法及修辞等有简括的常识。

　　（四）能自由运用语体文及平易的文言文作叙事说理表情达意的文字。

　　（五）能自由运用最低限度的工具书。

　　（六）略能检用古文书籍。

（乙）初中国文科毕业最低限度：

　　（一）曾精读选文，能透彻了解并熟习至少一百篇。

　　（二）曾略读名著十二种，能了解大意，并记忆其主要部分。

　　（三）能略知一般名著的种类，名称，图书馆及工具书籍的使用，自由参考阅读。

　　（四）能欣赏浅近的文学作品。

　　（五）能以语体文作充畅的文字，无文法上的错误。

　　（六）能阅览平易的文言文书籍。

　　把我所虚拟的中学生的国文程度和教育部所规定的中学生国文科毕业最低限度

两相比较，似乎也差不多。不过教育部的规定把初中、高中截分为二，我则泛就了中学生设想而已。

现在试姑把这定为水平线，当作一种学习的目标。那么怎样去达这目标呢？这就是本文所欲说的了。

三　关于阅读

依文字的本质来说，国文的学习途径，普通是阅读与写作二种。阅读就是我在前面所说的"从文字上理解他人的思想感情"的事，写作就是我在前面所说的"用文字发表自己的思想感情"的事。能阅读，能写作，学习文字的目的就已算达到了。

先谈阅读。

"阅读什么？"这是我屡从我的学生及一般青年接到的问题。关于这问题，曾有好几个人开过几个书目。如胡适的《最低限度的国学书目》，梁启超的《国学入门书要目》，此外还有许多人发过不少零碎的意见。我在这里却不想依据这些意见，因为"国文"与"国学"不同，而且那些书目也不是为现在肄业中学校的诸君开列的。

就眼前的实况说，中学国文尚无标准读本。中学国文课程中的读物，大部分是选文。别于课外由教师酌定若干整册的书籍作为补充。一般的情形既不过如此，当然谈不到什么高远的不合实际的议论。我在本文中只拟先就选文与教师指定的课外书籍加以说述，然后再涉及一般的阅读。

今天选读一篇冰心的小说，明天来一篇柳宗元的游记，再过一日来一篇《史记》列传，教师走马灯式地讲授，学生打着呵欠敷衍，或则私自携别书观览，这是普通学校中国文教室中的一般情形。本文是只对学生诸君说的，教师方面的话姑且不提，只就学习者方面来说。中学国文课中既以选文为重要成分，占着时间的大部分，应该好好地加以利用。为防止教师随便敷衍计，我以为不妨由学生预先请求教师定就一学年或半学年的选文系统，决定这学年共约选若干篇文字；内容方面，属于思想的若干篇，属于文艺的若干篇，属于常识或偶发事项的若干篇，属于实用的若干篇；形式方面，属于记叙体的若干篇，属于议论体的若干篇，属于传记或小说的若干篇，属于戏剧或诗歌的若干篇，属于书简或小品的若干篇（此种预计，只要做教师的不十分撒滥污，照理应该不待学生请求，自己为之。）材料既经定好，对于选文，应该注意切实学习。

　　我以为最好以选文为中心，多方学习，不要把学习的范围限在选文本身。因为每学年所授的选文为数无几，至多不过几十篇而已。选文占着国文正课的重要部分，如果于一学年之中仅就了几十篇文字本身，得知其内容与形式，虽然试验时可以通过，究竟得益很微，不能算是善学者。受到一篇选文，对于其本身的形式与内容，原该首先理解，还须进而由此出发，作种种有关系的探究，以扩张其知识。例如教师今日选授陶潜的《桃花源记》，我以为学习的方面可有下列种种：

　　（1）求了解文中未熟知的字与辞。

　　（2）求了解全文的意趣与各节各句的意义。

　　（3）文句之中如有不能用旧有的文法知识说明者，须求得其解释。

　　（4）依据了此文玩索记叙文的作法。

　　（5）借此领略晋文风格的一斑。

　　（6）求知作者陶潜的事略，旁及其传记与别的诗文。最好乘此机会去一翻《陶集》。

　　（7）借此领略所谓乌托邦思想。

　　（8）追求作者思想的时代的背景。

　　一篇短短的《桃花源记》，于供给文法文句上的新知识以外，还可借以知道记叙文的体式、晋文的风格、乌托邦思想的一斑、陶潜的传略、晋代的状况等等。如此以某篇文字为中心，就有关系的各方面扩张了学去，有不能解决的事项，则翻书查字典或请求教师指导，那么读过一篇文字，不但收得其本身的效果，还可连带了习得种种的知识，较之胡乱读过就算者真有天渊之差了。知识不是孤立可以求得的，必须有所凭借，就某一点分头扩张追讨，愈追讨关联愈多，范围也愈广。好比雪球，愈滚愈会加大起来。

　　以上所说的是对于选文的学习法，以下再谈整册的书的阅读。

　　整册的书，应读哪几种？怎样规定范围？这是一个麻烦的问题。我以为中学生的读书的范围，可分下列的几种。

　　（1）因选文而旁及的。如因读《桃花源记》而去读《陶集》，读《无何有乡见闻记》（威廉·马列斯著）；因读司马谈的《论六家要旨》而去读《论语》《老子》《韩非子》《墨子》等等。

　　（2）中国普通人该知道的。如"四书""四史""五经"，周秦诸子，著名的唐人的诗，宋人的词，元人的曲，著名的旧小说，时下的名作。

　　（3）全世界所认为常识的。如基督教的《旧约》《新约》，希腊的神话，各国近代代表的文艺名作。

不消说，上列的许多书，要一一全体阅读，在中学生是不可能的。但无论如何要当作课外读物尽量加以涉猎，有的竟须全阅或精读。举例来说，"四书"须全体阅读，诸子则可选择读几篇，诗与词可读前人选本，《旧约》可选读《创世记》，《约伯记》，《雅歌》，《箴言》诸篇，《新约》可就《四福音》中择一阅读。无论全读或略读，一书到手，最好先读序，次看目录，了解该书的组织，知道有若干篇，若干卷，若干分目，然后再去翻阅全书，明白其大概的体式，择要读去。例如读《春秋》《左传》，先须知道什么叫经，什么叫传，从什么公起到什么公止。读《史记》，先须知道本纪、世家、列传、书、表等等的体式。

近来有一种坏风气，大家读书不喜欢努力于基本的学修，而好作空泛工夫。普通的学生案头有胡适的《中国哲学史大纲》，《白话文学史》，顾颉刚的《古史辨》，有《欧洲文学史》，有《印度哲学概论》。问他读过"四书""五经"周秦诸子的书吗？不曾。问他读过若干唐宋人的诗词集子吗？不曾。问他读过古代历史吗？不曾。问他读过各派代表的若干小说吗？不曾。问他读过欧洲文艺中重要的若干作品吗？不曾。问他读过若干小乘大乘的经典吗？不曾。这种空泛的读书法，觉得大有纠正的必要。例如胡适的《中国哲学史大纲》原是好书，但在未读过《论语》《孟子》《老子》《庄子》《墨子》等原书的人去读，实在不能得很大的利益。知道了《春秋》《左传》《论语》等原书的大概轮廓，然后去读《哲学史》中的关于孔子的一部分，读过几篇《庄子》，然后再去翻阅《哲学史》中关于庄子的一部分，才会有意义，才会有真利益。先得了孔子、庄子思想的基本的概念，再去讨求关于孔子、庄子思想的评释，才是顺路。用譬喻说，《论语》《春秋》《诗经》《礼记》是一堆有孔的小钱，《哲学史》的孔子一节是把这些小钱贯穿起来的钱索子，《庄子》中《逍遥游》《大宗师》等一篇一篇的文字也是小钱，《哲学史》中庄子一节是钱索子。没有钱索子，不能把一个一个的零乱的小钱加以贯穿整理，固然不愉快，但只有了一根钱索子，而没有许多可贯穿的小钱，究竟也觉无谓。我敢奉劝大家，先读些中国关于哲学的原书，再去读哲学史；先读些《诗经》及汉以下的诗集词集，再去读文学史；先读些古代历史书籍，再去读《古史辨》，万一必不得已，也应一壁读哲学史文学史，一壁翻原书，以求知识的充实。钱索子原是用以串零零碎碎的小钱的，如果你有了钱索子而没有可串的许多小钱，那么你该反其道而行之，去找寻许多小钱来串才是。

话不觉说得太絮叨了。关于阅读的范围，就此结束。以下试讲一般的阅读方法。

第一是理解。理解又可分两方面来说。（1）关于词句的；（2）关于全文的。关于辞句的理解，不外乎从辞义的解释入手，次之是文法知识的运用。词义的解释如不正确，不但读不通眼前的文字，结果还会于写作时露出毛病。因为我们在阅读时收得的辞义，不彻底明白，写作时就不知不觉地施用，闹出笑话来（笑话的构成有种种条件，而辞义的误用是重要条件之一）。文字不通的原因，非文法不合即用辞与意思不符之故。"名教""概念""观念""幽默"等类名辞的误用，是常可在青年所写的文字中见到的，这就可证明他们当把这些名辞装入脑中去的时候，并未得到正当的解释。每逢见到新辞新语，务须求得正解，多翻字典多问师友，切不可任其含糊。

辞义的解释正确了，逐句的文句已可通解了，那么就可说能理解全文了吗？尚未。文字的理解，最要紧的是捕捉大意或要旨，否则逐句虽已理解，对于全文仍难免有不得要领之弊。一篇文字，全体必有一个中心思想，每节每段也必有一个要旨。文字虽有几千字或几万字，其中全文中心思想与每节每段的要旨，却是可以用一句话或几个字来包括的。阅读的人如不能抽出这潜藏在文字背后的真意，只就每句的文字表面支离求解，结果每句是懂了，而全文的真意所在仍是茫然。本稿字数有限，冗长的文例是无法举的，为使大家便于了解着想，略举一二部分的短例如下：

> 当此之时，天下之大，万民之众，王侯之威，谋臣之权，皆欲决于苏秦之策；不费斗粮，未烦一兵，未战一士，未绝一弦，未折一矢，诸侯相亲，贤于兄弟。
>
> ——《战国策》

"天下之大"以下同形式数句，只是"全世"之意；从"不"字句起至一连数句"未"什么，只是"不战"二字之意而已。

> 外物不可必，故龙逢诛，比干戮，箕子狂，恶来死，桀纣亡。人主莫不欲其臣之忠，而忠未必信；故伍员流于江，苌弘死于蜀，藏其血，三年而化为碧。人亲莫不欲其子之孝，而孝未必爱；故孝己忧而曾参悲。
>
> ——《庄子·外物篇》

这段文字，要旨只是第一句"外物不可必"五字，其余只是敷衍这五字的例证。

> ……大家来至秦氏卧房。刚至房中，便有一股细细的甜香。宝玉此时便觉得眼饧骨软，连说好香。入房向壁上看时，有唐伯虎画的《海棠春睡图》，两边有宋学士秦太虚写的一副对联："嫩寒锁梦因春冷，芳气袭人是酒香。"案上设着武则天当日镜室中设的宝镜，一边摆着赵飞燕立着舞的金盘，盘内盛着安禄山掷过伤了太真乳的木瓜，上面设着寿阳公主于含章殿下卧的宝榻，悬的是同昌公主制的连珠帐……
>
> ——《红楼梦》第五回

把房中陈设写得如此天花乱坠，作者的本意，只是想表出贾家的富丽与秦氏的轻艳而已。

对于一篇文字，用了这样概括的方法，逐步读去，必能求得各节各段的要旨，及全文的真意所在，把长长的文字归纳于简单的一个概念之中，记忆既易，装在脑子里也可免了乱杂。用譬喻来说，长长的文字，好比一大碗有颜色的水，我们想收得其中的颜色，最好能使之凝积成一小小的颜色块，弃去清水，把小小的颜色块带在身边走。

理解以外，还有所谓鉴赏的一种重要功夫须做，对于某篇文字要了解其中的各句各段及其全文旨趣所在，这是属于理解的事。想知道其每句每段或全文的好处所在，这是属于鉴赏的事。阅读了好文字，如果只能理解其意义，而不能知道其好处，犹如对了一幅名画，只辨识了些其中画着的人物或椅子、树木等等，而不去领略那全幅画的美点一样。何等可惜！

鉴赏因了人的程度而不同，诸君于第一年级读过的好文字，到第二年级再读时，会感到有不同的处所，到毕业后再读，就会更觉不同了。从前的所谓好处，到后来有的会觉得并不好，此外别有好的处所，有的或竟更觉得比前可爱。我幼年读唐诗时，曾把好的句加圈。近来偶然拿出旧书来看，就不禁自笑幼稚，发现有许多不对的地方，有好句子而不圈的，有句子并不甚好而圈着的。这种经验，我想一定人人都有，不但对于文字如此，对于书法、绘画，乃至对于整个的人生都如此的。

鉴赏的能力既因人而异，因时而异。关于鉴赏，要想说出一个方法来，原是很不容易的事。姑且把我的经验与所见约略写出一二，以供读者诸君参考。

据我的经验，鉴赏的第一条件，是把"我"放入所鉴赏的对象中去，两相比较。一壁读，一壁自问，"如果叫我来说，将怎样？"对于文字全体的布局，这样问；对于各句或句与句的关系，这样问；对于每句的字，也这样问。经这样一问，可生出三种不同的答案来：

（甲）与我的说法相合或差不多，我也能说。觉得并没有什么。

（乙）我心中早有此意见或感想，可是说不出来，现在却由作者替我代为说出了，觉到一种快悦。

（丙）说法和我全不同，觉得格格不相入。

三种之中属于（甲）的，是平常的文字（在读者看来）；属于（乙）的，是好文字。属于（丙）的怎样？是否一定是不好的文字？不然。如前所说，鉴赏因人而不同，因时而不同，所鉴赏的文字与鉴赏者的程度如果相差太远，鉴赏的作用就无从成立。"仁者见仁，智者见智"，"英雄识英雄"，是相当可信的话。诸君遇到属于（丙）类的文字时，如果这文字是平常的作品，能确认出错误的处所来，那么直斥之为坏的不好的文字，原无不可。倘然那文字是有定评的名作，那就应该虚心反省，把自己未能同意的事，暂认为能力尚未到此境地，益自奋励。这不但文字如此，书法、绘画，无一不然。康有为、沈寐叟的书法是有定评的，可是在市侩却以为不如汪洵的好；最近西洋立体派未来派的画，在乡下土老看来，当然不及曼陀、丁悚的月份牌仕女画来得悦目。

鉴赏的第二要件是冷静。鉴赏有时称"玩赏"，诸君在厅堂上挂着的画幅上，他人手中有书画的扇面上，不是常有见到某某先生"清玩"，或"雅鉴""清赏"等类的字样吗？"玩"和"鉴"与"赏"有关。这"玩"字大有意味。普通所谓"玩"者，差不多含有游戏的态度，就是"无所为而为"，除了这事的本身以外，别无其他目的的意味。读小说时，如果急急要想知道全体的梗概，热心地"未知以后如何，且看下回分解"地急忙读去，虽有好文字，恐也无从玩味，看不出来，第二次第三次再读，就不同了。因为这时对于全书梗概已经了然，不必再着急，文字的好歹也因而容易看出。将我自己的经验当作例子来说，《红楼梦》第三回中黛玉初到贾府与宝玉第一次见面时，写道：

宝玉看毕笑道："这个妹妹我曾见过的。"贾母笑道："可又是胡说，你何曾见过她？"宝玉笑道："虽然未曾见过她，然看着面善，心里倒像是旧相识，恍若远别重逢一般！"

我很赞赏这段文字。因为这一对男女主人公，过去在三生石上赤霞宫中有着那样长久的历史，以后还有许多纠葛，在初会见时，做宝玉的恐怕除了这样说，别无更好的说法的了，故可算得是好文字。可是我对于这几句文字的好处，直到读了数遍以后才发见。(《红楼梦》我曾读过十次以上)这是玩味的结果，并不是初读时就知道的。

好的作品至少要读二遍以上。最初读时不妨以收得梗概、了解大意为主眼，再读时就须留心鉴赏了。用了"玩"的心情，冷静地去对付作品，不可再囫囵吞咽，要仔细咀嚼。诗要反复地吟，词要低回地诵，文要周回地默读，小说要耐心地细看！

把前人鉴赏的结果拿来做参考，足以发达鉴赏力。读词读诗不感到兴趣的，不妨去择一部诗话或词话读读；读小说不感到兴趣的，不妨去一阅有人批过的本子。诗话、词话、文评、小说评，是前人鉴赏的记录，能教示我们以诗词文或小说的好处所在，大足为鉴赏上的指导。举例来说：《水浒》中写潘金莲调戏武松的一节，自"叔叔万福"起，至"叔叔不会篏火，我与叔叔拨火，要似火盆常热便好"，一直数十句谈话都称"叔叔"，下文接着写道："那妇人……便放了火箸，却筛一盏酒来自呷了一口，剩了大半盏看着武松道：'你若有心吃了这半盏儿残酒'。"金圣叹在这下面批着："写淫妇便是活淫妇，""以上凡叫过三十九个'叔叔'，忽然换一个'你'，字，妙心妙笔。"

这"叔叔"与"你"的突然的变化，其妙处在普通的读者也许不易领会，或者竟不能领会，但一经圣叹点出，就容易知道了。

但须注意，前人的诗话词话文评小说评，是前人鉴赏的结果。用以帮助自己的鉴赏能力则可，自己须由此出发，更用了自己的眼识去鉴赏，切不可为所拘执。前人的鉴赏法有好的也有坏的。特别是文评，从来以八股的眼光来评文的甚多，什么"起承转合"，什么"来龙去脉"，诸如此类，从今日看去实属可哂，用不着再去蹈袭了。

四　关于写作

从古以来，关于作文不知已有过多少的金科玉律。什么"推敲"咧，"多读多作多商量"咧，"文以达意为工"咧，"文必己出"咧，诸如此类的话，不遑枚举，在我看来，似乎都只是大同小异的东西，举一可概其余的。例如"推敲"与"商量"固然差不多，再按之，不"多读"，则识词不多，积理不丰，也就无从"商量"，无从"推敲"，因而也就无从"多作"了。因为"作"不是叫你随便地把

"且夫天下之人"瞎写几张，乃是要作的。至于"达意"，仍是一句老话头，唯其与"意"尚未相吻合，尚未适切，故有"推敲""商量"的必要，"推敲""商量"的目的，无非就在"达意"而已。至于"文必己出"亦然。要达的是"己"的意，不是他人的意，自己的意要想把它达出，当然只好"己出"，不能"他出"，又因要想真个把"己"达出，"推敲""商量"的工夫就不可少了。此外如"修辞立其诚"咧，"文贵自然"咧，也都可作同样的解释，只是字面上的不同罢了。佛法中有"一即一切""一切即一"的话，我觉得从古以来古人所遗留下来的文章诀窍亦如此。

我曾在本稿开始时声明，我所能说的只是老生常谈。关于写作，我所能说的更是老生常谈中之老生常谈。以下我将从许多老生常谈中选出若干适合于中学生诸君的条件，加以演述。

关于写作，第一可发生的问题是"写作些什么？"第二是"怎样写作？"

现在先谈"写作些什么？"

先来介绍一个笑话：从前有一个秀才，有一天伏在案头做文章，因为做不出，皱起了眉头，唉声叹气，样子很苦痛。他的妻在旁嘲笑了说："看你做文章的样子，比我们女人生产还苦呢！"秀才答道："这当然！你们女人的生产是肚子里先有东西的，还不算苦。我们做文章，是要从空的肚子里叫它生产出来，那才真是苦啊！"真的，文章原是发表自己的思想感情的东西，要有思想感情，才能写得出来，那秀才肚子里根本空空的没有货色，却要硬做文章，当然比女人生产要苦了。

照理，无论是谁，只要不是白痴，肚子里必有思想感情，决不会是全然空虚的。从前正式的文章是八股文，八股文须代圣人立言，《论语》中的题目，须用孔子的口气来说，《孟子》中的题目，须用孟子的口气来说，那秀才因为对于孔子孟子的化装，未曾熟习，肚子里虽也许装满着目前的"想中举人"咧，"点翰林"咧，"要给妻买香粉"咧，以及关于柴米油盐等琐屑的思想感情，但都不是孔子、孟子所该说的，一律不能入文，思想感情虽有而等于无，故有做不出文章的苦痛。我们生当现在，已不必再受此种束缚，肚子里有什么思想感情，尽可自由发挥，写成文字。并且文字的形式也不必如从前地要有定律，日记好算文章，随笔也好算文章。作诗不必限字数、讲对仗，也不必一定用韵，长短自由，题目随意。一切和从前相较，算是自由已极的了。

那么凡是思想感情，一经表出，就可成为文章了吗？这却也没有这样简单。当我们有疾病的时候，"我恐这病不轻"是一种思想的发露，但写了出来，不好就算是文章。"苦啊！"是一种感情的表示，但写了出来也不好算是文章。文章的内容是思想感情，所谓思想感情，不是单独的，是由若干思想或感情复合而成的东西。"交朋友要小心"不是文章，以此为中心，把"所以要小心""怎样小心法""古来某人曾怎样交友"等等的思想组织地系统地写出，使它成了某种有规模的东西，才是文章。"今天真快活"不是文章，把"所以快活的事由""那事件的状况"等等记出，写成一封给朋友看的书信或一则自己看的日记，才是文章。

文章普通有两种体式，一是实用的，一是趣味的。实用的文章为处置日常的实际生活而说，通常只把意思（思想感情）老实简单地记出，就可以了。诸君于年假将到时，用明信片通知家里，说校中几时放假，届时叫人来挑铺盖行李咧，在拍纸簿上写一张向朋友借书的条子咧，以及汇钱若干叫书店寄书册的信咧，拟校友会或寄宿舍小团体的规约咧，都是实用文。至于趣味的文章，是并无生活上的必要的，至少可以说是与个人眼前的生活关系不大，如果懒惰些，不作也没有什么不可。诸君平日在国文课堂上所受到的或自己想作的文章题目，如"同乐会记事"咧，"一个感想"咧，"文学与人生"咧，"悼某君之死"咧，"个人与社会"咧，小说咧，戏剧咧，新诗咧，都属于这一类。这类文章和个人实际生活关系很远，世间尽有不做这类文章，每日只写几张似通非通的便条子或实务信，安闲地生活着的人们。在中国的工商社会中，大部分的人就都如此。这类文章，用了浅薄的眼光从实际生活上看来，关系原甚少，但一般地所谓正式的文章，大都属在这一类里。我们现今所想学习的（虽然也包括实用文）也是这一类。这是什么缘故呢？原来人有爱美心与发表欲，迫于实用的时候，固然不得已地要利用文字来写出表意，即明知其对于实用无关，也想把其五官所接触的、心所感触的写出来示人，不能自已。这种欲望是一切艺术的根源，应该加以重视。学校中的作文课，就是为使青年满足这欲望，发达这欲望而设的。

话又说远去了，那么究竟写作些什么呢？实用的文章内容是有一定的，借书只是借书，约会只是约会，只要把意思直截简单地写出，无文法上的错误，不写别字，合乎一定的格式就够了，似乎无须多说。以下试就一般的文章来谈"写作些什么。"

秀才从空肚子里产出文章，难于女人产小孩；诸君生在现代，不必抛了现在自己的思想感情，去代圣人立言，肚子决无空虚的道理。"花的开落"，"月的圆缺"，"父母的爱"，"家庭的悲欢"，"朋友的交际"，都在诸君经验范围之内，"国内的纷争"，"生活的方向"，"社会的趋势"，"物价的高下"，"风俗的变更"，又为诸君观想所系。材料既无所不有。教师在作文课中常替诸君规定题目，叫诸君就题发挥，限定写一件什么事或谈一件什么理。这样说来，"写作些什么？"在现在的学生似乎是不成问题了的。可是事实却不然。所谓写作，在某种意味上说，真等于母亲生产小孩。我们肚里虽有许多的思想感情，如果那思想感情未曾成熟，犹之胎儿发育未全，即使勉强生了下来，也是不完全的无生命的东西。文章的题目不论由于教师命题，或由于自己的感触，要之只不过是基本的胚种，我们要把这胚种多方培育，使之发达，或从经验中收得肥料，或从书册上吸取阳光，或从朋友谈话中供给水分，行住坐卧都关心于胚种的完成。如果是记事文，应把那要记的事物从各方面详加观察。如果是叙事文，应把那要叙的事件的经过逐一考查。如果是议论文，应寻出确切的理由，再从各方面引了例证，加以证明，使所立的断案坚牢不倒。归结一句话，对于题目，客观地须有确实丰富的知识（记叙文），主观地须有自己的见解与感触（议论文感想文）。把这些知识或见解与感触打成一片，结为一团，这就是"写作些什么"问题中的"什么"了。

有了某种意见或欲望，觉得非写出来给人看不可，于是写成一篇文章，再对于这文章附加一个题目上去。这是正当的顺序。至于命题作文，是先有题目后找文章，照自然的顺序说来，原不甚妥当。但为防止抄袭计，为叫人练习某一定体式的文字计，命题却是一种好方法。近来学校教育上大多数也仍把这方法沿用着，凡正课的作文，大概由教师命题，叫学生写作。这种方式对于诸君也许有多少不自由的处所，但善用之，也有许多利益可得。（1）因了教师的命题，可学得捕捉文章题材的方法。（2）可学得敏捷搜集关系材料的本领。（3）可周遍地养成各种文体的写作能力。写作是一种郁积的发泄，犹之爆竹的遇火爆发。教师所命的题目，只是一条引线，如果诸君平日储备着火药的，遇到火就会爆发起来，感到一种郁积发泄的愉快。若自己平日不随处留意，临时又懒去搜集，火药一无所有，那么，遇到题目，只能就题目随便勉强敷衍几句，犹之不会爆发的空爆竹，虽用火点着了引线，只是"刺"地一声，把引线烧毕就完了。"写作些什么"的"什么"，无论自由写作或命题写作，只靠临时搜集，是不够的。最好是预先多方注意，从读过的书里，从见到的世相里，从自己的体验里，从朋友的谈话里，广事吸收。或把它零零碎碎地记入笔记册中，以免遗忘，或把它分了类各各装入头脑里，以便触类记及。

再谈"怎样写作？"

关于写作的方法，我在这里不想对诸君多说别的，只想举出很简单的两个标准。（1）曰明了。（2）曰适当。写作文章目的，在将自己的思想感情传给他人。如果他人不易从我的文章上看取我的真意所在，或看取了而要误解，那就是我的失败。要想使人易解，故宜明了；为防人误解，故宜适当。我在前面曾说过：自古以来的文章诀窍，虽说法各有不同，其实只是同一的东西。这里所举的"明了"与"适当"，也只是一种的意义，因为不"明了"就不能"适当"，既"适当"就自然"明了"的。为说明上的便利计，姑且把它分开来说。

明了宜从两方面求之：（1）文句形式上的明了。（2）内容意义上的明了。

文句形式上的明了，就是寻常的所谓"通"。欲求文句形式上的明了，第一须注意的是句的构造和句与句间的接合呼应。句的构造如不合法，那一句就不明了；句与句间的接合呼应如不完密，就各句独立了看，或许意义可通，但连起来看去，仍然令人莫名其妙。这样的例子，举不胜举。例如：

发展这些文化的民族，当然不可指定就是一个华族的成绩，
既不可说都是民族的创造，也不可说其他民族毫不知进步。

这是某书局出版的初中教本《本国历史》中的文字，首句的"民族"与次句的"成绩"前后失了照应，"不可说"的"可"字也有毛病。又该书于叙述黄帝与蚩尤的战争以后，写道：

这种经过，虽未必全可信，如蚩尤的能用铜器，似乎非这时
所知。不过，当时必有这样战争的事实：始为古人所惊异而传演下
来，况且在农业初期人口发展以后，这种冲突，也是应有的现象。

这也是在句子上及句与句间的接合上有毛病的文字。试再举一例：

我们应当知道，教育这件事，不单指学校课本而言，此外更
有所谓参考和其他课外读物。而且丰富和活的生命大概是后者而
不是前者所产生的。

这是某会新近发表的《读书运动特刊》中《读书会宣言》里的文字。似乎辞句上也含着许多毛病。上二例的毛病在哪里呢？本稿篇幅有限，为避麻烦计，恕不一一指出，诸君可自己寻求，或去请问教师。

初中的《历史教本》会不通，《读书会宣言》会不通，不能不说是"奇谈"了，可是事实竟这样！足见通字的难讲，一不小心，就会不通的。我敢奉劝诸君，从初

年级就把简单的文法（或语法）学习一过，对于辞性的识别及句的构造法，具备一种概略的知识。万一教师在正课中不授文法，也得在课外自己学习。

句的构造和句与句间的接合呼应，如果不明了，就要不通。明了还有第二方面，就是内容意义上的明了。句的构造合法了，句与句间的接合呼应适当了，如果那文字可作两种的解释（普通称为歧义），或用辞与其所想表示的意义不确切，则形式上虽已完整，但仍不能算是明了。

　　　无美学的知识的人，怎能作细密的绘画的批评呢？

这是有歧义的一例。"细密的绘画"的批评呢，还是细密的"绘画的批评"？殊不确定。

　　　用辅导方法，使初级中学学生自己获得门径，鉴赏书籍，踏

　实治学。（读"文"，作"文"，"体察人间"）

这是某书局《初中国文教本编辑要旨》中的一条可以作为用辞与其所想表示的意义不确切的例子。"鉴赏书籍"，这话看去好像收藏家在玩赏宋版书与明版书，或装订作主人在批评封面制本上的格式哩。我想作者的本意必不如此。这就是所谓用辞不确切了。"踏实治学"一句，"踏实"很费解，说"治学"，陈义殊嫌太高。此外如"体察人间"的"人间"一语，似乎也有可商量的余地。

内容意义的不明了，由于文词有歧义与用词不确切。前者可由文法知识来救济，至于后者，则须别从各方面留心。用辞确切，是一件至难之事。自来各文家都曾于此煞费苦心。诸君如要想用辞确切，积极的方法是多认识辞，对于各辞具有敏感，在许多类似的辞中，能辨知何者范围较大，何者较小，何者最狭，何者程度最强，何者较弱，何者最弱。消极的方法，是不在文中使用自己尚未十分明知其意义的辞。想使用某一辞的时候，如自觉有可疑之处，先检查字典，到彻底明白然后用入。否则含混用去，必有露出破绽来的时候的。

以上所说是关于明了一方面的，以下再谈到适当。明了是形式上与部分上的条件，适当是全体上态度上的条件。

我们写作文字，当然先有读者存在的预想的，所谓好的文字就是使读者容易领略、感动、乐于阅读的文字。诸君当执笔为文的时候，第一，不要忘记有读者；第二，须努力以求适合读者的心情，要使读者在你的文字中得到兴趣或快悦，不要使读者感觉厌倦。

文字既应以读者为对象，首先须顾虑的是：（1）读者的性质，（2）作者与读者

的关系，（3）写作这文的动机等等。对本地人应该用本地话来说，对父兄应自处子弟的地位。如写作的动机是为了实用，那么用不着无谓的修饰；如果要想用文字煽动读者，则当设法加入种种使人兴奋的手段。文字的好与坏，第一步虽当注意于造句用辞，求其明了；第二步还须进而求全体的适当。对人适当，对时适当，对地适当，对目的适当。一不适当，就有毛病。关于此，日本文章学家五十岚力氏有"六W说"，所谓六W者：

（1）为什么作这文？（Why）

（2）在这文中所要述的是什么？（What）

（3）谁在作这文？（Who）

（4）在什么地方作这文？（Where）

（5）在什么时候作这文？（When）

（6）怎样作这文？（How）

归结起来说，就是"谁对了谁，为了什么，在什么地方，什么时候，用了什么方法，讲什么话。"

诸君作文时，最好就了这六项逐一自己审究。所谓适当的文字，就只是合乎这六项答案的文字而已。我曾取了五十岚力氏的意思作过一篇《作文的基本的态度》，附录在《文章作法》（开明书店出版）里，请诸君就以参考，这里不详述了。

本稿已超过预定的字数，我的老生常谈也已絮絮叨叨地说得连自己都要不耐烦了。请读者再忍耐一下，让我附加几句最重要的话，来把本稿结束吧！

文字的学习，虽当求之于文字的法则（上面的所谓明了，所谓适当，都是法则），但这只是极粗浅的功夫而已。要合乎法则的文字，才可以免除疵病。这犹之书法中的所谓横平竖直，还不过是第一步。进一步的，真的文字学习，须从为人着手。"文如其人"，文字毕竟是一种人格的表现，冷刻的文字，不是浮热的性质的人所能模效的，要作细密的文字，先须具备细密的性格。不去从培养本身的知识情感意志着想，一味想从文字上去学习文字，这是一般青年的误解。我愿诸君于学得了文字的法则以后，暂且抛了文字，多去读书，多去体验，努力于自己的修养，勿仅仅拘执了文字，在文字上用浅薄的功夫。

刊《中学生》第十一期

（1931年1月）

国文科的学力检验

暑假快到，诸君之中有的已将在初中或高中部毕业。毕业的当儿有毕业考试，有"会考"；如果诸君是升学的，那么还须到大学专门学校或高中部去受入学考试。总之，在毕业诸君，目前已到了学力受总检验的时期了。考试是他人用了某种程限或标准来对诸君做检验的事。检验可由他人来行，也可以由自己来行。诸君此后升学也好，不升学也好，在中学里住了三年或六年，究竟获得了多少知识，固然值得自己先来作一清算，这些知识究竟于将来自己的进修与生活上是否够用，也值得自己来一加反省与考察。诸君在某种功课上造就如何，教师当然是明白的，其实最明白还要推诸君自己。对于诸君的学力，诸君自己是公正的评判官，是最适当的检验者。

中学课程中科目不少，这里试单就国文一科来说。

论理，要检验须有检验的标准。国文为中学科目中最重要的一科，也是最笼统的一科。因为文字原是一切学问的工具，而一国的文字又有关于一国的全文化，所以重要；因为内容包含太广泛，差不多包括文化及生活的全体，教学上苦于无一定的法则可以遵循，所以笼统。一篇《项羽本纪》当作历史来读，问题比较简单，只要记住历史上楚汉战争的经过情形就够了，如果当作国文来读，事情就非常复杂，史实不消说须知道，史实以外还有难字难句，叙事的繁与简，人物描写的方法，句法，章法，以及其他现出在文中的一切文章上的规矩法则，都须教到学到才行。这些工作，往往一项之中又兼含其他各项，倘若要一一教学用遍，究不可能。教者无法系统地教，只好任学生自己领悟，学者也无法系统地学，只好待他日自己触发。结果一篇《项羽本纪》，对于一般学生只尽了普通历史材料的责任，无法完全其在国文课上的任务。国文与历史的关系如此，对于其他各科亦然，国文课原是本身并无内容，以一切的内容为内容的，所以教学上常不免有笼统的毛病，不若其他各科的有一定步骤可分。

自古以来不知道有多少人说过多少关于学文字的规范，可是在我们看来都觉得玄虚得很，其玄虚等于中医药方上的医案。文字应该怎样学？怎样作？怎样的文字才算好？至今还未曾有人能说出一个具体的答案来。诸君这三年或六年来日日与国文教师在一堂，国文教师对于诸君的学力当然曾有相当的分别评判：某人第一，某人寻常，某人最坏。但明确的具体的标准，恐也无法对诸君宣布吧。这是难怪的，因为国文原是一个笼统的科目。

民国十八年八月教育部颁发的《中学课程暂行标准》中曾就各科目规定过初中高中学生的毕业最低限度，其中关于国文科规定的最低限度如下。

（甲）初中国文科毕业最低限度：（略）

（乙）高中国文科毕业最低限度：（略）

这限度中有几项原也定得很笼统，什么"名著六种"咧，"名著十二种"咧，什么"略能"咧，"大致"咧，什么"浅近的"咧，"平易的"咧，都是些不着边际的话。究竟所谓六种或十二种名著是些什么书，哪一种文字叫做"平易的"，"浅近的"，也不曾下着定义。到怎样程度才是"略能"，才是"大致"，都无法说明其所以然。去年教育部所颁布的正式课程标准中，已把这"毕业最低限度"一项除去了，也许因为各科都难作明确的规定，不仅国文一科是这样吧！

国文科在性质上既如此笼统，检验的标准自然也只好凭检验者的主观来决定。前几年北平清华大学中国文学系入学国文试题之中，有一项是出了一句联语叫学生作对，一时舆论大哗，大家责备那位出题目的教授顽固守旧。后来那位教授陈寅恪氏曾发表了一篇文字（见《青鹤》杂志一卷三期），把所以叫学生对对子的理由说明过。他说：对对子最易看出国文的学力。（甲）可以测验应试者能否分别虚实字及其应用，（乙）可以测验应试者能否分别平仄声。（丙）可以测验读书之多少及语藏之贫富，（丁）可以测验思想条理。大家见了这篇答辩都觉得不错，本来责难的人也不说什么了。

我写这篇文字的目的，在叫中学毕业诸君自己检验自己的国文科能力，不是我来检验诸君。这里只想提出几项极普通的标准，作诸君自己检验时的参考罢了。

（一）关于写作者　在一般的学校习惯上，教师评定学生国文能力，差不多是全凭写作的。诸君历次写作的成绩，有教师的评语可作依据，什么方面能力有余，什么方面能力不足，诸君平日理该自己明白，有余的越使发挥，不足的加修弥补。不过教师的评语每次着眼点或许不同，学校中的写作成绩，又是机械地历年平均的，名为总成绩，其实颇不可靠。今为总检验计，似应另用比较具体的标准来自己检查。第一种标准是翻译，翻文言为白话也好，翻英文为汉文也好，把普通文言诗歌或所读英文的一节，忠实地翻译出来，再自己毫不放松地逐字逐句与原文加以对照，就能看出自己的能力及缺陷所在。因为翻译是有原文的，既须顾到译文，又须照顾原文，一切用字造句都不能随意轻率，一有错误，对照起来立即现出，所以是试练写作的好方法。第二种标准是评改他人的文字，把一篇他人的文字摆在面前，细心审读，好的部分加圈，坏的部分代为改窜，但好与坏都须把理由说得出，不准有丝毫的含糊。这两种标准比自由写作及命题作文来得可靠，既用不着滥调子，也用不着虚伪的修饰。而真实的写作能力可以赤裸裸地表现无遗。诸君自己试行了这两种检验，对于成绩如不敢自定，则不妨请师长父兄或靠得住的朋友共同评判。

（二）关于理解者　理解与写作为学习国文的两大目标，一般人日常生活上阅读的时间多于写作的时间，故理解可以说比写作更重要。理解的条件甚复杂，检验理解力最简单的标准是标点与分段。碰到一篇艰深的文章或一本书，如果你能逐句读得断，全体分得成段落，可以说你对于这篇文章或这本书已大致能理解的了。次之是常识的测验，有人把陶潜《桃花源记》中的"晋太原中"解作"山西太原府"，把"安禄山"解作西北之高山，这样的大笑话，其原因是常识不足。以前所说国文科原是本身并无内容，以一切的内容为内容的。在普通文字中所谓内容，无非是些常识而已。中学毕业生尽可不懂偏僻的术语，普通书中常用的名词究非知道不可。近来大学或专门学校的入学试题中常有常识测验一个项目，你可以把各校的测验题目拿来测验自己，如自觉能力欠缺，就亟须自己补救。补救的方法是多问，多翻字典。

（三）关于语汇者　我们的言语，是因了性质或门类有着成串的排列的，表示一个意思的词不止一个，一个词又可与他词合成另一个词。这种成串的词类，普通叫做语汇，或叫语藏。语汇分两种：（甲）理解语汇。理解语汇是帮助阅读时的理解的，譬如说，一个"观"字共有多少个解释？和他词拼合起来，在头上者如"观念"，"观感"，"观光"，"观察"……共有多少个？在末尾者如"楼观"，"壮观"，"人生观"，"达观"，"贞观"……共有多少个？其中你所知道的有几个？这个检验，某字在头上者，最好用你日常所用的词典来作依据，至于某字在末尾者，可去一翻《佩文韵府》等类书。或任择数字叫朋友和你来竞争了——写出，看谁写得最多，也可以。这类语汇丰富的人，就是理解丰富的人。（乙）运用语汇。这是从写作方面说的。譬如一个"笑"字，你在写作中运用"笑"字的时候，因了情形，能换出几种花样来？与"笑"一系的词，有"解颐"，"哄堂"，"捧腹"，"喷饭"，"莞尔"……形容"笑"的程度的词，有"呵呵"，"哈哈"，"嘻嘻"……你知道的有几个？每一个意思因了情形或程度，自有一串的语汇，语汇丰富的人写作时才能多方应用，各得其所，犹之作战需用多数的军队。你该任就几个意思，把可用的词列举出来，像检阅部下军队似地自己检验一下。如果你自觉所贮藏的可用的词不多，那就得随时留意，好好加以补充。

（四）其他　学习国文的重要目标，不外写作与理解二事，上面已把写作与理解的检验方法择要说过了。前项所说的语汇是关系于写作与理解双方的，所以特别提开来说。此外尚有几种值得注意的方面：（甲）书法。书法在科举时代向为检验国文能力的重要标准，自改办学校教育以来，就被忽视了。其实书法与我们实际生活关系甚密，在现代生活中差不多没有人可以一日不执笔的，现代工商社会中人，用笔的工作比从前士大夫都要忙。书法好坏的标准，现代亦和从前不同，应以敏捷、正确、匀净为目标，不会写端楷，不会临碑版，倒不要紧。寻常需要的是行书，是钢笔字。你对于这二者已用过相当的工夫了没有？如果你只会写那些文课里的方格字，而不能写社会上实际需要的别种样式的字，那么我劝你自己赶快补习。（乙）书写的格式。学校里的文课，所读的选文，书写的格式都是平板一律的，可是我们实际生活上所写的东西，各有一定的格式，不合这些格式，即使你书法很好也不相干。举例说吧，一封信里，受信者的名字与发信人的名字，各有一定的位置。年月日该写在什么地方，也有一定的规矩。何种字面须提行写或空一格写？如果这封信不止一张，第二张至少该在第几行完结才不难看？又，信封上地名与人名应该怎样安排？诸如此类，问题不少。此外如契据的格式，章程的格式，公文的格式，简帖的格式，很多很多，你对于这种方面已知道大略的情形了吗？如果你只知道抄录文课的老格式，不懂得别的东西的写法，只会作家书及对于知己友人的通讯，不会对别的生疏未熟的人写一封客气点的信，那么我劝你自己赶快补习。（丙）讹写与音误。这就是所谓"写别字"和"读别字"了。在我所见到的中学生的投稿中，别字是常碰到的，别字和简笔字不同，简笔字近来颇有人提倡，因为书写便利，原该通融采纳。至于别字，究是浅陋幼稚的暴露，而且有碍意思的传达，大宜加以留意。证诸过去的文课，如果你自己知道是常写别字的，最好把《字辨》或《字学举隅》等类的书来补看一遍。至于读别字，在人前常会被暗笑，遇到自己以为靠不住的读音，须得随时检查字典。否则在人前不把未知道读法的字朗读，也是藏拙之一法。

市上正流行着什么《会考指南》《升学必携》等类的书册，这类书册的效力如何，我不知道。我这篇文字，目的在叫毕业诸君乘此文凭将要到手的时候，自己来作一回检验。不但对于升学的说，也对于不升学的说的，我所说的只是老实话，并无别的巧妙的秘诀，不知读者会失望否？

刊《中学生》四十六期

（1934年6月）

4. 叫学生作小品文就是叫学生咀嚼玩味自己的实生活的断片

《作文教授上的一个尝试》发表于《春晖》1923 年第 14 期，转载于《学生杂志》1923 年第 10 卷第 11 期，文前做了刊登和改题的说明：作者"对于国文教学法深有研究"，原题"是从教者方面说话的。但我们认为这对于学者一样地可以适用，所以特把它登在'国文研究法号'上，而改为现在的这样一个题目"。后有编者以《学生杂志》为原载，页下注"略有删节"，文中有"（引例略）"① 三字，学生作文空缺。这等于把作者文中重要的一句话、《学生杂志》编者的意图全忘了，真的"很是憾事"。

该文在 1923 年的年中、年末一再呈现，立刻引起语文教育界大而深远的反响。所以说，是语文课程内容丰富与发展、作文教学论建构历程中，不应不提及、不该不阅读的一篇。

文中陈述"我近来对于学生学国文"的"两种见解"，简释为"第一种是关于作文教授的，第二种是主要地关系于读解教授的"，实是互文见义，兼具读写两面。和后之发表的文篇，在学科性质特点的认知上，可以看到清晰的流脉。如果说，"口头为语，书面为文"是范围、宽广度，那么"国文二字，是无止境的"就算侧重了高深度。所以，要定"程度"并学习"文字语言上的种种格式和方法"，不是"故合称之"、没有"偏指"吗？

时任《学生杂志》编辑的杨贤江，在同期发表的《初中学生学习国文的旨趣》文末说道："总之，'不要只从国文去学国文，不要只将国文当国文学。'这两句话（见夏丏尊先生的《教学小品文的一个尝试》）实可作为学习国文的格言。"② 如果依次看去，适当比较，不难感悟到夏丏尊对于语文科性质特点、读写材料来源等一系列见解的先进和超前，尤其是凝聚于其中的情感、态度和价值观。叫学生学写小品文，仅是其中一例；它是夏丏尊"费过许多心力，想过许多方法"后，眼见"学生怕作不好"、成绩不良，并"为这问题烦闷长久了"之后的顿悟和变革。

文中声明"我底叫学生作小品文，完全是为救济学生底病起见，完全当作药用的"。有关药用价值，文中做了条理清楚的阐述，值得认真地阅读和思考。因为其

---

① 顾黄初、李杏保《二十世纪中国语文教育论集》，四川教育出版社 1991 年版，第 287、290、272 页。

② 顾黄初、李杏保《二十世纪中国语文教育论集》，四川教育出版社 1991 年版，第 287、290、272 页。

中"现在校中每月二次或三次的文课实嫌太少"，就是对于逐渐形成、后来写入课标并沿袭长久的"两周一作"的批评；先言作画引起作文，从"画一木一石"的教学程序，得到作文也先"写一手一足"的启示，取短补长，不仅把孙俍工、沈仲九任教的吴淞中国公学"国文教授大纲"①中的"写生"落到实处，而且为1929年部颁《初级中学国文暂行课程标准》首次设立"野外写生"项，提供了唯一的来自一线教学实践的有效经验。1978年语文教学大纲有"写局部、写片断"的练习方式。可谓先声夺人！不过，是否能"夺人"，还取决于他人；在现代语文教育发展史的语境里，的确是"先声"。

文中有较为详细的病历报告，有对症所下的药，有康复者的描绘，有主治医生的诊断以及配套的治疗方案（包括用药与剂量等），即"我所认定的，只是其对于作文练习上的价值"。还有初步治愈后的医嘱：不"奖励多食了"，"咀嚼玩味自己实生活"，逐步提高"消化力"。试想一下：病生在学生身上，所患的是一种什么病？传染源来自何处？病原体又是什么？为什么夏丏尊有这样高明的医术？这一系列问题值得追究。1923年是夏丏尊特别忙碌的一年，《夏丏尊文集·平屋之辑》有一篇原题《一年间教育界的回顾和将来的希望》：统计这一年来的教育界，所可勉强称为好的事情，都还是没有成形的萌芽，算不得什么具象的东西。或者只是一种从别家的病人那里抄录来的一张药方，不但没有药，即使有了药，合乎所患的病与否也没有把握。如何"对症下药"？的确是那一年夏丏尊殚精竭虑的事。从教与行医均有风险，文中说到大家或有所怀疑，还真有其人，如胡怀琛。他是点了名字直接批评这篇论文的。

再提示一下，夏丏尊采用的是中西医结合的疗法，讲究辨证施治。对于不满足多年来语文教学大纲、课标下的作文教学突不破常用文体的限定，读了本文还可去参读《文章作法》第六章小品文；第一章以及人物小传里说到日本水野叶舟《小品文练习法》，还有待做进一步的比较研究。本文是夏丏尊教学实践经验的总结和提炼，开启了从画法建构作文法理论的先河。嗣后，他写信请朱光潜为《一般》杂志撰稿，朱光潜把当时感触到的写成书信，他一定读到以下的话语：学文如同学画，学画可临帖，又可写生。在这两条路中间，写生自然比较重要。可是临帖也不可一笔勾销，笔法和意境在初学时总须从临帖中领会。从前中国文人大半全用临帖法。

---

① 春晖中学采用孙俍工、沈仲九编的《初级中学国语文读本》，内附国文教授大纲。

每人总须读过几百篇或几千篇名著，揣摩呻吟，到最后背诵，然后执笔写文，手腕自然而然纯熟。欧洲文人自然也重视读书，而近代第一流作者大半由写生入手。这一定会进一步增强夏丏尊和读者的信心。写生与临摹囊括了过去，代表了现在并昭示着未来作文教学训练的两大路径。《国文科的学力检验》里翻译就是临摹的变式之一，曾多次写入课标，并可做多种方式的作文练习[①]。夏丏尊多次说到"是试练作文的好方法"。

作文教授上的一个尝试

——教学小品文

国文在学校中，是个问题最多的科目，其中作文教授，尤其是最麻烦讨厌的部分。说起这星期要作文，先生学生都大家害怕，先生怕改文课，学生怕作不好，这是一般学校作文教授的现状。

我在春晖担任国文科教授快一年了。这一年中，为想改进作文教授，曾也费过许多心力，想过许多方法。稿上订正、当面改削、自由命题、共同命题、教授作文方法（曾把文体分为说明、记事、议论等几种，编了讲义分别讲解），大概普通教授上所用的方式，都已用到，而学生的成绩，实在太幼稚了，本校学生的作文能力，较之一般同等学校底学生，也许并不特别不良，但不良总是不良，无法辩解的。

举例来说：叫他们作日记，他们就把一日的行事帐簿式地排列起来，什么"晨几时起床，上午上课四班……九句半钟就寝"，弄成每日一样、每人一样的文字。叫他们作一篇像"公德"题的文字，他们就将什么"人不可无公德""中国人公德不讲究""外国人都很讲公德"，"我想，我们非讲公德不可""我劝同学们大家要讲公德"等无聊的套语凑集起来，再加以"为什么呢？因为……所以……"样的自问自答，把篇幅伸长，弄成似是而非、敷泛不切的一篇东西。现在通行的是语体，本校各班又都在教授语法，学生在词句间，除了几个特别幼稚者外，毛病不用说是很少的。结果教者可改者只是内容了，不，只是补充内容了。但是又因为他们底文字中，本没有内容，结果补充也无从补充，于是只好就顺序上、繁简上，勉强改削一下，把文课还给学生，而学生也感不到特别的兴味，得不到什么益处。注意点的学

[①]　程稀：《翻译：一种作文练习的方式》，《中学语文教学》2009 年第 7 期。

生呢，从改笔上理解了关于繁简顺序等表面上的方法，下次作起文来，竟可一字不改，而其内容底空虚无聊，还是依然如故。

这大概是现在普通教育中作文教授底一个公式吧。一般的现状，如果确如我所说，我以为真是很可悲观的事，因为如此作文，是作一千次也没用的。用了语体作文，表面上已叫做"新文章"了，其实除了把文言翻成白话以外，内容上何尝有一点的新气？现代学生文课中底"外国怎样好，中国怎样坏"，同从前学生文课中底"古者……今也则否"有何分别？"西儒说……""杜威说……"，不就是新式的"古人有言曰""子曰"吗？"我所敬爱的某君……祝你健康"，不就是从前"某某仁兄大人阁下……敬请台安"底变形吗？但改变了文体底形式，而不改变作文的态度，结果总无什么用处的。

如何可以改变学生作文的态度？我为这问题烦闷长久了！我近来对于学生学国文，有两种见解：一是劝学生不要只从国文去学国文，二是劝学生不要只将国文当国文学。现在学生读了几篇选文，依样模仿，以为记了几句文句或几段大意，作文时可以用的，于是作出文来，就满纸陈言，千篇一例。这就是只从国文去学国文的毛病。现在的所谓选文，并不是像以前的只是空洞的文章，或是含着甚么问题，或是记着什么事理，内容很复杂的。如果学生只当作国文去读，必至徒记诵着外面的文字，而于重要的内容不去玩索，结果于思想推理方面毫无补益，头脑仍然空虚，仍旧只会作把文言"且夫天下之人……"翻成白话的文章。这就是只将国文当国文学的毛病。

上面所述的我底两种意见，第一种是关于作文教授的，第二种是主要地关系于读解教授的。现在只把第一种意见的办法来说：学生作文能力底不发展，我既认为是只从国文去学国文的缘故，那么，叫他们从什么地方去学国文呢？我所第一叫学生注意的，是自己的生活，叫他们用实生活来做作文底材料。可是在入校前向无玩味自己实生活的习惯的学生们，对于自己底生活，所能说的只是帐簿式的一种轮廓（像前面所举的日记例），并不能表出什么生活底内容或情调来。并且摇笔即来的滥调，往往仍不能免。记得有一次，我出了"我底故乡"的一个题目，竟有一个学生仍打起老调，说什么"凡人必有故乡……"一类的空话的！

我想设法使学生对于实生活有玩味观察的能力，以救济这个弊病，于是叫学生学作小品，叫他们以一二百字写生活底一个断片，一面又编了一点小品文的讲义教授讲解。行之几时，学生作文底态度及兴味，似乎比前好些，题材以实生活为限，命题听学生自由，学生很喜欢作，作来的文字，虽还不十分好，然较之前的空泛，却算已有点进步，至少不至于看了讨厌，替他们改削，也不至徒劳了。现在录几篇学生底成绩，给大家看看。这些成绩中，有的在词句及繁简上已经教者修正，但内容却都是学生自己底本色。

箫 声

钟显谟

昏暗笼罩了世界，一切都很沉静，像已入了睡乡，做休息的梦了。忽然间，不知从哪里曲曲折折地传来了幽遐的箫声。隐约听去，身子仿佛轻松了许多，心也渐渐地沉下去了。一切物质的欲望，实利的思想，都随着这箫声悠悠渺渺地逝去，所剩的只有一个空虚的心。

不知在什么时候，故乡、慈母、儿时之乐都纷然乘虚而入，把空虚的心中，又装满了说不出的悲哀与寂寞了。

插 秧

张健尔

农人弯了背儿把不满半尺的稻秧在那泥泞而滑的水田中插着，每次插下去的时候，随着手儿发出"卟咚卟咚"的谐音。这较之日间火车通过时那种"克掔克掔"的噪音，真有仙凡之别。

长方形的水田中渐渐地满布着嫩绿色的稻秧，那农人在其中，简直好像一幅绝佳的自然画里画着的人物一样。

封校报

陆灵祺

电灯明晃晃地照得小房间里白昼似的，七八个人围坐在一大长桌旁。地板上铺散了一片瓦片似的校报，几只手像机轮开着的时候动个不息。这一边的人将报一张张像信纸似地折起来，坐在那一边的接去一份份地封起，再贴上印好的送达地址。"呀！北京方面齐了，上海方面也齐了，还有杭州、还有学校以外的教育机关。"手里做、心里急，眼睛屡次看着桌上一大碗还没有用完的浆糊。

提 笔

汤冠英

无聊极了，决心要提笔写些东西。写些什么，自己也没有知道；写什么好，自己也没有主意。胡思乱想地思索了一回。笔提得手酸了，墨水干了。苍蝇窃吸了墨水去，正在我底第一次穿上的新夏布制服上撒粪。唉！可恶极了，赶去苍蝇，思绪也顿然无形无踪地消灭了。

乒 乓
何逵荣

滴滴的微雨方止，疏疏的霞云中露出一线深红色的快归去的日光来。我和C君闲步到高小部，那楼上俱乐部底乒乓球声把我和C君引上楼去。C君先拿着球板与L君打起来，我在旁候着。

一个，二个……C君早已输去，但他们记错了，还说没有。我板着脸走了。自然地从心坎里发出来的诅咒，却传到口上了。

这也算出了我底气，我自己一边走，一边这样想。

Game
吕襄宝

唉！我们的能力不及他们，现在已经三与一之比了，到Game只有一个球了，心里慌得几乎连网拍都拿不动。

"打得好，还可得到相等。"旁人话未说完，敌手已把球开过来了。我心想很认真的回过去，果然很好地回过去了。那时心里一时觉得很快乐，希望得到相等，不料很急促的球又弹子也似地过来了。我们只注目着球，任它过去，无法可想。

"Game!"对方喊着，我和同组的只好放了网拍，立在域外，同组的虽不怨，我总觉得有些连累了他。

吃饭前后的饭厅
徐思睿

第五时的功课退了，肚中正是有点饿的样子，忽然饭厅里面传出叮当叮当的声响，心知就是午膳了。到了饭厅，有几个同学是已经盛好了饭要吃了，有的却正在盛饭赴座，有几个还没有到饭厅，正在从寝室里到饭厅里的走廊里走着。这时饭厅里发出乒乒乓乓拿碗的、吱吱咯咯移凳的种种声音，还有你言我语的种种喧哗声，热闹得像剧场一般。

人大概到齐了，饭也盛毕了，各人都到了自己的座里。这时比较前几分钟静些。有几桌里的人批评蔬菜的好歹，有几桌的人谈些不关紧要的说话。

像这样的过了十几分钟以后，有的吃罢，有的已出去，于是声音也渐渐地静寂，只有厨役收碗碟的响声了。

闲　步

刘家口

春末的斜阳，露出他将辞别的依依不忍的情意，可使人们日间恶它如火如焚的心境即刻消除无余。那和蔼可亲的回光，反照着蓬勃的枝柯和碧绿的山岩，以及倒映在微波不动的湖水里的幻景和那笼着炊烟的四境。明暗不一的远人村落和周围的杂树，远望犹如罩着淡蓝色的蚊帐一般。

我因喘咳，吐唾入水里，只见众多小鱼跳出争食，镜也似的水面就叠起了圆环，转瞬间，平静为之破环，好一会犹未恢复，我悔了！

蚊

曹增庆

正坐在椅子上通读英文，忽然一只蚊子来到脚膝下，被它一刺，我身一惊，觉得很难忍，急去拍时，已经飞去了。没有多少时候，仍旧飞近我身边，作嗡嗡的叫声。我静静地等它来，果真它回到原处。它撑直了脚，用口管刺入我的皮肤，两翼向上而平，好像在那里用着它的全副精神似的。我拍死了它，那掌土粘湿的血水使我觉得复仇的快感和对于生命的怜悯。

因限于篇幅，不能将全数成绩揭载，很是憾事。上面所列的成绩，是依题材的种类各选一篇，并非一定择优选录。这样的成绩原不能就说可以满足，不过学生作文底态度却可认为已变了不少。我以为只要学生作文底态度能变就有方法可想。在这点上，却抱着无限的希望。

小品文性质实近于纯文学，叫中学生作纯文学的作品似乎太高，并且太虚空不合实用。关于这层，大家或者有所怀疑。我要声明，我底叫学生作小品文，完全是为救济学生底病起见，完全当作药用的。小品自身，原有价值可说，兹不具论，我所认定的，只是其对于作文练习上的价值，略举如下：

（甲）能多作。无论如何，多作总是学文底必要条件之一。现在校中每月二次或三次的文课实嫌太少。小品文内容自由，材料随处可得，推敲布局，都比长文容易，便于多作。

（乙）能养成观察力。小品文字数不多，当然不能记载大事，用不着敷泛的笔法。非注意到眼前事物底小部分不可，这结果就可使观察力细密而且锐敏。有了细密的观察力，作文必容易好。

（丙）能使文字简洁。现在学生作文最普通的毛病是浮蔓不切，或不应说的说，或应说的反不说，因为他们还没有取舍选择的能力的缘故。小品文非用扼要的手腕不可，断用不着悠缓的笔法。多作小品文，对于材料自然会熟于取舍选择起来，以后作文自不致泛而不当了。

（丁）能养成作文的兴趣。我国从前作教师的往往以国家大事或圣贤道德等为题叫学生作文，学生对于题材没有充分的知识，当然只好说些泛而不切的套语来敷衍了事（这恐怕不但从前如此，现在的教育上也还是依然如故的）。结果学生没有好成绩，而对于作文的兴趣，也因此萎滞了。小品文是以日常生活为材料的，题材容易捕捉，作了不佳，也容易改作，普通的学生也可偶然得很好的成绩。既有过好成绩，作者自身就会感到兴趣，喜于从事文字起来。

（戊）可为作长篇的准备。画家作画，先从小部分起，非能完全画一木一石的，决不能作全幅的风景。非能完全写一手一足的，决不能画整个的人物。我们与其教学生作空泛无内容的长文，实不如教学生多作内容充实的短文。

这几种是我教学生作小品文底重要的理由。总之，我觉得现在学生界作文力薄弱极了。薄弱的原因，一般都以为是头脑饥荒的缘故，主张用选文去供给他们材料，或叫他们去涉览书籍。但我以为学生学国文的态度如果不改，只从国文去学国文，只将国文当国文学，一切改良计划都收不到什么效果，弄得不好，还要有害的！现在学生作文力底薄弱，并非由于头脑饥荒，实由于不能吟味咀嚼题材，就是所患的是一种不消化的病症。如果对于患不消化病的人，用过量的食物去治疗，肠胃将愈不清爽，结果或至于无法可治。患不消化症的大概将食物照原形排泄出来。试看！现在学生所作出来的文字，不多就是选文或什么书报上文字底原形吗？

我们不要对于消化不良的学生奖励多食了！作文底材料到处皆是，所苦者只是学生没有消化的能力。我们为要使消化不良的有消化力，非叫他们咀嚼少量的食物不可，叫学生作小品文就是叫学生咀嚼玩味自己实生活底断片。

教学生写小品文，是我近来在国文教授上的一种尝试，原不敢自诩成功，却以为或有供大家参考的价值，所以特地把意见及经过一切写了出来。

载《春晖》杂志第 14 期

（1923 年 6 月 16 日）

5. 读解文言文，享受先人精神的遗产

《初中国语科兼教文言文的商榷》发表于 1923 年 11 月 16 日出版的《春晖》

第十九期，文题中的"国语科"是"数年以来，语体文以一泻千里的势力，袭入教育界"的成果，1923年《新学制课程纲要》小学、中学都称国语，可谓新气象流行语；"兼"本义大约是一手持两禾，文中指"初级中学国语科"里，白话文理所当然地"堂皇地教授"着，而"向来在教科书上占着正统位置的文言文"是否应有一席之地？教白话文的同时也教文言文，"对于此有两种不能一致的见解"，所以"商榷"。

夏丏尊文中亮明自己的观点：正说"文言文尽可不作，而对于中等程度以上的学生，却希望其能读解普通的文言文。至少对于文言文有像对于外国语（普通中学中的英文）的理解力"，设定对象与程度；反说"如果中学毕业生还没有阅读普通书的能力，那就不能享受先人精神的遗产"，论述危害；再次强调"我是不主张学生再作文言文的，我的教文言文，目的只在读解的方面"。目标明确，符合教学实际。

那么，和谁商榷呢？找不到前言，看得到后语。沈仲九《中学国文教授的一个问题》说到有许多人，以前主张初中专教国语文，现在却主张兼教文言文，接着点出自己的朋友夏丏尊先生在《误用的并存和折中》一篇文章里，有："……已经用白话了，有的学校同时还教着古文……这就是所谓并存。如果能并行而不悖，原也无妨，但上面这样的并存，其实都是悖的。"几句话究竟现在主张兼教文言文的人们是否为"误用的折中"的心理所支配，自己不敢臆断，便姑且就他们所提出的理由讨论一下。夏丏尊先生《初中兼教文言文的商榷》一篇文章中，有几句话……沈仲九引用夏丏尊的文章，从题目到内容，都有可查之处。《误用的并存和折中》刊《东方杂志》第十九卷第十号（1922年5月），选入孙俍工、沈仲九编的《初级中学国语文读本》，该读本在新学制国语课纲出世之前即言编辑宗旨在于供给新学制初级中学国语文教学的需要。选文作家，应该以现代人为限。夏丏尊"兼教文言文"是课纲颁布后不久发声，不想说沈仲九的是赶时髦的早产儿，更不必说夏丏尊的主张是依新学制课纲而立，表面上，他是对孙俍工、沈仲九大纲、读本的调整和改革；更深沉长远的，是对于新学制《初中国语课程纲要》"兼习文言文"一条的批评和忠告。

他们争论的观点是鲜明的，态度是平和的。沈仲九文中说道：固然，一个人的主张不妨会有变迁，而且也自有变迁的理由。夏丏尊对待文言文的主张变迁了吗？陈望道回顾浙江一师时"我们四人比较温和的是夏丏尊（他是信佛教的），其次是刘大白，我那时很年轻，较激进，李次九则比我更激进"[1]。可做参考。

夏丏尊列举"这样的并存"，后又兼教文言文，若是从学生的利益出发，从先人的文化传承的需要出发，就不是"误用"，也确有并行而不悖的可能。顺便说一下，《夏丏尊文集·平屋之辑》把原题"误用"二字删去，类似动作不少，是否有点儿任性？尽管现今偶有中学生用文言来写作，甚至表现于考场，毕竟只是个例。作为语文课程，不做要求是适当的。夏丏尊本文的意义在此。

初中国语科兼教文言文的商榷

数年以来，语体文以一泻千里的势力，袭入教育界，又经过了许多人的扶助，到今日只要不十二分顽固的学校，也都堂皇地教授，早已不成问题了。所成问题的，反是向来在教科书上占着正统位置的文言文。

初级中学国语科应否教文言文？现在教育者中，对于此有两种不能一致的见解。有的主张绝对不教文言文，有的主张兼教一点。我的朋友中，很多主张初中国语科不兼教文言文的。他们所持的理由是：

（一）因文言文难作难解，所以改用语体，若再兼学文言文，岂非又于易上加难？

（二）兼学文言文的目的，最重要的是无非阅读旧时的书籍。其实，古来书籍，多非初中学生所能阅读的，十年前的中学生，虽通"之乎者也"的，何曾真能读古书？古书有用者可改译为语体，国故应在专门或大学中分科研究，非初中学生之事。

（三）如果因现在官厅文告，社会书契以及新闻杂志等，都仍用文言文，所以也叫学生兼学文言文，那更不对。因欲使文字简易，非更加厉行鼓吹语体文不可，不应再去适应，致延长改革的期间。

他们主张不兼教文言文的理由，其他当然还有，这几种大概是重要的了。他们是语体文的忠臣，语体文的得有今日，平心而论，多半是他们奋斗的结果。我是主张在初中兼教文言文的，对于他们所持的理由，当然有许多不能赞同的地方。现在无暇一一反驳，只把个人的意见概说于下：

我以为现在，自小学以至大学的学生，文言文尽可不作，而对于中等程度以上的学生，却希望其能读解普通的文言文。至少对于文言文有像对于外国语（普通中

---

[1] 浙江省委党史征集研委会编：《浙江一师风潮》，浙江大学出版社1990年版，第354页。

学中的英文）的理解力。文言文事实上在社会生活上还占很广的势力，即使有除尽的一日，恐也非眼前的事。如果不授与学生以理解文言文的能力，学生将不能看日报、官厅公告以及种种现代社会上种种的文件，这不是大不便利吗？又，做了中国人，中国普通的书，也有阅读的必要，而汗牛充栋的中国书，差不多可以说都是文言作成的。译成语体，又谈何容易！如果中学毕业生还没有阅读普通书的能力，那就不能享受先人精神的遗产，不特本人不幸，恐也不是国家社会之幸吧；不特在中国文化上可悲观，在世界文化上看来，也是可悲观的吧！

我以为：现在做中国普通阶级的人，自己尽管可以不作文言文，而普通社会上所用的种种"顿首再拜""罪孽深重""不自陨灭""漾电""元首""告捷"等须知道。克鲁泡特金的无政府主义固然要知道，许多陶渊明的无政府主义也须知道。泰谷尔的诗会读固好，李白杜甫的诗会读也好。胡适之的文章要读，胡适之所崇仰的章实斋的文章也要读。所以主张在初中国语科兼教文言文。

上面已说过，我是不主张学生再作文言文的，我的教文言文，目的只在读解的方面。专就读解方面着眼，觉得这目的也比较容易达到。原来文言文与语体文的分别，不在别的，只在"词"与"词"的接合不同上。简单点说，就可说只是"的了么呢"与"之乎者也"的分别。主要语体文已通的学生，略给与以若干的文法知识，就可与语体文一样理解，断不至发生什么困难的。

那么用什么材料来做教材呢？这却是个值得讨论的问题。从前学生专习文言文时，其成绩的不良，大概由于死读选文，专从文字形式上探求生活，不从根本意义上去寻找。所读的文字，大半都是便于套袭的八大家式文字。这是还承着科举时代的流弊的缘故。语体文流行以来，此弊已消去了不少，此后文言文的教材，当然应辟门径，不应再用空虚无聊的八大家式的文字了。

如上所说，我们兼教文言文的目的有二：一是适应现代生活，二是养成读书能力。那么，所用的教材，也应依这两个目的而定。

为欲使学生适应现代生活起见，不可不择最实用的文字形式教之。如尺牍、公文、契券、柬启、章程、广告、电报都属此类。

为欲养成学生读书的能力起见，所用的材料，不可不依书酌定。我在本刊第十七期曾发表过一篇关于令学生课书的意见，且附有篇目（关于这书目曾有朋友来书责难，答书原书都见本期本刊）。兼教文言文，预备就在这些书中各选出一二篇充作材料。这方法可以使学生知道某部书的性质体裁，可以引起学生读书的兴味，似乎比较有效力些。横竖教师讲解的事总是免不掉的，与其教些空洞的文章，宁可教些比较的切实有用的文章。这是我的素朴的见解。

本校中学部现有一、二两年级，文言文新从本年起在二年级教授，分量约占全体国语科十分之三四。学生的兴味，似乎比语体文好点。这二月来，所用的材料是文史通义中《文理》，史通中的《叙事》，刘子中的《去情》，古诗源中的《孔雀东南飞》，以后想教的，是墨子中的《兼爱》《非攻》，荀子中的《性恶》《天论》，论衡中的《齐世》《问孔》等。

至于实用的文言文，本校已列入选科，在《实用文》的名义之下系统的教授学生，一般的国语科中，不再列入了。

初中应否教文言文？如何兼教文言文，应用什么作教材？都是很麻烦的问题，所急待讨论的。所以特将我个人的意见及教授现状写了出来，希望大家指教！

《春晖》第十九期

（1923 年 11 月 16 日）

6. 我现在的见解以为：无论是语是句，凡是文字都不过是一种寄托某种意义的符号。这符号因读者的经验能力程度，感受不同

《春晖》第 22 期（1924 年 1 月 1 日）上发表的《回顾和希望》之一，即"对于各种教育思潮方案等有确实的信念和实际的试验"；《我在国文科教授上最近的一信念》就是基于国文科"实际的试验"的"一信念"，原载《春晖》第三十期（1924 年 8 月 16 日），附录于 1926 年 8 月开明书店版《文章作法》。

首先由学生作文成绩"总不见有显著的进步"来谈论"一般"的补救措施，进而介绍自己"反复重读"的体会，和盘托出"我现在的见解"，揭示出学生的语感客观上存在一个转误为正、自偏渐全、由浅入深、变窄为宽、不敏到敏的层次和过程，列举学生的读解和作文，更为具体有力地表明：承载或显示着意思、情味的言语符号因读、作者的"经验能力程度"而有所不同。

接着，言说"万难""至难"的语感之事，依然从读写的两面而来；所谓"除了学生自己的经验及能力以外，什么讲解、说明、查字典，都没有大用"，就是说学生的经验能力与语感水准正相当，如同字典、词典似的（参见《学习国文的着眼点》），教师的讲解、说明也有用而有限，况且"教师自身也并未能全体感受任何一文字的内容"；即便教师讲得透、说得明，也非要学生自己去感受和体悟不可。总不能以教师的理解代替学生自己的理解。

文中概说"世间决没有能全体感受任何一文字的内容的人，所不同的只是程度之差罢了"，并以之为前提，列举不同专业知识背景之人与普通人的语感之差，教师与学生的语感之别，顺带做出了初步的界定。语感即"对于文字应有灵敏的感觉""有正确丰富的了解力"。似乎还为读者"描绘"了一个"语感锐敏的人"：先用三个"不但"告诉你，他可不只是查查字典词典、懂得若干同义词和反义词的那一个，而是"见了"再"见了"便有所触发、散发出新的意味情趣的这一个。"真的生活在此，真的文学也在此。"一幅生活的文学、文学的生活的美丽画图跃入眼帘，也许是被夏丏尊的感叹传染了吧？

传染是着力于知、情两方面的示范和感化，经验有赖于文字之书的一读再读以及生活之书的观察和感悟，这样听说读写、循序渐进培养的能力，应该就是语文科课程所规定的语感。虽然，20世纪90年代语文教育界曾热议"语感"，语文课程标准也已有表述，不过对于率先提出者的语感研究，似乎重视不够，甚至还需要消除一些误解。有兴趣的读者，可拓展阅读他的《文艺论ABC》以及《文心》中的相关内容，获得夏先生语感的语感。

我在国文科教授上最近的一信念

——传染语感于学生

无论如何设法，学生的国文成绩总不见有显著的进步。因了语法、作文法等的帮助，学生文字在结构上形式上，虽已大概勉强通得过去，但内容总仍是简单空虚。这原是历来中学程度学生界的普通的现象，不但现在如此。

为补救这简单空虚计，一般都奖励课外读书，或者在读法上多选内容充实的材料。我也曾如此行着，但结果往往使学生徒增加了若干一知半解的知识，思想愈无头绪，文字反益玄虚。我所见到的现象如此，恐怕一般的现象也难免如此吧！

近来，我因无力多购买新书，时取以前所已读而且喜读的书卷反复重读，觉得对于一书，先后所受的印象不同，始信"旧书常诵出新意"是真话。而在学生的教授上，也因此得了一种新的启示，以为一般学生头脑上的简单空虚，或者可以用此救济若干的。

我现在的见解以为：无论是语是句，凡是文字都不过是一种寄托某若干意义的符号。这符号因读者的经验能力的程度，感受不同：有的所感受的只是其百分之一二，有的或者能感受得更多一点，要能感受全体那是难有的事。普通学生在读解正课以及课外读书中，对于一句或一语的误解不必说了，即使正解，也决非全解，其所感受到的程度必是很浅。收得既浅，所发表的也自然不能不简单空虚。这在学生实在是可同情的事。

举例来说，"空间"一语是到处常见的名词，但试问学生对于这名词的了解有多少的程度？这名词因了有天文学的常识与否，了解的程度大相径庭。"光的速度，每秒行十八万哩！有若干星辰，经过四千年，其所发的光还未到地球。"试问没有这天文学常识的学生，他们能如此了解这名词吗？在学生的心里，所谓"空间"，大概只认为是屋外仰视所及的地方吧。同样，"力"的一语在学生或只解作用手打人时的情形吧！"美"的一语，在学生或只解作某种女人的面貌的状态吧！

以上是就知的方面说的，情的方面也是如此。我有一次曾以《我的家庭》为题，叫学生作文。学生所作的文字都是"我家在何处，有屋几间。以何为业，共有人口若干……"等类的文句，而对于重要的各人特有的家庭情味，完全不能表现。原来他们把"家庭"只解作一所屋里的一群人了！"春"，"黄昏"，"故乡"，"母亲"，"夜"，"窗"，"灯"，这是何等情味丰富诗趣充溢的语啊，而在可怜的学生心里，不知是怎样干燥无味杀风景的东西呢！

不但国文科如此，其他如数学科中的所谓"数"和"量"。理科中的所谓"律"和"现象"，历史中的所谓"因果"和"事实"，等等，何尝能使学生有充分的了解？

要把一语的含义以及内容充分了解，这在言语的性质上，在人的能力上，原是万难做到的事。因为一事一物的内容本已无限，把这无限的内容用了一文字代替作符号，已是无可如何的办法。要想再从文字上去依样感受他的内容，不用说是至难之事。除了学生自己的经验及能力以外，什么讲解、说明、查字典，都没有大用。夸张点说，这已入了"言语道断"的境地了！

真的！要从文字去感受其所代表事物的全部内容，这是"言语道断"之境。在这绝对的境界上，可以说教师对于学生什么都无从帮助。因为教师自身也并未能全体感受任何一文字的内容。其实，世间决没有能全体感受任何一文字的内容的人，所不同的只是程度之差罢了。数学者对于数理上的各语所感受的当然比普通人多，法律学者对于法律上的用语，其解释当然比普通人来得精密。一般作教师的，特别的是国文科教师，对于普通文字应该比学生有正确丰富的了解力。换句话说，对于文字应有灵敏的感觉。姑且名这感觉为"语感"。

在语感锐敏的人的心里，"赤"不但只解作红色，"夜"不但只解作昼的反对吧。"田园"不但只解作种菜的地方，"春雨"不但只解作春天的雨吧。见了"新绿"二字，就会感到希望涣然的造化之工、少年的气概等等说不尽的情趣。见了"落叶"二字，就会感到无常、寂寥等等说不尽的诗味吧。真的生活在此，真的文学也在此。

自己努力修养，对于文字，在知的方面，情的方面，各具有强烈锐敏的语感，使学生传染了，也感得相当的印象，为理解一切文字的基础，这是国文科教师的任务。并且在文字的性质上，人间的能力上看来，教师所能援助学生的，只此一事。这是我近来的个人的信念。

《春晖》第三十期

（1924 年 8 月 16 日）

第三节　语文教材演进

品读提示

1. 专一依赖法则固然是不中用，但法则终究能指示人以必由的途径，使人得到正规

选录《文章作法》序以及绪言，用意有二：一是理解它是本作文教科书，不以书名或现今适用程度做评判；二是理解作文教科书的价值定位，以此类推语文教科书。

一看《序》就知道，除了 1919 年夏丏尊不在长沙还在杭州外，无论如何是读不出它不是一本作文教科书的。文中把书的章节、写的情景、学生的反映、同事的评价、出版的原委乃至取材的书籍，还有教学使用不止一次、不止一人，青菜豆腐般地写了出来，还有什么可说的呢？主要是一位前辈评述《一部别开生面的作文教科书》中，把《文章作法》《作文法讲义》和《作文论》划为通俗与高深的两类作文指导书，先是以为"它们都未必适宜于做教科书"，后又说"作文教科书的编纂，长期以来几乎成了一片空白"① 这就有了再读一遍《序》的必要,顺带听一下专家的点评。

叶圣陶的《作文论》列入百科小丛书中国语文学下,这套丛书是以高级中学普通科课程而扩充的。凡中等学生及小学教员应具之普通智识,无不具备。可看作是参考书,不是"讲义稿";陈望道的《作文法讲义》为著者在复旦大学及女子师范体育学校实地施行的讲义,使用对象类似于梁启超的《中学以上作文教学法》。孙俍工为补读本之不足,在《记叙文作法讲义》未出之前,曾使用陈望道的《作文法讲义》。阮真说道:"在初中教文章作法,当然以语体文作法为限。坊间出版的,以夏丏尊《文章作法》最为适用。陈望道《作文法讲义》亦可参看"②。

《绪言》陈述了白话文进入教科书后的情况:旧的不适合,新的"适合于中等学校作教科用的仍不易得",只好"参考他国"编写以"救急"。这种做法和态度很可取,书的评价还在其次。有的是先借用、后自编,如孙俍工;有的是明知必要、大纲都发表了,未见编出,如孟宪承、何仲英;有的是以为只要"读本"多选范文即可。

接着,挑明作文教科书的内容是文章的形式、技术,常见的往往是法则、例子的呈现。这也有讲究,仅例子而言,书中有夏丏尊的日记、学生的习作,如今看似寻常,当时倒"实在是凤毛麟角"的。若研究或参考,也应注意这些细微之处。文中用"学游泳""学木工"这样通俗易懂的事例类比作文的学习过程和方法,让学生知情并消除误解,公允而辩证;由此概括出一切技术的真谛十分重要,也很有说服力。最为精辟的一句是"法则对于技术是必要而不充足的条件",这一判断,不仅说出了《文章作法》等作文教科书的"真价值",而且道出了语文教科书等的"真价值"。

《文章作法》序

这是我六七年来的讲义稿,前五章是一九一九年在长沙第一师范时编的,第六章小品文是一九二二年在白马湖春晖中学时编的,二者性质不同,现在就勉强凑集在一处。附录三篇,都是校报上发表过的,也顺便附在后面。

教师原是忙碌者,国文教师尤其是忙碌者中的忙碌者,全书书稿,记得都是深

---

① 顾黄初:《现代语文教育史札记》,南京出版社 1991 年版,第 208 页。

② 阮真:《中学国文教学法》,正中书局 1936 年版,第 114 页。

夜在呵欠中写成的。讲的时候，学生虽表示有兴味，但讲过以后，自己就不愿再去看它，觉得别无可存的价值。只把钉成的油印本摞在书架上。

有一天，邻人刘薰宇从尘埃中拿下来看了说是很好，劝我出版，我只是笑而不应。这已是四年前的事了。去年，薰宇因立达学园缺乏国文教师，不教数学，改行教国文了，叫我把稿本给他，说要用这去教学生。我告诉他原稿不完全的所在，请他随教随修改。薰宇教了一年，修改了一年，于说明不充足处，使之详明，引例不妥当初，从新更改，费去的心思实在不少。大家认为可作立达学园比较固定的教本，为欲省油印的烦累，及兼备别校采用计，就以两人合编的名义，归开明书店出版。

本书内容取材于日本同性质的书籍者殊不少。附录中的《作文的基本态度》一篇，记得是从五十岚力氏《作文三十讲》中某章"烧直"过来的，顺便声明在这里。

一九二六，八，七，丏尊记于上海江湾立达学园。

《文章作法》绪言

"熟读唐诗三百首，不会做诗也会吟。"这句话虽然只指示学习"做诗"的初步方法，但中国人学习作文，也是同一的态度。原来中国文人是认定"文无定法"，只有"神而明之"，所以古代虽然有几部论到作文的书如刘勰的《文心雕龙》和唐彪的《读书作文谱》之类以及其他的零碎论文，不是依然脱不了"神而明之"的根本思想，陈义过高，流于玄妙，就是不合时宜。近来在这方面虽已渐渐有人注意，新出版的书也有了好几种，只是适合于中等学校作教科用的仍不易得；而为应教学上的需要，实在又不能久待；所以参考他国现行关于这一类的书籍，编成这本书以救急。

文章本是为了传达自己的意思或情感而作的，所以只是一种工具。单有意思或情感，没有用文字发表出来，就只能保藏在自己的心里，别人无从得知。单有文字而无意思或情感，不过是文字的排列，也不能使读的人得到点什么。意思或情感是文章的内容，文字的结构是文章的形式。内容是否充实，这关系作者的经验、知力、修养。至于形式的美丑，那便是一种技术。严格地说，这两方面虽是同样地没有成法可依赖，但后者毕竟有些基本方法可以遵照，作文法就是讲明这些方法的。

技术要达到巧妙的地步，不能只靠规矩，非自己努力锻炼不可。学游泳的人不是只读几本书就能成，学木工的人不是只听别人讲几次便会，作文也是如此，单知道作文法也不能就作得出好文章。反过来说，不知作文法的人，就是所谓"神而明知"的也竟有成功的。总之，一切技术都相同，仅仅仗那外来的知识而缺乏练习，绝不能纯熟而达到巧妙的境地。"多读，读作，多商量，"这话虽然简单，实在是很中肯綮，颠扑不破；要想作好文章的不能不在这方面下番切实的工夫。

　　照上面所说的一段话，必定有人疑心到作文法全无价值，依旧确信"文无定法"，只想"神而明之"，这也是错的。专一依赖法则固然是不中用，但法则究竟能指示人以必由的途径，使人得到正规。渔父的儿子虽然善于游泳，但比之于有正当知识，再经过练习的专门家，究竟相差很远。而跟着渔父的儿子去学游泳，比之于跟着专门家去练习也不同，后者总比前者来得正确快速。法则对于技术是必要而不充足的条件，真正凭着练习成功的，必是暗合于法则而不自知的。法则没用而有用，就在这一点，作文法的真价值，也就在这一点。

　　2. 文话用谈话式的体裁，述说关于文章的写作、欣赏种种方面的项目，比较起寻常的"读书法""作文法"来，又活泼，又精密，读了自然会发生兴味，得到实益

　　《开明国文讲义》是开明书店所办的函授学校中四位语文教师讲稿的合编，"文话"首次出现于该部教材（上述引言可见《编辑例言》，也可见编者的一份欣喜和自信），并延续、拓展、变革于夏丏尊和叶绍钧合编的《国文百八课》，它为语文教科书内容的编写增添了新颖而独创的一项，是继白话文、标点符号、语法修辞等知识加入，逐渐告别"文选型"、重塑新型语文教科书的一大标志。它不仅丰富了语文教科书的要素，势必引发其结构的革新；更重要的，是真正变教材为学材的价值取向和实际行动。

　　函授学校专为贫寒子弟其中大量是辍学的青年而办，由于名师讲课，社会需求愈加增多，为了给未能入学的青年有所交代，所以编辑出版了这部讲义。虽然，原先口讲的变成书面去看了，但联络比较、循循善诱的教学气息、亲切自然的话语风格仍然保留。文话的登场，也许有心无意之中，使教科书既规范了教师基础的教学内容，又为学生自读解决师生之间信息不对称的部分问题。

　　文话是针对各自话题说的话，当今沪上的主题单元的语文教科书有题无话。不是不需要，而是可贵于难能吧？文话是单元的话，不只是单篇的话。即使围绕某篇多说了些，用意还是举一反三，如选录的一篇文话，就有《小雨点》全篇用

了拟人的写作手法。《美猴王》也是这样的表述；现今课本里《天气陛下》也是同类写法。

这就涉及篇章修辞了。陈望道是讲义的编者之一，夏丏尊、叶圣陶合写的《关于〈国文百八课〉》文中说道：陈望道的《修辞学发凡》是"近年来的好书"，是教材编写修辞知识的"依据"。但从"拟人的写作手法"而言，它突破了陈著未能突破的篇章修辞。推开一步，《花儿为什么这样红》《海水为什么是蓝的》就属于设问的写作法了，都可以归为着眼于形式的表现法里。

这就涉及科学小品的写作了。文中说道："假若老实说水，本也没有什么不可。不过这样就同自然科学书籍的文字相仿佛，别人读了以后只能知道水有这样的经过，却不会感觉什么情趣。"选入科学小品是开明国文教材的特色，如今也不少见。目标定位在哪里？是否可以读写结合？自信拟人的写作手法，就是可学可用的一种。

拟人的写作法

《开明国文讲义》第一册文话五

试取《小雨点》一篇来看。这篇叙述水循环升沉的经过。假若老实说水，本也没有什么不可。不过这样就同自然科学书籍的文字相仿佛，别人读了以后只能知道水有这样的经过，却不会感觉什么情趣。现在作者对于水有这样的经过先感觉到情趣，她把小雨点看作一个可爱的孩子，同时把风、红胸鸟、泥沼、涧水，等等都看作人，它们像人一样活动，像人一样说话；于是她必须作一篇具有描写工夫的叙述文方才满意。而在看到这篇文字的人，除了知道水有这样的经过以外，就从开头到末尾一直感觉到一种情趣。这样把东西看作人来着手描写的方法叫做"拟人的写作法"。

人常常根据自己看待事物。看见急急的流水，心里想，"水为着什么这样匆匆地跑去？"这就把水看作人了，因为人有急事便匆匆地跑去，而水无所谓事，也无所谓"跑"。可见拟人法在我们心理上是很自然的。夜里看见圆圆的月儿，对别人说，"你看，月儿含着笑意呢！"这又把月儿看作人了，因为月儿本来不是个面孔，实在无所谓笑。别人听了这句话，便想起平时可见的笑脸，与月儿对比，觉得月儿真个像在那里笑了。于是说话的人与听话的人的情趣归于一致。可见拟人法在情趣的传染上是很有效的。

文字中用到拟人法的地方颇不少。《小雨点》全篇用拟人的写作法。《美猴王》

亦然；讲猴子的事情，却取了与讲人事同样的讲法。有些寓言、故事也通体用拟人的写作法。

3. 本书编辑旨趣最重要的一点就是想给予国文科以科学性，一扫从来玄妙笼统的观念

本文是编书的人把关于编书的情形以及书的长处和短处，供状似的告诉给读者来听，这里是把自己的感想说给读者听，也应该是一件有意义的事。

根据《编辑大意》上"最重要的一点"，缩小一点、局限于教科书来说，先就有陈鹤琴《语体文应用字汇》，陶行知在其《序》里说近代教育家要想把所学的和所用的串联起来，所以他们对一门一门的功课，甚至一篇文章，都要依据目标去问他们的效用……有用处的事物才让学生学，用处最大最多最急的事物在课程中占有优先权。陈鹤琴的常用字统计，已做了《平民千字课》用字的依据，并以为将来的小学课本用字当然也可以拿它来做一种很好的依据。

1936 年夏丏尊、叶圣陶分别在《学习国文的着眼点》与《谈识字课本的编辑》文里，阐述了不同的意见和建议，主张"编辑课本从统计词和句式入手"[①]；句式统计，又和郇爽秋《科学化的国文教授法》文中的"句法"有兼容之处。

语文教科书编写的科学定向，具有多条路径并有多项课题有待探索。20 世纪 30 年代前后的语境里注重法则、建构着眼形式的单元组合型课本是其中之一。这就要说到沈仲九了。他在《初中国文教科书问题》中主张为了促进学生国文进步起见，国文教授有大大的注重法则的必要；用点时髦话来说，就是国文教授的科学化。就是不要像以前的只是讲点儿文章、改点儿文章就是了，要求出国文的法则来使学生了解，使学生应用。而这种教授的试行，应先编撰适于这种教授的教科书。他认为这种教科书是偏于形式方面的；具体内容是什么？次序是什么？现在关于这一类书，一本都没有，而脑中所记忆得起的，多杂乱无章，请读者恕我不能举实例而详说罢。《国文百八课》就是夏丏尊和叶圣陶拿出的实例。

来源肯定不止一处。和沈仲九合编过读本的孙俍工，有着作文、语法等类书的编写经验，出版的初中《国文教科书》（上海神州国光社 1932 年 3 月），以文章作法为线索，组成读写结合的单元。每册分 8 个单元，各有具体的事项表述，就是没有知识陈述和方法指点，主要缺少了文话；若有则两部教材难分高下。每单

---

① 中央教科所编：《叶圣陶语文教育论集》，教育科学出版社 1980 年版，第 176 页。

元选文 10 篇左右，仿佛根据梁启超的说法去做的。吕叔湘在一篇与教科书同名的文中，列举种种，以为两位主编是"把积聚在这些著作里边的学习语文的经验进行系列化，再配合相应的选文，这就成了《国文百八课》"①，这种向内探求的方法是可取的。

就教科书来说，吕叔湘文中说到的《文章作法》，并没有使夏先生马上类比到《国文百八课》那样教科书的编写；未说的《开明国文讲义》之于本书，或许是一种相反之成。"讲义"是文前、话题文话（文学史话）后置，这有先读原文后了解文学史的程序规则，为保持文话、文学史话的一致，就得文前话后，不过又和语法修辞编法不同。还有"编辑例言"三所说的每隔上四篇选文就有一篇文话，实际上做不到那样严整。于是，编排方式的改进，可能就是促使本书整个单元组合改观的不可缺少的推动力。的确是处处都"大费过心思"，近于苛求自己，以至于孜孜以求的特点变成了一"缺点"，所谓的"太严整，太系统化了些"，别有含义，并非自谦而已。如把《编辑大意》一起阅读，不难明白他们所说的例子是什么、和目标的关系怎样，共同感受到开明人开放的风姿。

关于《国文百八课》

这是一部侧重文章形式的书，所选取的文章虽也顾到内容的纯正和性质的变化，但文章的处置全从形式上着眼。

依我们的信念，国文科和别的学科性质不同，除了文法、修辞等部分以外，是拿不出独立固定的材料来的。凡是在白纸上写着黑字的东西，当作文章来阅读、来玩索的时候，什么都是国文科的工作，否则不是。一篇《项羽本纪》是历史科的材料，要当作文章去求理解，去学习章句间的法则的时候，才算是国文科的工作。所以在国文科里读《项羽本纪》，所当着眼的不应只是故事的开端、发展和结局，应是生字难句的理解和文章方法的摄取。读英文的人，如果读了《龟兔竞走》，只记得兔怎样自负，龟怎样努力，结果兔怎样失败，龟怎样胜利等等的故事的内容，而不记得那课文章里的生字、难句，以及向来所未碰到过的文章上的某些方式，那么他等于在听人讲龟兔竞走的故事，并不在学习英文。故事是听不完的，学习英文才是目的，不论国文、英文，凡是学习语言文字如不着眼于形式方面，只在内容上去

---

① 叶圣陶：《叶圣陶语文教育论集》，教育科学出版社 2015 年版，第 113 页。

寻求，结果是劳力多而收获少。竟有许多青年在学校里学过好几年国文，而文章还写不通的。其原因也许就在学习未得要领。他们每日在教室里对着书或油印的文选，听教师讲故事，故事是记得了，而对于那表现故事的方法仍旧茫然，难怪他们表现能力缺乏了。

因此，我们主张把学习国文的目标侧重在形式的讨究，同时主张把材料的范围放宽，洋洋洒洒的富有情趣的材料固然选取，零星的便笺、一条一条的章则、朴实干燥的科学的记述等也选取。

本书在编辑上自信是极认真的，仅仅每课文话话题的写定，就费去了不少的时间。本书预定一百零八课，每课各说述文章上的一个项目。哪些项目需要，哪些项目可略，颇费推敲。至于前后的排列，也大费过心思。

文话的话题决定之后，次之是选文了。文章是多方面的东西，一篇文章可从种种视角来看，也可应用在种种的目标上。例如朱自清的《背影》可以作"随笔"的例，可以作"抒情"的例，可以作"叙述"的例，也可以作"第一人称的立脚点"的例，此外如果和别篇比较对照起来，还可定出各种各样的目标来处置这篇文章（如和文言文对照起来，就成语体文的例等等）。我们预定的文话项目有一百零八个，就代表着文章知识的一百零八个方面。选文每课两篇，共计二百十六篇。要把每一篇选文用各种各样的视角去看，使排列成一个系统，既要适合又要有变化，这是一件难得讨好的事，我们在这点上颇费了不少的苦心。

最感麻烦的是文法、修辞的例句的搜集。关于文法和修辞的每一法则，如果凭空造例，或随举前人的文句为例，是很容易的，可是要在限定的几篇选文中去找寻，却比较费事了。我们为了找寻例句，记忆翻检，费尽工夫，非不得已，不自己造句或随取前人文句。

选古今现成的文章作教材，这虽已成习惯，其实并不一定是好方法，尤其是对于初中程度的学生。现代的青年有现代青年的生活，古人所写的文章内容形式固然不合现代青年的需要，就是现代作家所写的文章，写作时也并非以给青年读为目的，何尝能合乎一般青年的需要呢？最理想的方法是依照青年的需要，从青年生活上取题材，分门别类地写出许多文章来，代替选文。

我们多年以来，也曾抱有这种理想。这次编辑此书，一时曾思把这理想实现，终于因为下面所说的两个原因中止了。第一，叫青年只读我们一二人的写作，究竟嫌太单调。第二，学习国文的目的，一部分在练习写作，一部分在养成阅读各种文字的能力。一个青年将来必将和各种各样的文字接触，如果只顾到目前情形的适合，对于他们的将来也许是不利的。犹之口味，他们目前虽只配吃甜，将来难免要碰到酸的、苦的、辣的东西。预先把甜、酸、苦、辣都叫他们尝尝，也是合乎教育的意义的事。

说虽如此，我们总觉得现成的文章不适合于青年学生。现在已是飞机、炸弹的时代了，从《三国志演义》里选出单刀匹马的战争故事叫青年来读，固然不对劲；青年是活泼的，叫他们读现代中年人或老年人所写的感伤的文字，也同样不合理。

初中国文科的讲读材料是值得研究的大问题。本书虽因上面所举的两个原因，仍依向来旧习惯，选用古今现成的文章，但自己并不满意。

前面讲过，本书是侧重文章形式的，从形式上着眼去处置现成的文章，也许可将内容不适合的毛病减却许多。时下颇有好几种国文课本是以内容分类的。把内容相类似的古今现成文章几篇合成一组，题材关于家庭的合在一处，题材关于爱国的合在一处。这种办法，一方面侵犯了公民科的范围，一方面失去了国文科的立场，我们未敢赞同。

本书每课附有修辞法或文法。修辞法和文法在中国还是新成立的学问。

修辞法在中国自古就有不少零碎的宝贵遗产，近来有人依靠外国的著作，重新作系统的演述，其中最完整的有陈望道先生的《修辞学发凡》。这是近年来的好书。有了这部书，修辞法上的问题差不多都已头头是道地解决了。我们依据的就是这部书。

至于文法，名著《马氏文通》只是关于文言的，本身也尚有许多可议的地方。白话文法虽也有几个人写过，差不多都是外国文法的改装，不能用来说明中国语言的一切构造。文法一科，可以说尚是有待开垦的荒地，尤其是关于白话方面的。朋友之中，颇有从各部分研究，发见某一类词的某一法则，或某一类句式的构造的新说明的。我们也曾努力于此，偶然有所发见。这些发见都是部分的，离开系统地建设尚远。

本书介绍文法，大体仍沿用马氏及时下文法书的系统，对于部分如有较好的新说者，在不破坏现在的系统条件之下，尽量改用新说（如第一册关于叙述句和说明句的讨论，关于句的成分的排列法的讨论等）。在此青黄不接的时代，我们觉得除此更无妥当的方法了。

本书问世以来，颇得好评。至于缺点，当然难免。我们自己发觉的缺点有一端就是太严整、太系统化了些。本书所采的是直进的编制法，步骤的完密是其长处，平板是其毛病。例如把文章分成记述、叙述、说明、议论四种体裁，按次排列，在有些重视变化兴味的人看来，会觉得平板吧！

但本书是彻头彻尾采取"文章学"的系统的，不愿为了变化兴味自乱其步骤。为补救平板计，也曾于可能的范围内力求变化。例如第三册里所列的大半虽为说明文的材料，但着眼的方面却各自不同。

我们以为杂乱地把文章选给学生读，不论目的何在，是从来国文科教学的大毛病。文章是读不完的，与其漫然的瞎读，究不如定了目标来读。本书每课有一目标。为求目标与目标间的系统完整，有时把变化兴味牺牲亦所不惜。所望使用者一方面认识本书的长处，一方面在可能的时候设法弥补本书的短处（如临时提供别的新材料等）。

拉杂写了许多话，一部分是我们对于中学国文科教学的私见，想提出来和教学者商量的；一部分是本书编辑上的甘苦之谈。无论做什么事，做的人自己最明白，所谓"冷暖自知"之境者就是。编书的人把关于编书的情形以及书的长处短处，供状似地告诉给读者听，应该是有意义的事，尤其是有多数人使用的教本之类的书。

第四节　语文读写教学

品读提示

1. 首先该阅读的是关于职务的书，第二是参考书，第三是关于趣味修养的书

夏丏尊1935年受教育部委托向全国中学生做讲演，两次讲演的内容均刊载于《中学生》第六一期（1936年1月）。首次开讲《阅读什么》，"先发一句荒唐的议论"，形同卖关子、打包袱，以吸引听众倾听，在受到刺激处于兴奋的状态中，疏通某些堵塞的血管，即"意思只是想借此破除许多读书的错误观念"。用意好，书"消灭的一天"还未到，当下是否处于"过渡时代"也不清楚，所以"好像有些荒唐"，但并非"文不对题"。夏丏尊谈古论今，特别是从"今天的讲演"来说，"除无线电话以外还有电影可以利用"。这从形式上看，是凭借场景条件的现挂，类似

于朱自清在西南联大的校园草地上给分散坐着的学生讲散文；内容上，是道出了另一种材料的书，不同于印刷文本的电子文本，并展望其发展的未来。它让"读书和生活两件事联成一气、打成一片"的"阅读"的内涵、"什么"的外延，从"我想""我说"，直接变之为中学生可听、可感、可悟的了。

基于这一番沟通，讲者规划"阅读的范围"，从三个方面提供听者选择，也就水到渠成了。夏丏尊"所晓得的情形"，想必现今的读者也有看到或是正在眼前。语文教育界曾经提出过"以本为本"一说，语文教科书在教材文本系列中是之一、第一，不是唯一；是基本，不是根本。如此理解"以本为本"未尝不可，也很有必要；符合夏丏尊的界定。紧接着职务阅读的是参考书，这是教科书真正达到精读程度的必须，不是课本规定了讲读的篇目上课就能达到的。所以，课外还得读教科书、参考书，选择什么参考书？不像《叫学生在课外读些什么书》文中那样，仅仅表现出教师的主导性，更重要、重视的是学生的问题意识、求知欲望，是学生的主体积极性的调动和发挥；相对宽松自由的课外阅读是趣味修养的书，和上文春晖时的做法，存同有异，读者可做比较。读这一类的书，也应该尽量地利用参考书，《怎样阅读》文中加以提醒。这样，不仅厘清了三种书的主次排列，阐述了彼此的相辅相成与松紧疏密，重新规划了必然结合着的课内外阅读，而且共同趋向于精读的目标，无疑为中学生开出了一剂既能满足食欲、保证营养，又能护胃养胃、帮助消化的良药。

《阅读什么》讲的是范围，是有序"着手"的过程；《怎样阅读》主要讲的是方法，除读参考书时不要把自己所要参考的项目或者问题抛荒以外，夏先生指点的种种读法，都可以用一个字来概括，请读者在本册所选录文篇的题目中找到它。

阅读什么

中学生诸君：我在这回播音所担任的是中学国语科的节目。国语科有好几个方面，我想对诸君讲的是些关于阅读方面的话。预备分两次讲，一次讲"阅读什么"，一次讲"怎样阅读"。今天先讲"阅读什么"。

让我在未讲到正文以前，先发一句荒唐的议论。我以为书这东西是有消灭的一天的。书只是供给知识的一种工具，供给知识其实并不一定要靠书。试想，人类的历史不知已有多少年，书的历史比较起来是很短很短的。太古的时代并没有书，可是人类也竟能生活下来，他们的知识远不及近代人，却也不能说全没有知识。足见书不是知识的唯一的来源，要得知识并不一定要靠书的了。古代的事，我们只好凭想象来说，或者有些不可靠，再看现在的情形吧。今天的讲演是用无线电播送给诸君听的，假定听的有一万人，如果我讲得好，有益于诸君，那效力就等于一万个人各读了一册"读书法"或"读书指导"等类的书了。我们现在除无线电话以外还有电影可以利用，历史上的事件，科学上的制造，如果用电影来演出，功效等于读历史书和科学书。假定有这么一天，无线电话和电影发达得很进步普遍，放送的材料有人好好编制，适于各种人的需要，那么书的用处会逐渐消灭，因为这些利器已可代替书了。我们因了想象知道太古时代没有书，将来也可不必有书，书的需要可以说是一种过渡时代的现象。

今天所讲的题目是"阅读什么"，方才这番议论好像有些荒唐，文不对题。其实我的意思只是想借此破除许多读书的错误观念。我也承认书本在今日还是有用的，我们生存在今日，要求知识，最普通、最经济的方法还是读书。可是一向传下来的读书观念，很有许多是错误的。有些人把读书认为高尚的风雅事情，把书本当作玩好品古董品，好像书这东西是与实际生活无关，读书是实际生活以外的消遣工作。有些人把书认为唯一的求学的工具，以为所谓求知识就是读书的别名，书本以外没有知识的来路。这两种观念都是错误的，犯前一种错误的以一般人为多，犯后一种错误的大概是青年人，尤其是日日手捏书本的中学生诸君。

我以为书只是求知识的工具之一，我们为了要生活，要使生活的技能充实，就得求知识。所谓知识，决不是什么装饰品，只是用来应付生活，改进生活的技能。譬如说，我们因为要在自然界中生存，要知道利用自然界理解自然界的情形，才去学习物理、化学和算学等科目；我们因为要在这世界上做人，才去学习世界情形，修习世界史和世界地理等科目；我们因为要做现在的中国人民，才去学习本国历史、地理、公民等科目。学习的方法可有各式各样，有时须用实验的方法，有时须用观察的方法，有时须用演习的方法，并不一定都依靠书。只因为书是文字写成的，文字是最便利的东西，可把世间一切的事情，一切的道理都记载出来，印成了书，随时随地可以翻看，所以书就成了求知识的重要的工具，值得大众来阅读了。

以上是我对于书的估价，下面就要讲到今天的题目"阅读什么"了。

青年人应该读些什么书？这是一个自古以来的大问题，对于这问题自古就有许多人发表过许多议论，近十年来这问题也着实热闹，有好几位先生替青年开过书目单，其中比较有名的是梁启超先生和胡适之先生所开的单子。诸君之中想必有许多人见过这些单子的。我今天不想再替诸君另开单子，只想大略地告诉诸君几个着手的方向。

我想把读书和生活两件事连成一气、打成一片来说，在我的见解，读书并不是风雅的勾当，是改进生活、丰富生活的手段，书籍并不是茶余酒后的消遣品，乃是培养生活上知识技能的工具。一个人该读些什么书，看些什么书，要依了他自己的生活来决定、来选择。我主张把阅读的范围，分成三个，（一）是关于自己的职务的，（二）是参考用的，（三）是关于趣味或修养的。举例子来说，做内科医生的，第一应该阅读的是关于内科的书籍杂志，这是关于自己职务的阅读，属于第一类。次之是和自己的职务无直接关系，可以作研究上的参考，使自己的专门知识更丰富确切的书，如因疟疾的研究，而注意到蚊子的种类，便去翻某种生物学书；因了疟蚊的分布，便去翻阅某种地理书；因了某种药物的性质，便去查检某种的植物书、矿物书；因了某一词儿的怀疑，便去翻查某种词典，这是参考的阅读，属于第二类。再次之这位医生除了医生的职务以外，当然还有趣味或修养的生活。在趣味方面他如果是喜欢下围棋的，不妨看看关于围棋的书，如果是喜欢摄影的，不妨看看关于摄影的书，如果是喜欢文艺的，不妨看看诗歌、小说一类的书。在修养方面，他如果是有志于品性的修炼的，自然会去看名人传记或经典格言等类的书，如果是觉得自己身体非锻炼不可的，自然会去看游泳、运动等类的书。这是趣味或修养方面的阅读，属于第三类。第一类关于职务的书是各人不相同的，银行家所该阅读的书和工程师不同，农业家所该阅读的书和音乐家不同。第二类的参考书，是因了专门业务的研究随时连类牵涉到的，也不能划出一定的种数。至于第三类的关于趣味或修养的书，更该让各个人自由分别选定。总而言之，读书和生活应该有密切的关联。

上面我把阅读的范围分为三个，（一）是关于个人职务的，（二）是参考的，（三）关于趣味或修养的。下面我将根据了这几个原则对中学生诸君讲“阅读什么”的问题。

先讲关于职务的阅读。诸君的职务是什么呢？诸君是中学生，职务就在学习中学校的各种功课。诸君将来也许会做官吏、做律师、开商店、做教师，各有各的职务吧，现在却都在中学校受着中等教育，把中学校所规定的各种功课，好好学习，就是诸君的职务了。诸君在职务上该阅读的书不是别的，就是学校规定的各种教科书。诸君对于我这番话也许会认为无聊吧，也许有人说，我们每日捧了教科书上课堂、下课堂，本来天天在和教科书作伴侣，何必再要你来嘈杂呢？可是，我说这番话，自信态度是诚恳的。不瞒诸君说，我也曾当过许多年的中学教师，据我所晓得的情形，中学生里面能够好好地阅读教科书的人并不十分多。有些中学生喜欢读小说，随便看杂志，把教科书丢在一边，有些中学生爱读英文或国文，看到理化算学的书就头痛。这显然是一种偏向的坏现象。一般的中学生虽没有这种偏向的情形，也似乎未能充分地利用教科书。教科书专为学习而编，所记载的只是各种学科的大纲，原并不是什么了不得的著作，但对于学习还是有价值的工具。学习一种功课，应该以教科书为基础，再从各方面加以扩充，加以比较、观察、实验、证明等种种切实的工夫，并非胡乱阅读几遍就可了事。举例来说，国语科的读书，通常是用几篇选文编成的，假定一册国文读本共有三十篇文章，你光是把这三十篇文章读过几遍，还是不够，你应该依据了这些文章作种种进一步的学习，如文法上的习惯咧、修辞上的方式咧、断句和分段的式样咧，诸如此类的事项，你都须依据了这些文章来学习，收得扼要的知识才行。仅仅记牢了文章中所记的几个故事或几种议论，不能算学过国语一科的。再举一个例来说，算学教科书里有许多习题，你得一个一个地演习，这些习题，一方面是定理或原则的实际上的应用，一方面是使你对于已经学过的定理或原则更加明了的。例如四则问题有种种花样，龟鹤算咧、时计算咧、父子年岁算咧，你如果只演习了一个个的习题，而不能发见这些习题中的共通的关系或法则，也不好称为已学会了四则。依照这条件来说，阅读教科书并非容易简单的工作了。中学科目有十几门，每门的教科书先该平均地好好阅读，因为学习这些科目是诸君现在的职务。

次之讲到参考书。如果诸君之中有人问我，关于某一科应看些什么参考书？我老实无法回答。我以为参考书的需要因特种的题目而发生，是临时的，不能预先决定。干脆地说，对于第一种职务的书籍阅读得马马虎虎的人，根本没有阅读参考书的必要。要参考，先得有题目，如果心里并无想查究的题目，随便拿一本书来东翻西翻，是毫无意味的傻事，等于在不想查生字的时候去胡乱翻字典。就国语科举例来说，诸君在国语教科书里读到一篇陶潜的《桃花源记》，如果有不曾明白的词儿，得翻词典，这时词典（假定是《辞源》）就成了参考书。这篇文章是晋朝人做的，如果诸君觉得和别时代人所写的情味有些两样，要想知道晋代文的情形，就会去翻中国文学史（假定是谢无量编的《中国文学史》），这时文学史就成了诸君的参考书。这篇文章里所写的是一种乌托邦思想，诸君平日因了师友的指教，知道英国有一位名叫马列斯的社会思想家写过一本《理想乡消息》和陶潜所写的性质相近，拿来比较，这时，《理想乡消息》就成了诸君的参考书。这篇文章是属于记叙一类的，诸君如果想明白记叙文的格式，去翻看《记叙文作法》（假定是孙俍工编的），这时《记叙文作法》就成了诸君的参考书。还有，这篇文章的作者叫陶潜，诸君如果想知道他的为人，去翻《晋书·陶潜传》或《陶集》，这时《晋书》或《陶集》就成了诸君的参考书。这许多参考书是因为有了题目才发生的，没有题目，参考无从做起，学校图书室虽藏着许多的书，诸君自己虽买有许多的书，也毫无用处。国语科如此，别的科目也一样。诸君上历史课听教师讲英国的工业革命一课，如果对于这件历史上的事迹发生了兴趣或问题，就自然会请问教师得到许多的参考书，图书馆里藏着的《英国史》，各种经济书类，以及近来杂志上所发表过的和这事有关系的单篇文字，都成了诸君的参考书了。所以，我以为参考书不能预先开单子，只能照了所想参考的题目临时来决定。在到图书馆去寻参考书以前，我们应该先问自己，我所想参考的题目是什么？有了题目，不知道找什么书好，这是可以问教师、问朋友、查书目的，最怕的是连题目都没有。

上面所讲的是关于参考书的话。再其次要讲第三种关于趣味修养的书了。这类的书可以说是和学校功课无关的，不妨全然照了自己的嗜好和需要来选择。一个人的趣味是会变更的，一时喜欢绘画的人，也许不久会喜欢音乐，喜欢文学的人，也许后来会喜欢宗教。至于修养，方面更广，变动的情形更多。在某时候觉得自己身心上的缺点在甲方面，该补充矫正。过了些时，也许会觉得自己身心上的缺点在乙方面，该补充矫正了。这种自然的变更，原不该勉强拘束，最好在某一时期，勿把目标更动。这一星期读陶诗，下一星期读西洋绘画史，趣味就无法涵养了。这一星期读曾国藩家书，下一星期读程、朱语录，修养就难得效果了。所以，我以为这类的书，在同一时期中，种数不必多，选择却要精。选定一二种，须定了时期来好好地读。假定这学期定好了某一种趣味上的书，某一种修养上的书，不妨只管读去，正课以外，有闲暇就读，星期日读，每日功课完毕后读，旅行的时候在车上船上读，逛公园的时候坐在草地上读。如果读到学期完了，还不厌倦，下学期依旧再读，读到厌倦了为止。诸君听了我这番话，也许会骇异吧！我自问不敢欺骗诸君，诸君读这类书，目的不在会考通过，也不在毕业迟早，完全为了自己受用，一种书读一年，读半年，全是诸位的自由，但求有益于自己就是，用不着计较时间的长短。把自己喜欢读的书永久地读，是有意义的。赵普读《论语》，是有名的历史故事，日本有一位文学家名叫坪内逍遥的，新近才死，他活了近八十岁，却读了五十多年的莎士比亚剧本。

我的话已完了，现在来一个结束。我以为：书是供给知识的一种工具，读书是改进生活、丰富生活的手段，该读些什么书要依了生活来决定选择。首先该阅读的是关于职务的书，第二是参考书，第三是关于趣味修养的书。中学生先该把教科书好好地阅读，因为中学生的职务就在学习中学校课程。参考书可因了所要参考的题目去决定，最要紧的是发现题目。至于趣味修养的书可自由选择，种数不必多，选择要精，读到厌倦了才更换。

怎样阅读

前天我曾对中学生诸君讲过一次话，题目是《阅读什么》。今天所讲的，可以说是前回的连续题目，是《怎样阅读》。前回讲"阅读什么"，是阅读的种类，今天讲"怎样阅读"，是阅读的方法。

"怎样阅读"和"阅读什么"一样，也是一个老问题，从来已有许多人对于这问题说过种种的话。我今天所讲的也并无前人所没有发表过的新意见、新方法，今天的话是对中学生诸君讲的，我只希望我的话能适合于中学生诸君就是了。

我在前回讲"阅读什么"的时候，曾经把阅读的范围划成三个方面：第一是职务上的书，第二是参考的书，第三是趣味修养的书。中学生的职务在学习，中学校的课程，中学校的各科教科书属于第一类；学习功课的时候须有别的书籍作参考，这些参考书属于第二类；在课外选择些合乎自己个人趣味或有关修养的书来阅读，这是第三类。今天讲"怎样阅读"，也仍想依据了这三个方面来说。

先讲第一类关于诸君职务的书，就是教科书。摆在诸君案头的教科书有两种性质可分，一种是有严密的系统的，一种是没有严密的系统的。如算学、理化、地理、历史、植物、动物等科的书，都有一定的章节，一定的前后次序，这是有系统的。如国文读本，英文读书，就定不出严密的系统。一篇韩愈的《原道》可以收在初中国文第一册，也可以收在高中国文第二册；一篇富兰克林的传记，可以摆在初中英文第三册，也可以摆在高中英文第二册。诸君如果是对于自己所用着的教科书留心的，想来早已知道这情形。这情形并不是偶然的，可以说和学科的性质有关。

有严密的系统的是属于一般的所谓科学，像国文、英文之类是专以语言文字为对象的，除文法、修辞教科书外，一般所谓读本、教本，都是用来作模范作练习的工具的东西。所以本身就没有严密的系统了。教科书既然有这两种分别，阅读的方法就也应该有不同的地方。

如果把阅读分开来说，一般科学的教科书应该偏重于阅，语言文字的教科书应该偏重在读。一般科学的教科书虽也用了文字写着，但我们学习的目标并不在文字上，譬如说，我们学地理、学化学，所当注意的是地理、化学书上所记着的事项本身，这些事项除图表外还用文字记着，但我们不必专从文字上记忆揣摩，只要从文字去求得内容就够了。至于语言文字的学科就不同，我们在国文教科书里读到一篇文章——假定是韩愈的《画记》，这时我们不但该知道韩愈这个人，理解这篇《画记》的内容，还该有别的目标，如文章的结构、词句的式样、描写表现的方法等等，都得加以研究。如果读韩愈的《画记》，只知道当时曾有过这样的画，韩愈曾写过这样的一篇文章，那就等于不曾把这篇文章当作国文功课学习过。我们又在英文教科书里读华盛顿砍樱桃树的故事，目的并不在想知道华盛顿为什么砍樱桃树，砍了樱桃树后来怎样，乃是要把这故事当作学习英文的材料，收得英文上种种的法则。所以阅读两个字不妨分开来用，一般科学的教科书应懂它的内容，不必从文字上去瞎费力，只要好好地阅就行，像国文、英文两门是语言文字的功课，应在形式上多用力，只阅不够，该好好地读。

不论是阅还是读，对于教科书该毫不放松，因为这是正式功课，是诸君职务上的工作。有疑难，得去翻字典；有问题，得去查书。这就是所谓参考了。参考书是为用功的人预备的，因为要参考先得有参考的项目或问题，这些项目或问题，要阅读认真的人才会从各方面发生。这理由我在前回已经讲过，诸君听过的想尚还能记忆，不多说了。现在让我来说些阅读参考书的时候该注意的事情。

第一，我劝诸君暂时认定参考的范围，不要把自己所要参考的项目或问题抛荒。我们查字典，大概把所要查的字或典故查出了就满足，不会再分心在字典上的。可是如果是字典以外的参考书，一不小心，往往有辗转跑远的事情。举例来说，你读《桃花源记》，为了"乌托邦思想"的一个项目，去把马列斯的《理想乡消息》来作参考书读，是对的，但你得暂时记住，你所要参考的是"乌托邦思想"，不是别的项目。你不要因读了马列斯的这部《理想乡消息》就把心分到很远的地方去。马列斯是主张美术的，是社会思想家，你如果不留意，也许会把所读的《桃花源记》忘掉，在社会思想咧、美术咧等等的念头上打圈子，从甲方面转到乙方面，再从乙方面转到丙方面，结果会弄得头脑杂乱无章。我们和朋友谈话的时候，常有把话头远远地扯开去，忘记方才所谈的是什么的。这和因为看参考书把本来的题目抛荒，情形很相像。懂得谈话方法的人，碰到这种情形常会提醒对方把话说回来，回到所要谈的事情上去。看参考书的时候，也该有同样的注意，和自己所想参考的题目无直接关系的方面，不该去多分心。

第二，是劝诸君乘参考之便，留意一般书籍的性质和内容大略。除了查检字典和翻阅杂志上的单篇文字以外，所谓参考书者，普通都是一部一部的独立的书籍。一部书有一部书的性质、内容和组织式样，你为了参考，既有机会去见到某一部书，乘便把这一部书的情形知道一些，是并不费事的。诸君在中学里有种种规定要做的工作，课外读书的时间很少，有些书在常识上、将来应用上却非知道不可，例如，我们在中学校里不读《二十五史》《十三经》，但《二十五史》《十三经》是怎样的东西，却是该知道的常识。我们不做基督教徒，不必读圣书，但《新约》和《旧约》的大略内容，却是该知道的常识。如果你读历史课，对于"汉武帝扩展疆土"的题目，想知道得详细一点，去翻《史记》或是《汉书》，这时候你大概会先翻目录吧；你翻目录，一定会见到"本纪""列传""表""志"或"书"等等的名目，这就是《史记》或《汉书》的组织构造。你读了里面的《汉武帝本纪》一篇，或全篇里的几段，再把这些目录看过，在你就算是对于《史记》或《汉书》发生过关系，《史记》《汉书》是怎样的书，你可懂得大概了。再举一个例来说，你从植物学或动物学教师口里听到"进化论"的话，你如果想对这题目多知道些详细情形，你可到图书馆去找书来看。假定你找到了一本陈兼善著的《进化论纲要》，你可先阅序文，看这部书是讲什么方面的，再查目录，看里面有些什么项目。你目前所参考的也许只是其中一节或一章，但这全书的概括知识，于你是很有用处的。你能随时留心，一年之中，可以收得许多书籍的概括的大略知识，久而久之，你就知道哪些书里有些什么东西，要查哪些事项，该去找什么书，翻检起来，非常便利。

以上所说的是关于参考书的话。参考书因参考的题目随时决定，阅读参考书的时候，要顾到自己所参考的题目，勿使题目抛荒，还要把那部书的序文、目录留心一下，记个大略情形，预备将来的翻检便利。

以下应该讲的是趣味修养的书，这类的书，我在上回曾经讲过，种数不必多，选择要精。一种书可以只管读，读到厌倦才止。这类的书，也该尽量地利用参考书。例如：你现在正读着杜甫的诗集，那么有时候你得翻翻杜甫的传记、年谱以及别人诗话中对于杜诗的评语等等的书。你如果正读着王阳明的《传习录》，你得翻翻王阳明的集子、他的传记以及后人关于程、朱、陆、王的论争的著作。以自己正在读着的书做中心，再用别的书来做帮助，这样，才能使你读着的书更明白，更切实有味，不至于犯浅陋的毛病。

上面所讲的是三种书的阅读方法。关于阅读两个字的本身，尚有几点想说说。我方才曾把教科书分为两种性质，一种是属于一般的科学的，有严密的系统，一种是属于语言文字的，没有严密的系统。我又曾说过，属于一般科学的该偏重在阅，属于语言文字的，只阅不够，该偏重在读。现在让我再进一步来说，凡是书都是用语言文字写成的，照普通的情形看来，一部书可以含有两种性质：书本身有着内容，内容上自有系统可寻，性质属于一般科学；书是用语言文字写着的，从形式上去推究，就属于语言文字了。一部《史记》，从其内容说是历史，但是也可以选出一篇来当作国文科教材。诸君所用的算学教科书，当然是属于科学一类的，但就语言文字看，也未始不可为写作上的参考模范。算学书里的文章，朴实正确，秩序非常完整，实是学术文的好模样。这样看来，任何书籍都可有两种说法，如果就内容说，只阅可以了，如果当作语言文字来看，那么非读不可。

这次播音，教育部托我担任的是中学国语科的讲话，我把我的讲话限在阅读方面。我所讲的只是一般的阅读情形，并未曾专就国语一科讲话。诸君听了也许会说我的讲话不合教育部所定的范围条件吧？我得声明，我不承认有许多独立存在的所谓国语科的书籍，书籍之中除了极少数的文法、修辞等类以外，都可以是不属于国语科的。我们能说《论语》《孟子》《庄子》《左传》是国语吗？能说《红楼梦》《水浒传》《三国演义》也是国语吗？可是如果从形式上着眼，当作语言文字来研究，那就没有一种不是国语科的材料，不但《论语》《孟子》《庄子》《左传》是国语，《红楼梦》《水浒传》《三国演义》是国语，诸君的物理教科书、植物教科书也是国语，甚至于张三的卖田契、李四的家信也是国语了。我以为所谓国语科，就是学习语言文字的一种功课；把本来用语言文字写着的东西，当作语言文字来研究，来学习，就是国语科的任务。所以我只讲一般的阅读，不把国语科特别提出。这层要请诸位注意。

把任何的书，从语言文字上着眼去学习研究，这种阅读，可以说是属于国语科的工作。阅读通常可分为两种，一是略读，一是精读。略读的目的在理解，在收得内容；精读的目的在揣摩，在鉴赏。我以为要研究语言文字的法则，该注重于精读。分量不必多，要精细地读，好比临帖，我们临某种帖，目的在笔意相合，写字得它的神气，并不在乎抄录它的文字。假定这部帖里共有一千个字，我们与其每日瞎抄一遍，全体写一千个字，倒不如拣选十个或二十个有变化的有趣味的字，每字好好地临几遍，来得有效。诸君读小说，假定是茅盾的《子夜》，如果当作语言文字的学习的话，所当注意的不该但是书里的故事，对于书里面的人物描写、叙事的方法、结构照应以及用辞、造句等等该大加注意。诸君读诗歌，假定是徐志摩的诗集，如果当语言文字学习的话，不但该注意诗里的大意，还该留心它的造句、用韵、音节以及表现、着想、对仗、风格等等的方面。语言文字上的变化技巧，其实并不十分多的，只要能留心，在小部分里也大概可以看得出来。假定一部书有五百页，每一页有一千个字，如果第一页你能看得懂，那么我敢保证，你是能把全书看懂的。因为全书所有的语言文字上的法则在第一页一千字里面大概都已出现。举例来说，文法上的法则，像动词的用法、接续词的用法、形容词的用法、助词的用法以及几种句子的结合法，都已出现在第一页了。我劝诸君能在精读上多用力。

为了时间关系，我的话就将结束。我所讲的话，乱杂疏漏的地方自己觉得很多，请诸君代去求教师替我修正。关于中学国语科的阅读，我几年前曾发表过好些意见，所说的话和这回大有些不同。记得有两篇文章，一篇叫做《关于国文的学习》，载在《中学各科学习法》（《开明青年丛书》之一）里，还有一篇叫《国文科课外应读些什么》，载在《读书的艺术》（《中学生杂志丛刊》之一）里，诸君如未曾看到过的，请自己去看看，或者对于我这回的讲话，可以得到一些补充。我这无聊的讲话，费了诸君许多课外的时间，对不起得很！

2. 课外自由阅读靠不住，非限制阅读、指导阅读不可

以下三篇，第一篇是夏丏尊任教春晖中学时开展"一周一书"阅读活动的初试小结以及调整再试的规划；第二篇是就相关问题的解答；第三篇是编辑《中学生》杂志中，有读者"用了'点将'的法子，……要我写一些"，也是因问而答。

春晖试行一年的"一周一书"即学生课外自由读书、做成笔记、每星期一交，

由教师批阅。失败的原因有：书之于学生接受程度的差距，学生择书的深一脚或浅一脚，从单篇到整本书过渡的困难，等等，"议决改变"的是教师不再坐等检阅学生的课外成果，而是指导提前，学生所读之书，须与教师商酌并约定周期，届时由教师命题考试，通过后再换新书阅读，考试成绩计入总分。应该说，总结并拿出"新试行"方案后，下文就是夏丏尊的备课思考了。

也许有读者问：尝试学写小品文时，不是号召"我们不要对于消化不良的学生奖励多食了"吗？为什么还要鼓励课外读书？为什么还开这样长的书单呢？

这要从新生入学到新学年开始一年来看，学写小品文以实生活为读作的材料后，本校本年度有关学生课外阅读书的办法不如上年的放纵，限制与指导，就是有针对性地加强营养，提高消化力；读书和咀嚼玩味自己的实生活，又不仅仅是为了写作文，读书自有目的，而且不止一个。读一本书，把他的主张一成不变地拿来使用，或者摆在读者的脑里做一个主宰，固然是一种目的，把书里所主张的或讨论的做研究的对象，或做研究的参证，这也是读书的目的，或者还是第一重要目的。总不应死读教科书或只看几本《小朋友》《少年》这样的杂志。

夏丏尊承认"长者指导幼者，往往容易犯'阿己所好'的毛病"，但他抱定以顺着学生按各自的性格，尽力地除去主观的成见为宗旨。况且，胡适、梁启超的书目是国学，是"最低限度"；他的书目是国文，是"最大限度"。他的书目以"两个条件"来选择、决定，着眼点和《关于国文的学习》文中一致，主张中学生具有开阔的文化视野，知晓"根"在哪里。至于学生程度和书的差距，他认为不是先有着看书的能力才去看某书……而不是下水不下水的问题。这种形象的说法，在《文章作法·序》也可见，写作能力的提高、语感的培养都得"下水"！

春晖任教时，"叫学生在课外读些什么书"？夏丏尊曾经没有一天把这个问题放下过，在写语感的文中，也说自己曾如此行着，编辑《中学生》杂志时，他批评了对于国文科种种"奇妙的误解"，把"课外应读些什么"分成三大类，做了具体介绍和简要说明。嗣后，就不再开列书单了。请从《阅读什么》文中找到具体的文字依据，并顺带读一下《文心》第5篇《小小的书柜》，给中学生一些切实的指导。

如今关于整本书阅读又成为热议的话题之一，《中学语文教学》发表多篇文章，有的还停留在开书目的阶段。读读夏丏尊并像他那样一试再试后发表见解，也许能够说出一些新意来。

叫学生在课外读些什么书

去年以来，我们曾在课外叫学生自己自由读书，做成读书笔记，每星期一缴，由我们作教师的分担批阅。行之一年，觉得效力很少。仔细想来，这有好几个原因。

（一）学生能力本来薄弱，而中国的书无论新的旧的，实在多不合中等程度之用，要想叫学生自由阅读，原是很难的。

（二）书籍既任学生自由阅读，学生自己又缺乏辨别力，结果，有些学生只要有字的纸头都拿来当书读，《小朋友》《小说世界》也都变了书了。有些学生呢，好高骛远，看起什么哲学、社会学一类的书来，弄得头脑不清，莫名其妙。

（三）学生向来只读过一篇一篇的文章，并未曾有读整部书的经验，骤然叫他们读整部的书，也只会从表面的文字上去讨生活，不能把书中含义概括摄取。一年以来，学生在笔记项目中所记着的"疑问"，都是关于表面文字上的，至于"阅后感""篇段大意"等项目，大都只留空白，如有填写者，也都肤浅可哂。

本年度开学以后，我们鉴于上年的失败，已议决改变方针，每组各有一教师为课外读书指导，学生所阅读的书，须与指导教师商酌，并订定阅读期间，至期由指导教师命题考验阅读成绩，通过后再换新书阅读，其历届对绩，并入正课成绩计算。这办法，使学生得于在一学期中读毕若干部重要书籍，不至不完卷就半途中止。书的种类，既由师生双方商定，可以适应个人需要，得比较地读于个人有益的书。每书读毕时须经过试验，则学生阅读时自能比较深沉，不致浮光掠影地只注意文字表面。现在虽新试行，我们自信确可比去年的自由阅读的方法，好了许多。

但是这里有一个大问题跟着发生了！就是：叫学生读些什么书？

老实说了吧！这并不是新发生的问题，我们在这一年以来，曾没有一天把这个问题放下过的！学生能力如此薄弱，要读的书如此其难，又如此种类繁多，如何处置才好呢？无法之法，不如令学生自己选择令他们能够读的就读，欢喜读的就读，这就是去年叫学生自由阅读的由来。

自由阅读的效果既已像上面所说的靠不住，弄到非限制阅读，指导阅读不可，于是"叫学生读什么书"的问题，也就不能不解决了。

　　我们相信：在现代学校教育的范围内，要想完全解决这问题，下一个安稳的断定，是谁都不敢自认胜利的。长者指导幼者读书，往往容易犯"阿己所好"的毛病。从来所谓"师承""家学""宗派"等虽是很好听的名词，如果平心而论，也就是一种偏向，就是"阿己所好"的结果。近来胡适之先生为清华学生定了一个"国学最低限度"的书目，梁任公先生批评他，说他只以自己为标准。任公先生自己也定了一个"国学入门书目"，我想，或者有人也要批评他，说他只以自己为标准，也未可知的。仅仅关于国学一门，要想定出一个妥善的书目，已很困难，何况我们所想叫学生阅读的书，不限定只是国学呢！

　　我们要解决这问题，先须吟味"读书"二字的含义，只把读书二字囫囵解释，实在太笼统，定不出方向来。据我们的经验，"读书"之中，有为修养的，有为知识的；又"读的书"中，有必读的，有爱读的。两两分说，可得四种区别如下：

　　（甲）知识上的必读书

　　（乙）知识上的爱读书

　　（丙）修养上的必读书

　　（丁）修养上的爱读书

　　知识有时可影响于修养，修养当然也脱不了知识，这里的分别，原只就大体说的。就大体说，读书和所读的书，确有这二者的不同。《论语》在前清童生是知识上的必读书，在赵普是修养上的爱读书了。《许氏说文》在一般读书人是知识上的必读书，在小学者是知识上的爱读书了。《法华经》在一般僧人是修养上或知识上的必读书，在天台宗是修养上或知识上的爱读书了。

　　"读书不必多"，"旧书常诵出新意"，这是对于爱读书的话，东西古今的名哲，尽有毕生只耽读一二种的书（大概是经典）而摄取书外一切，于事理无所不通，文章道德杰出于人的。但他们以前所读过的，却并不止这一二种，爱读《公羊传》的董仲舒，当然也读过《诗》《书》《易》，赵普如果只读了半部《论语》，恐防连做村学究的资格都没有的吧！

　　我们要叫学生读的书，当然是指知识上修养上必读的书。至于爱读书，不容说要让学生将来自定的了。那么，现在中等学校的学生，什么书是必读的呢？

　　我们以为我们学生所读的书，应照下面所列的两个条件决定：

　　一、做普通中国人所不可不读的书，

　　二、做现代世界的人所不可不读的书。

这是我们大胆决定的方针，照这两个条件来说，范围太广，要完全使学生遍涉，究竟是一件不可能的事。但是我们并不希望完全十足做到这范围，我们所希望的，只是不出此范围罢了。

我们现在暂定叫学生阅读的书目如下：（略）

《春晖》第十七期

（1923 年 10 月 1 日）

答　问

——为课外读书问题

本刊＊十七号发表了一篇《叫学生课外读什么书》以后，赤民和赤子两位先生由西华第一校寄了一封提出五个疑问的信来。两先生底热忱我们十二分地感谢，因为信里所提出的疑问，依我们推想，必定还有不少的人有同样的感想，所以我们提出来在本刊讨论，对于两先生恕不专函奉复了。

根本上初级中学学生应当而且能够读些什么书，这个问题实在不小，我们现在所提出的范围，也只是供实验，所以在本刊十七号的那篇文里也曾说过"但我们并不希望完全十足做到这范围，我们所希望的，只是不出此范围吧了"。换句话说，就是我们所定的范围只是最大限度，而不是最小限度，因此就是有少数的书偶为学生一时不能读，似乎也不足为病。在这个原则下面，本大可活动，关于内容，各书的仔细地估量似不必要，但既承两先生不厌其详地向我们垂问，我们也就不能不逐一答复了，现在照原信分段答复于后。

"第十七期春晖校刊上先生提学生知识上必读的书几部多为实用上常识上所需要，但是里面有几册如论语、孟子、史记、文心雕龙……民等以为尚有研究的余地。"

"文字愈浅，人们的程度愈增高，为现代学者所公认。非专门研究文学者或考古者，此种书籍有否阅读的必要？疑问一。"

读书这件事，仔细分析起来，差别很不少。许多有价值的书，因为对于某部分关系很密切，或在那部分中地位很高，在专门研究者固非读不可，而在充足常识的人也不能不观其大略。专门研究者深究穷探的读是一种读法；而观其大略，取其梗概的读也是一种读法。为此专门研究者或考古者也不一定就无读的必要。

读书为求知识，不如说为修养还根本些，参看本刊十七号《读书法》篇。为求知识而读书，固然以能够对于一部书充分了解为主，倘若不能，就是粗知大略，得其一二也不是有害无益的吧！若就修养而论，更在能体会而不在关于量的多寡，果于全书中在兴会浓厚的时候——这是要努力才会发生的——领会得一二也可以终身受用不尽了！但这决不是在一般的书里可以得着的。

其次有许多对于后来影响极大的书，若不知道大略——最少——读书的时候随处都可遇见困难。即如中国的论语和欧西的圣经，它们的本身如何且不必过问，但对于文化上的影响绝不算小，我们若不能多少从根本上知它的大意，则它所流演出来的分支怎可以了解呢？在我们所定的范围内，有一部分的书，都是根于这个理由而决定的。

"此种书籍学说陈旧，多主张尊君攘夷，三纲五常，与现代政体实相违背。中等学生志趋未定，阅之思想上有否妨碍？疑问二。"

读了一部书，将他底里面底主张一成不变的拿来使用，或者摆在读者底脑里作一个主宰，固然是一种目的，但读书的目的本不只这一个，也不必就只为这一个目的才读书。将书里所主张的或讨论的作研究的对象，或作研究的参证，这也是读书的目的，或者还是第一个重要的目的。若经过研究以后，而起了相当的或甚至于极真挚的信仰，这种信仰也就非盲从可比，似乎不当抹杀，更不当防阻。反一个方向说，要反对某种主张，也非对于那种主张有深透的研究的人，不能有这种权利，也非经过那样研究的人不能有反对的能力。在或种程度说，对于某种主张的研究，反对者比信仰者还更重要。

陈的何以会陈？旧的怎样变旧？尊君攘夷，何以与现代政体相违背？这绝不能无所研究就可下断定的。要使志趋未定的学生读书而不至于为书所役使，恐怕非有特别的指导和训练不能吧！但这是怎样读书和怎样辅导学生读书的问题，不是书应读不应读的问题了。

从它一方面考究，一部书，即如论语，能够流传几千年得到多少人的信崇，绝不能只归功于推崇它的人，它底本身也必有多少值得流传，值得推崇的吧！论语中所说的，因时代的关系，有不可强从的部分，这自然用不着和卫道先生一样痛哭流涕地替它辩护曲为解说，但若全程否定地一笔勾销似乎也有点过火了！即如本刊十七号所载《读书法》中所提出来讲的孔子心目中的模范人格"君子"的所须兴的各种条件，就是社会再进多少步，或者也不是行之有害的吧！至于说到"己所不欲，勿施于人"的道德，更可保证没有破产的时期了！以一部而废全体或者欠公平吧！

"刊上说'学生的程度实有刺激使提高的必要，先生的意思是否欲使他们为古文学者；古文学者是否为现在所需要？'疑问三。"

"古文学者是否为现在社会所需要？"这个问题恐怕只有肯定的，或者不独是现在，就是将来古文学者也必有他底相当的地位。至于"欲使他们为古文学者"，我们绝对没有这个意思，我们在指导他们的时候不但不以古文学者为标准，任何的单一的标准都没有，我们只抱定一个宗旨，就是顺着他们各自的性格，尽力除去主观的成见。我们所定的书的范围，古文学也只占一部分——这一部分也不是专为使他们成古文学者才规定——就是一个本身底证明。

所谓学生程度实有刺激使提高的必要，我们以为这是无可反对的。但提高的意思，是使学生知道向前努力，不要死读教本或只看几本《小朋友》《少年》《儿童世界》《学生杂志》……这样的学生，极其量也只可得到"成绩优良"四个大字，而这四个大字实不是以代表"所得知识已经合于他们底力量所及"的意。据我们底考察若无相当的刺激和提掣，学生绝少能稍微耐点苦加劲用心的。

"一般顽固者自小学教科书改为语体后极端反对，先生主张诵读四书是否要提倡骸骨复生，为他们吐气？疑问四。"

我们认四书为可读的理由前面已大略说过，和原来读经的读四书实是两件事，所以我们并不想"提倡骸骨复生"，至于"为他们吐气"，我们更不作此想了！因为我们有这样的主张，"一般顽固者"或不免借为口实，但我们因此而改变主张，也是因噎废食，不见得就全对吧，矫枉过正这也是我们所想免的！

"以能力薄弱的学生叫他们看社会哲学等高深书是否相当？疑问五。"

非先有看某书的能力去看某书，结果就没有可看的书了！练习某种能力只有在某项事实中去奋斗，好像习游泳须先到水里去一样，若先要练习到不会被淹死的程度才可以下水去，那么从哪里去练习呢？自然，初学游泳的人就引他们到百尺深渊里，危险比较的大，但这是水的深浅问题，而不是下水不下水的问题了！

五个疑问分条的答复就此终止了！我们觉得学生底能力薄弱，非有相当地培养不可；学生底常识缺乏，非有相当地补充不可；学生底知识欲太低，非有相当地刺激不可。为此，本校本年度关于学生课外阅书的办法不如上年底放任。我们也承认，倘使没有相当地辅导，任学生照我们所定的书底范围选择去读，必定是不惟无益——不相当，不能了解——实反有害。错看了，受了毒而误用。所以现在我们所最注意研究的是在方法上面，而于书的择别反在其次。

"课外读书，是中等教育上重要问题，近来学生能力的薄弱，或许是课外没有读书的缘故。深望大家起来研究讨论。"我们这希望仍然在我们底脑里很热烈地流动。

我们所定的范围"原不敢说已定得千妥万当"，我们盼望负有教育责任的朋友们不断地研究，终于定出个更妥更当疑问绝少的范围来，则中等学校于学生受惠不少，这或者是文化运动所急切不可缓的一件事吧！

《春晖》第十九期

（写于 1923 年 11 月 10 日）

国文科课外应读些什么

一、引言

本年《中学生》杂志关于中学科目，登载过许多介绍课外阅读书的文字，国文一科，尚付缺如（关于文学和修辞学原早已有别位先生写了登载过），于是有许多读者来函要求登载此项稿件，而且读者之中还有人用了"点将"的法子，把这职务交给了我，要我写一些。不瞒大家说，当本年本志决定分科介绍课外阅读书的时候，我也曾打算对于整个国文科写一篇东西的；可是终于未曾写，实在因为国文科的性质太复杂太笼统了，差不多凡是中国文字写成的东西都可以叫做国文，使我无法着笔的缘故。后来乃变更计划，把文学与修辞学当作国文的一分支先特别提出，请别的先生写了登载。还想继续登载一篇关于文法及语法的介绍文字，意思是想把整个的国文科拆作几个小部分，来分别介绍可读的书。不料读者尚认为未能满足，纷纷来函要求介绍关于整个国文科的课外阅读书籍。不得已，就由我来勉强应命，贡献些意见吧！

先要声明：方才说过，国文科的性质太复杂太笼统了，差不多凡是用中国文字写成的东西都可以叫做国文。故我的书籍介绍，不能如别科的一一举出名称，说哪一本书该读，哪一本不必读。我只能依了若干大纲，来说些话而已。

让我先来下一个中学校国文科的定义，把讨论的范围加以限制。我认为：中学校的国文科的内容不是什么《古文观止》，什么《中国国文教本》，也不是教师所发的油印文选讲义，所命的课题，所批改的文卷；乃是整个的对于本国文字的阅读与写作的教养。课本和讲义等等只是达教养目的的材料，并非就是国文科的正体。物理、化学、算术、代数等等的教本，小说，唱本，报纸，章程，契约以及日常的书信，无一不在白纸上印得有本国文字，或写得有本国文字。如果那些课本与讲义等等叫做"国文"，那么凡是有中国文字的东西也都该叫做"国文"。这理由原很正当，也极显然，可是实际上却有许多人不理会。教师与学生都常常硬把印成的文选或"国文课本"当作"国文"，把其余的一切摈斥于"国文"之外。例如《虞初新志》中的《圆圆传》可以被抄印了成"国文"，而全部的《虞初新志》却被认为闲书，《水浒传》中《景阳冈打虎》可以被挑选了成"国文"，而全部的《水浒传》却被认为小说。学生读《景阳冈打虎》，读《圆圆传》，自以为在用功"国文"，而读《虞初新志》读《水浒传》却自以为在看闲书，看小说。更推而广之，看书，看章程，看契约，与"国文"无关，就教本复习历史和地理，与"国文"也无关，国文自国文，其余自其余。于是"国文"科就成了一种奇妙神秘的科目了。以上是就了阅读方面说的，至于写作方面，也同样有此奇怪的误解。照理说，凡用本国文字写记什么，都应该是"国文"。可是实际情形却不然，平常的人会写信，记日记，可是不自认能作文章；他们把作文章认为了不得的大事。即使自命会作文章的文人，也常把作文章与写信记日记分别看待，一提起"作文章"三个字，往往就现出非常矜持的神情来。至于学校的教学上，不消说这矛盾更甚。国文科中的所谓"作文"，在中学校里通常只是每月二次，其余如日常的写作笔记，日记，通告，书信之类，全不算在"国文"的账上。真所谓"骑驴寻驴"了。

因了上述的理由，我主张把"国文科"解释得抽象一些，解作"整个的对于本国文字的阅读与写作能力的教养"，以下介绍书籍，也即由此观点出发。我所介绍的书籍可分为三大种类，（1）关于文字理法的书籍；（2）理解文字的工具书籍；（3）文字值得阅读，内容有益于写作的书籍。

二、关于文字理法的书籍

国文科所处理的是文字，文字的理法犹之规矩准绳，当然应该首先知道。文字理法于写作阅读双方都大有关系，我们所以能理解他人的文字，我们的文字所以能使他人理解，都全仗有共认的理法。词与词的关系，句与句的联结，以及文章的体裁，藻饰的方式，都有一个难以随便改易的约束。这约束就是文字的理法了。可分下列诸项来说。

甲，语法或文法　这是讲词与词的关系和句与句的联结的。关于一个一个的单词的如:《助字辨略》(刘淇),《经传释词》(王引之),《古书疑义举例》(俞樾),《词诠》(杨树达)之类。至于按照西洋文法的系统，编成词与词及句与句的通则的，则有《马氏文通》(马建忠),《初等国文典》(章士钊),《国语文法》(黎锦熙)等几种。二者之中，就单词讲述者，不重系统，而搜罗颇富，适于临时检查；先取后者择一二读之，收得系统的知识，较为急务。《马氏文通》为中国第一部有系统的文法书，唯篇幅太繁重，不便初学，章氏《初等国文典》脱胎于《马氏文通》，头绪颇明简，可以一读。语法则黎氏之《国语文法》较完全(唯分类太琐屑，是其缺点)。语法初步，在高小时理应略已学得，中学时代须注意于语法与文法的比较与联络。最好有一本文言与语体混合的文法书，可惜现在还没有人着手编写。黎氏的《国语文法》，初中一二年级生可读，章氏的《初等国文典》，初中二三年级可读。《词诠》搜罗字的用例颇富，可补文法书的不足。《古书疑义举例》罗列古代文句变式甚多，读古书时可随时参考。

乙，修辞学　这是讲求使用辞类的一般的法式的，消极方面注意写作上的疵病，积极方面论到各种藻饰的方法。关于修辞学的书籍，熊昌翼先生已在本志二十六号(本年七月号)介绍过两本书:《修辞格》(唐钺)、《修辞学发凡》(陈望道)。我们对于熊先生的介绍，很表赞同。唐著只列修辞格，内容较简单，初中三年或高中一年级生可以先阅。陈著组织严密，搜罗详尽，因之篇幅亦较多，可供详密的钻研之用。

丙，作文法　这是论文章的体式及其他写作上一般的方法的。这类知识，从前散见于它书者很多，古人集子中论文字的零篇都可归入此类。近来颇有专为初学者编述的专书，如:《作文法讲义》(陈望道)、《作文论》(叶绍钧)、《文章作法》(夏丏尊、刘薰宇)、《作文讲话》(章衣萍)之类。这类书籍，所能教示初学者的只是文章的体式与写作上的普通的心得，在对于文章体式写作方法尚未得门径的中学初年级生原可有些帮助，可任取一种阅之，唯不可一味的当做法宝。老实说，这些书并不是十分有价值的东西(别人的书我原不敢武断，至于《文章作法》，我自己就是著者，敢这样说)。据我所知，颇有一些人在迷信这类书，故顺便告诉大家一声。

三、理解文字的工具书籍

所谓理解文字的工具书籍范围很狭小，只指字典、辞书等而言。阅读时遇到未解的字或辞，写作时遇到恐有错误的字或辞，都可乞灵于这些工具。字典是解释单字的，辞书是解释辞与成语的。二者都有用部首排列及用韵排列的两种。如：《康熙字典》（字典，用部首排），《经籍籑诂》（字典，用韵排），《佩文韵府》（辞书，用韵排），《辞源》（辞书，用部首排）。最近更有用四角号码排列者，如《王云五辞典》就是。《王云五辞典》兼具词典书两种用途，颇为便利。

《康熙字典》为字典之最古者，性质普通，解释精当，价值不因其旧而减损，宜购备一册。《经籍籑诂》则多搜古义，为读古书的锁钥，高中学生可购备。《佩文韵府》卷帙较巨，可让图书室购置，个人只须知其用法，于必要时去翻检就够了。

翻检字典辞书，因了熟习与否，巧拙迟速殊异，宜及早练习。部首位次的记忆固然很要紧，四声的辨别最好也稍加学习，能辨别某字大略在何声，属何韵，就方便得多了。

四、文字值得阅读、内容有益于写作的书籍

我在上面曾说，"国文"的范围很笼统，凡是用本国文字写成的都可叫做"国文"。从别一方面说，文字只是一种形式的东西，什么内容都可填充。我国古今的书籍，就其形式说都是用本国文字写的，都可以叫做"国文"，若就其内容说，或属于历史，或属于哲学，或属于地理，或属于政治，或属于艺术，鲜有无所属的。大家都说对于国文要用功，其实根本没有纯粹的所谓"国文"这样东西。所谓"用功国文"者，只是把普通一般的书籍，当作文字来用功，把它作为阅读的练习与写作的范例而已。

一种书有种种的读法。例如《史记》本身是历史，但自古就有人把它当文章读，认作文章的模范。《水经注》是一部地理书，因为其中时有描写风景的辞藻，就有人把它当美文读（我于数年前见到一册谭复堂［名献，仁和人］圈点过的《水经注》。他在卷端自定阅读纲领，用种种符号标记各项。水道用＝号，河流沿革用△号，描写风景的美文用〇号，论断精当处用——号。这是把一部书从各方面阅读的方法，可以为范）。此外如《周礼》的《考工记》可以作状物的范例，《左氏传》可以作叙事的法式，都是很明白的事。这种的利用，推广开去真是说不尽言。我有一位朋友，写字很有功夫，他所作的尺牍，文字都简雅高古，没有俗气，不类近人，自成一格。我问他从何学得这种文字，他的回答出乎我的意料之外，说是从晋唐人的字帖上学来的。原来晋唐人的书法（如《淳化阁法帖》，《三希堂法帖》之类）流传者大概是尺牍，普通临帖的人只注意到书法，我这位朋友却能于书法之外，利用了去学文章，可谓多方面学习的了。

读到一部书，收得其内容，同时欣赏玩味其文字，遇有疑难时就利用了上述的工具书去解索。所收得的内容，成了自己的知识，其效力等于实际体检。积久起来，不但可为写作的材料，而且还可为以后读他书的补助知识。所欣赏玩味过的文字的方式，则可以应用于写作上。能如此打成一片。读书就会有显著的功效了。仅仅留心内容，或只注意于文字的模效，都不是最好的办法。

至于读些什么，我无法作限定的介绍，只好提出几个选择的目标。最近教育部重订课程标准。关于中学国文科的"阅读"一项分"精读"与"略读"二门，"精读"属于课内，"略读"属于课外。据闻这次新课程标准所定的"略读"的范围如下：

（甲）初中

（子）中外名人传记及有系统之历史记载

（丑）有注释之名著节本

（寅）古代语录及近人演讲集

（卯）古今人书牍

（辰）古今名人游记日记及笔记

（巳）有注释之诗歌选本

（午）古今小品文及短篇小说集

（未）歌剧话剧之脚本及民众文艺之有价值者

（申）适合学生程度之定期刊物

（乙）高中

学生各就其资性及兴趣，由教员指导，选读整部或选本之名著，散见各书之单篇作品及有价值之定期刊物。

新课程标准对于初中的"略读"教材，有较具体的分项规定，而对于高中，则只作概括的指示而已。我个人对于中学生读书的范围，曾有些意见，在本志第十一号《关于国文的学习》一文中发表过（该文现已收入单行本《中学各科学习法》中）。现在也别无新的意见可说，就把那文中关于读书的范围的一段文字重行摘录于下，当作本文的结束吧！（略）

刊《中学生》第二十九期

（1932 年 11 月）

3. 作文说话时只要能够留心这"六W"，在语言文字上就可无大过了

《作文的基本态度》原载《春晖》第二十四期，附录于《文章作法》;《关于国文的学习》文中虽未"详述"，却做了简要的介绍，并明示取材、文题与出处，"请诸君就以参考"。《文心》第6篇《知与情意》就是以此文为底本或是参考了此文后，所上的一堂紧扣"六W"又不出现"六W"名词术语的写作课，包含了指导、起草、评阅的流程。可以说，这一篇是夏丏尊典型的"老生常谈"。

《文章作法》第一章也谈"作者应有的态度"，曾下定义"文章是传达自己的意思和情感给别人的东西"，"是济谈话之穷的东西";和《作文论》里"我们作文，要写出诚实的、自己的话"差不多。当时认为作文的条件是"真实"和"明确"，《关于国文的学习》一文，除了解说什么是文章什么不是文章、文章如何"生产"外，续谈两个条件，调整为"明了"和"适当"，认为明了是形式上与部分上的条件，适当则是全体上态度上的条件;而所谓适当的文字，则只是合乎这六项答案的文字而已。更可见其重要和重视。

夏丏尊从"不少关于文章作法的书籍"里，从"古今能文的人""各有各的说法"中提取出简明扼要的"六W"，何不拿来试用? 笔者《建构主义的写作教学论》[①]文中认为，鲜明的读者意识、为读者而写体现了国外写作课程教学改革的主流趋势，与美、加、英、日、韩等国的语文课程相比，我国的语文课程为读者而写的观念长期比较淡薄，简直可说是空白、缺席，梁启超、夏丏尊、朱自清等人写作理论中的相关见解并未得到应有的重视，特别是"六W"。如今日本还保留着用"六W"说（五十岚力提出"六何"即"六W"说，可见《新文章讲话》早稻田大学出版部1916年版，第31页;《作文三十三讲》早稻田大学出版部1913年版中未见）来教学生写作的传统，在日本具有代表性的教材光村图书可看到"六W"说的身影，东京书籍则以"六W"说为例来教写作结构，只是在说法上稍有变化，一律取英文单词的首字母以"5W1H"的名称出现[②]。日本在延续，我们早早地拿来了，用了一段时期，为何又轻易地丢弃了呢?

---

① 高文等主编:《建构主义教育研究》，教育科学出版社2008年版，第233-248页。

② 郭哲:《中日初中语文教材写作部分比较研究——以人教版、光村图书和东京书籍为例》，教育学硕士论文2018年第39-40页。

作文的基本态度

我曾看了不少关于文章作法的书籍，觉得普通的文章，其好坏大部分和态度问题有关；只要能了解文章的态度，文章就自然会好，至于可以不至十分不好。古今能文的人，他们对于文章法诀各有各的说法，一个说这样，一个说那样，但是千言万语，都不外乎以读者为对象，务使读者不觉苦痛厌倦而得趣味快乐。所谓要有秩序，要明畅，要有力，等等，无非都是想适应读者的心情。因为离了读者，就可不必有文章的。

要使文章能适合读者的心情，技巧的研究原是必要，态度的注意却比技巧更加要紧。技巧属于积极的修辞，大部分有赖于天分和学力；态度是修辞的消极的方面，全是情理范围中的事，人人可以学得的。要学文章，我以为初步先须认定作文的态度。作文的态度就是文章的 ABC。

初中的学生，有的文字已过得去，有的还不大好。现在作文用语体，只要学过了语法的，语句上的毛病当然不大会有；而平日文题又很有自由选择的余地，何以还有许多的毛病？我以为毛病都是由态度不对来的。态度不对，无论加了什么修饰或技巧，文字也不能像样，反觉讨厌。好像五官不正的人擦上了许多脂粉似的。

文章的态度可以分六种来说。我们执笔为文的时候，可以发生六个问题：

（1）为什么要做这文？

（2）在这文中所要述的是什么？

（3）谁在做这文？

（4）在什么地方做这文？

（5）在什么时候做这文？

（6）怎样做这文？

用英语来说，就是 Why？ What？ Who？ Where？ When？ How？六字可以称为"六 W"。现在试逐条说述。

（1）为什么要作这文？ 这就是所以要作这文的目的。例如：这文是作了给人看的呢，还是自己记着备忘的？是作了劝化人的呢，还是但想使人了解自己的意见，或是和人辩论的？是但求实用的呢，还是想使人见了快乐感得趣味的？是试验的答案呢，还是普通的论文？诸如此类，目的可各式各样，因了目的如何，作法当然不能一律。普通论文中很细密的文字，当作试验答案就冗琐讨厌了。见了使人感得趣味快乐的美文，用之于实用就觉得不便了。周子的《爱莲说》，拿到植物学中去当关于说明"莲"的一节，学生就要莫明其妙了。所取的题目虽同，文字依目的而异，认定了目的，依了目的下笔，才能大体不误。

（2）在这文中所要述的是什么？ 这是普通所谓题义，就是文章的中心思想。作文能把持中心思想，自然不会有题外之文。例如在主张男女同学的文字中，断用不着"乾道成男，坤道成女"，"男子三十而娶，女子二十而嫁"等类的废话。在记述风灾的文字，断不许有飓风生起的原因的科学的解释。我在某中学时，有一次入学试验，我出了一个作文题《元旦》，有一个受试者开端说"元旦就是正月一日，人民于此日大家休息玩……"等类的话，中间略述社会欢乐情形，结末又说"……不知国已将亡，……凡我血气青年快从今日元旦觉悟……"等，这是全然忘了题义的例。

（3）谁在作这文？ 这是作者的地位问题，也就是作者与读者的关系问题，再换句话说，就是要问以何种资格向人说话。例如：现在大家同在一个学校里，假定这学校还没有高级中学，而大家都希望添办起来，将此希望的意思，大家作一篇文字，教师的文字与学生的文字，是应该不同的。校长如果也作一篇文字，与教师学生的亦不相同。一般社会上的人，如果也提出文字来，更加各各不同。要点原是一致，而说话的态度、方法等等，却都不能不异的。同样，子对于父和父对于子不同，对一般人和对朋友不同，同是朋友之中，对新交又和对旧交不同。记得有一个笑话，有一学生写给他父亲的信中说："我钱已用完，你快给我寄十元来，勿误。"父亲见信大怒，这就是误认了地位的毛病了。

（4）在什么地方做这文？ 作这文的所在地也有认清的必要，或在乡村，或在都会，或在集会（如演说），或在外国，因了地方不同，态度也自须有异。例如在集会中，应采眼前人人皆知的材料，在乡村应采乡村现在的事项。在国外，用外国语，在国内，应用本国语（除必不得已须用外国原语者外）。"我们的 father""你的wife"之类，是怪难看难听的。

（5）在什么时候作这文？ 这是自己的时代观念，须得认清的。作这文在前清，还是在民国成立以后？这虽是大家都知道的事，但实际上还有人没了解。现在叹气早已用"唉"音了，有许多人还一定要用"呜呼""嗟呼"；明明是总统，偏叫做"元首"；明明是督军，却自称"疆吏"；往年黎元洪的电报甚至于使人不懂，这不是时代错误是什么？

（6）怎样做这文？　上面的五种态度都认清了，然后再想做文的方法。用普通文体呢，还是用诗歌体？简单好呢，还是详细好？直说呢，还是婉说？开端怎样说？结末怎样说？先说大旨，后说理由呢？还是先说事实，后加断定？怎样才能使我的本旨显明？怎样才能免掉别人的反驳？关于此种等等，都须自己打算研究。

以上六种，我以为是作文时所必须认清的态度，虽然很平凡，却必须知道，把他连结起来，就只是下面的一句话：

> 谁对了谁，为了什么，在什么地方，什么时候，用什么方法，说什么话。

如果所作的文字依照这里面的各项检查起来，都没有毛病可指，那就是好文字，至少不会成坏文字了。不但文字如此，语言也是这样。作文说话时只要能够留心这"六W"，在语言文字上就可无大过了。

《春晖》第二十四期

（1924 年 3 月 1 日）

第五节　语文教师修养

品读提示

1. 最要紧的就是促醒学生自觉

这里选录的是夏丏尊在浙江一师、春晖中学为师从教课余的随笔。此外《读书与冥想》中"教师对于学生所应取的手段……这里面有着教师的悲哀"、《回顾与希望》里"希望教育者凡事切实……教育在某种意味上可以说是英雄的事业，真挚就是英雄的特色"的片段，《"无奈"》《彻底》等篇，都是春晖时节写于前或作于后的"近事杂感"。

从篇中可见，夏丏尊是怎么做起语文教师来的？一种"舍吾辈而谁"的情怀；他怎样看待所从事的工作？是英雄的事业，也是大丈夫的事业；他以为要怎样做好一个语文教师？"自己进取修养，使够得上'师'字的称呼"；怎么调整心态？"可借美以求暂时之解脱"；凡此种种，都是为了什么？"能使学生自觉"。《受教育与受教材》文中说"教育是教师与学生合作的事，……故诸君须有养成身心诸能力的自觉才好"，别以为他只是让学生知晓教与学的关系，一味要求学生的自觉，而是首先自己自觉到合作的重要性，并做出表率。在《春晖的使命》里"你要做的事情既那样多而且杂，同志集合，实是最要紧的条件"，请注意：引述中志同道合的教师之间合作，是胜于言传的身教，是"最要紧的条件"，"最要紧的"目标"就是促醒学生自觉"。

夏丏尊憧憬学生"觉后的境界何等广阔呀"！这和叶圣陶"常以一语语人，凡为教，目的在达到不需要教"[1]，岂不是同一幅美景、同一种境界？

学斋随想录

吾人于专门职业以外，当有多方之趣味。军人只知军人之事，商人只知商人之事，彼此谈话至无共通适当之材料，其苦何堪？为将来之教师者宜注意及之。酱之只有酱气者，必非善酱；肉之只有肉气者，必非善肉；教师之只有教师气者，必非善教师也。

福有重至，祸不单行。富者安坐而资入，购物多而价自贱。贫者辛苦所得，反为捐税等所夺。优等生受教师之奖励，勤勉益力。劣等生受教师之呵责，志气愈消。天下不平之事孰甚于斯？耶稣有言曰：有者被赐，无有者并须夺其所有。

斯世无限之烦恼，可藉美以求暂时之解脱。见佳景美画，闻幽乐良曲，有追忆名利恩怨者否？

人之虚伪心竟到处跋扈，普通学生之作文亦全篇谎言。尝见某小学学生之《西湖游记》，大用携酒赋诗等修饰，阅之几欲喷饭。其师以雅驯，密密加圈。实则现在一般之文学，几无不用"白发三千丈"的笔法。循此以往，文字将失信用，在现世将彼此误解，于后世将不足征信。矫此颓风者，舍吾辈而谁？

浙江第一师范《校友会志》第一号
（1913 年）

近事杂感

无论如何种类的教育方法，说它有益固然可以，说他有害也可以。严师固然可以出高徒，自由教育也未尝不可收教育上的效果。循循善诱，详尽指导，固然不失

---

[1] 中央教育科学研究所编：《叶圣陶语文教育论集》，教育科学出版社 1980 年版，第 720 页。

为好教育，像宗教家师弟间的一字不说，专用棒喝去促他的自悟，也何尝不对。只要肠胃健全的，什么食物都可使之变为血肉，变为养料，而在垂死的病人，却连参苓都没有用处，他是他，参苓是参苓。人可以牵牛到水边去，但除了牛肚渴要饮水的时候，人无法使牛饮水，强灌下去，牛虽不反抗，实际上在牛也决不受实益。所以替牛掘井造河，预备饮料，无论怎样得周到，在不觉得渴的牛是不会觉得感谢的。"不愤不启，不悱不发"，足见即使我们个个都是孔老先生，对于无自觉的学生也是无法的了！

冷暖自知！现在学校教育的空虚，只要有良心的教育者和有良心的学生都应该深深地痛感到。从前学校未兴时，教育虽未普及，师生的关系全是自由。佩服某先生的往往不惮千里，负笈往从。只此一"从"字的精神，已尽足实现教育全体的效果，学生虽未到师门，已有了精进向上之心，教育当然容易收效。学校既兴，师生的关系近于运命的而非自由的。我们为师的人呢，更都是从所谓"教匠制造厂"的师范学校出来，各有一定的型式。在种种的事情上，要使学生做到那"从"字样的心悦诚服的精神是不容易的事情。于是学校教育就空虚了！

不但此也，现在的学校教育在一般家属及学生眼中看来，只是一个过渡的机关，除了商品化的知识及以金钱买得的在校生活的舒服以外，是他们所不甚计较的，学生入校时原并不会带了敦品周行的志向来。特别是中学校的学生，他们本来大半是少爷公子，家庭于他们未入校以前，又大半早已用了父兄地位金钱的力，使他们养成了恶癖。每年只出若干学费要叫学校把他们教好，学校又把这责任归诸教员，于是教员苦了。

"教员"与"教师"，这二名辞在我感觉上很有不同。我以为如果教育者只是教员而不是教师，一切问题是无法解决的。教育毕竟是英雄的事业，是大丈夫的事业，够得上"师"的称呼的人才许着手，仆役工匠等同样地位的什么"员"，是难担负这大任的。我们在学生及社会的眼中被认作"员"，可怜！我们如果在自己心里也不能自认为"师"，只以"员"自甘，那不更可怜吗？我们作教员的，应该自己进取修养，使够得上"师"字的称呼。社会及学生虽仍以"员"待遇我们，但我们总要使他们眼里不单有"员"的印象。这是一件非常辛苦艰难的事，也是一件伟大庄严的事！

学问要学生自求，人要学生自做。我们以前种种替学生谋便利的方案，都可以说是强牛饮水的愚举。最要紧的就是促醒学生自觉。学生一日不自觉，什么都是空的。除了我们自己做了"师"的时候，难能使学生自觉。其实，学生只要自觉了以后，什么都可为"师"，也不必再赖我们。"竹解虚心是我师"，在真渴仰"虚心"的人，竹就可以为师。"三人行，必有我师焉，择其善者而从之，其不善者而改之。"随时随地皆师，觉后的境界何等广阔啊！

刊《春晖》第二十八期

（1924 年 5 月 1 日）

第五章　夏丏尊传述

本章选取夏丏尊教育人生的三个时空节点，按照语文教学实践与理论的发展，大致划分奠基、开拓、成熟三期，简介其生平事迹、人际交往与互动，重点阐述他做语文教师是怎样注重学习进修、怎样言传身教无愧人师的，为一线教师专业发展提供具体而丰满的范型。个体的成功虽然无法简单复制，但是人物的精神会给人以鼓舞和力量。

第一节　浙江一师：没有文凭的组长

夏丏尊 1886 年 6 月 15 日生于浙江省上虞市崧厦镇祝家街，名铸，字勉旃。《我的中学生时代》是一篇学历简介，也是一篇朝花夕拾式的文字，文中自述"未曾得到过卒业文凭。"16 岁时"考得了秀才"，不久家中唯一的"中举人点翰林"的希望破灭后，他自己并没有轻言放弃。文中可见：有书就读，无论中外文理；有学就上，中西书院、绍兴府学堂、日本宏文学院、东京高等工业学校。结果却大多是因钱不够而中途辍学返乡回国。《夏丏尊传》中出示的先生留学日本宏文学院的证书上还能清晰地看到"夏铸"二字[1]。

1908 年应校长沈钧儒聘请，夏丏尊任浙江省两级师范学堂通译助教。该校延请日本教师多名，夏丏尊为教育学科的中桐确太郎做授课翻译；次年，鲁迅由该校教务长许寿裳引荐，任生物学科翻译和生理学教员。浙江两级师范学堂是夏丏尊、鲁迅留日回国后的第一个正式工作单位，所谓"两级"是指优级师范和初级师范两部，分别培养中学和小学教师。其前身是"养正书塾"，为省内秀才考举人的贡院，在废科举、兴学校的浪潮中，按照东京高等师范学校的图样拆建而成，他俩去时，一切都是崭新的模样。新人、新校园里，彼此使用的仍旧是原来的姓和名。从鲁迅的角度说，他认识夏丏尊时，他应该还叫夏铸。

---

[1]　夏弘宁：《夏丏尊传》，中国青年出版社 2002 年版，第 29 页。

　　改名发生在 1912 年他 26 岁时，说是要普选省议员，差不多相当于现今的省政协、人大委员吧。这种事情，自然有人很想选上，他却偏偏唯恐被当选，于是就在选民册上改名为"丏尊"，一是与"勉旃"读音相近，不影响同事之间平日的称呼；二是预计到"丏"字较为生僻，选举人填写人名时，很容易误将"丏"写成乞丐的"丐"，这样，选票便自动作废了。他本意绝不是要捉弄别人，而是要放松自己。哪里晓得普选未实行，名字却改定了。更想不到的是，后之多少人会把他的名字读、写错。

　　从改名这一点，可见夏丏尊一辈子率性随意地保持着对于名利与官场的距离。这里不妨提前插说一段他和"四大金刚"之一刘大白的交往。五四前夕他们同事时，刘大白名其居所"白屋"，夏丏尊曾以"白屋出公卿"相戏；若干年后戏言成真，刘大白担任了教育部副部长。据说，某一天，夏丏尊正在春晖中学旁的"平屋"侍弄花草，不料来了份"白屋公卿"邀他速去杭州担任官职的电报，他接过一看便把电报塞还给送来的人，以示原路返回，连劳务费（脚钱）也不给。不领情也有点儿不近人情，不知刘大白有没有感受到这种夏之冷。可是为了营救 1927 年被捕的中共上虞县第一任书记叶天底（原浙江一师学生），夏丏尊曾经主动写信恳请刘大白救助，对方复信拒绝了请托，还提醒说：你知道他们将来会把我们怎样，你这种不负责任的人道主义还是收起来吧！得知叶天底等惨遭杀害，夏丏尊愤然说出"宁愿早死，莫做先生"的话，并写了一副"天高皇帝远，人少畜生多"的对联挂在平屋客堂，悲愤之情中多少流露出一些无奈和迁怒。《刘大白评传》作者没有避谈此事，刘大白的这段教育行政（1927—1930 年）经历与蒋梦麟同进退，当时只是浙江省教育厅长蒋梦麟的秘书，有难办之处 [①]；不过夏丏尊官场资源极为稀缺，转述者楼适夷和夏丏尊、叶天底彼此都熟悉，情急之中求助却未能伸出援手的人，也难以错说和误记。从《白屋杂忆》以及《〈中诗外形律详说〉跋》文中，可见夏丏尊对于刘大白所看重的始终是文人之情。他佩服"大白于书无所不读，恒具奇解"，他叹息"大白多才而数奇"，特别值得一说的是由若干短篇文字组成的《白屋杂忆》，在写文人习性、交往以及表现夏丏尊为人求知的态度上，和《鲁迅翁杂忆》实有异曲同工之处，可惜不为选本编辑者所重视。他的政党倾向性并不强，体恤、关爱的是年轻的学生；平生也没有加入任何党派，只把教育与语文当作终生的事业。

---

① 　刘家思：《刘大白评传》，中国社会科学出版社 2013 年版，第 369 页。

他改了名，第二年即 1913 年两级师范学堂也改了名。取消了优级师范、保留了初级师范，称之为浙江第一师范学校。综观学堂一段，和夏丏尊关系较大、不得不提及的，至少应该有中桐确太郎、鲁迅、李叔同三人。

第一位是作为助手的夏丏尊工作联系的同事，也是教育学科方面知识的引路人。欧阳文彬在年表中还写到了中桐与日本宗教团体关系较深，曾赠给先生一只谢罪袋。先生当时不以为意，后因种种机缘，对宗教发生兴趣。这些往往均被传记作者忽略，很可能是夏丏尊没有写这方面的文章。近年有中外学者分别注意到夏丏尊的语文教育特别是作文教学和日本语文教育家的渊源，并比较其中的异同。如"和中桐确太郎同一母校（早稻田大学），师从于日本近代文学先驱者坪内逍遥的五十岚力"，这就把与夏丏尊有交流的师生三人联系起来了；《文章作法》前五章借鉴了五十岚力，第六章"翻译自日本水野叶舟（1883—1947）的著作《小品文练习法》（新潮社，1918 年）"，这就把较为笼统的"本书内容取材于日本同性质的书籍者殊不少"一分为二了。夏丏尊留学之时，正是水野叶舟步入文坛之际，1906 年日本自然主义文学杂志《早稻田文学》《文章世界》创刊，水野叶舟常常把自己写就的小品文投递给田山花袋编辑的文艺杂志《文章世界》。夏丏尊在任教立达学园时，翻译了田山花袋的《棉被》，脱稿后曾在同事中朗诵。他办《中学生》杂志和田山花袋编辑《文章世界》在"刊登大家诸名士的文章谈义"的同时，也"提供读者诸君笔战战场"的做法极其相似，1935 年 6 月第五十六期上就有夏丏尊写的一篇评介文章，题名即《坪内逍遥》。这是怎样的因缘呀？注定有一张或隐或现可以互联互通的网。零散的人与文得到有条理地编织，总是有利于读者的，自然还有待于读者做出新的挖掘和探究。在没有材料进一步补充的情况下，只能说夏丏尊受日本教育文化的影响，其教育理念是包括中桐确太郎在内的多条路径、多方触发的多因之果，这符合他的作文教学理念。

第二位和他是"木瓜之役"中的战友，终其一生是他的十分尊敬的同事、学长、启蒙者。那是 1909 年冬季，沈钧儒被选为省咨议局副议长，浙江巡抚增韫便趁机派出政治上可靠的省教育总会会长、自命理学大儒的夏震武任校长，实际上是把一个守旧的老顽固丢到新式学堂来出丑，不用说时代的大环境，学堂的小气候尤其容纳不得这只格格不入的木瓜（杭州俗语，指木头木脑，不懂事理的人）。木瓜却丝毫没有刘姥姥进大观园式的自卑、胆怯，对于这所东洋式的新学堂的一切都看不顺眼，尤其是那些换了服装、剪了辫子、讲着西学的人，冲突在所难免、一触即发。第一次到校，他就要教务长陪他去谒圣，即谒拜孔夫子，许寿裳以开学时拜过了为托词；接着，他传下"手谕"：一、指令某日在礼堂与教师见面，二、各位教师必须按照自己的品级穿戴礼服（红缨帽、硬领、开衩袍、高底缎靴等一应俱全）。当时学堂形成的惯例是新任校长亲自去拜会住校的教师，第一条说白了就是偏要在具有平等、自由思想的教师面前大摆其臭官架子；第二条是其恢复已扫地的"正学"的重要组成部分，实质上存心和新派教师作对为难。别说教师中很少有这些过时的行头，就是有，也不愿意穿戴；有的连一根假辫子也不知到哪儿去找了。

见面那天，木瓜校长的全副顶戴恰与教师们如平常一样的朴素形成鲜明的对比，双方渐渐由目光、面部表情无声而冰冷的交锋很快转变为言语的正面的激烈冲撞：

"简直不像样！你们这个师范学堂办得很不好！"木瓜对着许寿裳训斥说。

鲁迅马上站起来责问："怎么不好，你说？"

"说，说，怎么不好？"夏丏尊等教师群情激愤，大大出乎木瓜的意料，仿佛一下子被吓傻了似的，竟无言以答，匆匆离场散会。

嗣后，木瓜曾威逼教务长辞职，还诬告原校长是眼下发生一切的幕后主谋。教师们先是集体请辞，离开学堂搬到湖州同乡会馆；接着就请沈钧儒一起去抚院讲清楚道明白。学生无课可上便纷纷向当局请愿，事态的发展愈加严重。教育厅厅长在强令教师复课无效的情况下，请了杭州有名望的老绅士陆记春做工作，教师们在胡萝卜加大棒面前不为所动。这时有人劝夏震武自退，他却决不放松。不久，在各方压力之下，厅长也只好叫夏震武辞职了。

"木瓜之役"胜利后，鲁迅、夏丏尊等教师在湖州会馆院子里照了相，并在大井巷一个饭店聚餐庆贺。餐会上，鲁迅用筷子夹着一块五花肉，模仿木瓜的表情、语调说："兄弟决不放松！"引得席间一片开怀大笑声……

《鲁迅翁杂忆》最后一节写道：他对于官吏似乎特别憎恶，常摹拟官场的习气，引人发笑。……他在学校里是一个幽默者。这，是否也属于印象中的一个片段？时隔多年，为什么文中杂而不记、只字未提那一场同一战壕的战斗？

从文章题目来看，当时，"鲁迅"已是大家熟悉的人名，是著名作家、公众人物；"翁"指年龄长、辈分高的男子，莎士比亚简称莎翁，无论是时代贡献与个体感受两方面，夏丏尊称呼"鲁迅翁"是得体、适当的；从文章内容来看，主要记叙的是他俩同校共事一年里的这些那些，所以沿用当时大家的叫法、每一小节称呼"周先生"，也是顺其然、情理中之事了。如同样是担任劳苦却难以表现自己的翻译工作。夏丏尊自然是称赞者，他甚至认为以那样的精美的文字来译动物植物的讲义，在现在看来似乎是浪费，可是在当时三十年前重视文章的时代，是很受欢迎的。受欢迎的是精美文字的讲义，表现的是"周先生对于古文的造诣"；也许课程、职务没有绝对的主次、高低，副科、配角可以最佳、翻译可以出彩，教师未必只是一味用文字语言来传达他人的意思，却往往在没有任何可以显出才能的地方显出才能。

　　讲义是教材的一部分，当年周先生古文的造诣不仅表现在外国小说的译介上、生物讲义的译写上，还表现在生理卫生讲义的创编上，"原来他的讲义写得很简，而且故意用着许多古语，用'也'字表示女阴，用'了'字表示男阴，用'糸'字表示精子，诸如此类，在无文字学素养未曾亲听过讲的人看来，好比一部天书了。"更值得一提的是课程内容为"答应了学生的要求，加讲生殖系统"，是破天荒的。夏丏尊认为这件事在今天学校里似乎也成问题，何况在三十年以前的前清时代。从全校师生们都感到惊讶，他却坦然地去教，可见事之轰动与人之勇气；从向学生提出不许笑的条件到"向我们"解说设置条件的理由、大家都佩服他的真知灼见，可见执教者调控课堂的自觉，并能与同事分享教学经验。据说那次教授的情形果真很好，其他班的学生因为没有听到，纷纷向他来讨油印讲义看，可见教学内容之新、效果之好，已从师生不同层面传播开去。这在当时的一段珍闻，也是一堂成功的校级课堂公开教学。

　　文中没有写为上好这一节而如何怎样辛苦地去备课，只说周先生每夜看书，是同事中最会熬夜的，也和据说那回教授的情形不同，每夜到他那里去闲谈，到摇寝铃的时候，总能见到陈福拿进强盗牌和条头糕来，星期六的夜里备得很足，夏丏尊是在场的亲见。回顾历历在目：他那时不写小说，文学书是喜欢读的。我那时初读小说，读的以日本人的东西为多，他送了我一部《域外小说集》，使我眼界为之一广。我在二十岁以前曾也读过西洋小说的译本，如小仲马、狄更斯诸家的作品，都是从林琴南的译本读到过的。《域外小说集》里所收的是比较近代的作品，而且都是短篇，翻译的态度，文章的风格，都和我以前所读过的不同。这在我是一种新鲜味。自此以后，我于读日本人的东西以外，又搜罗了许多日本人所译的欧美作品来读，知道的方面比较多起来了。这里"广""新""多"，比较着一层层地写出了夏丏尊早就把鲁迅不仅仅看作是同事更是朋友兼老师的关系。接着点一句"周先生曾学过医"，既是补说讲义译得精美、课上得好的部分原委，又顺带出有关解剖的"海外奇谈",而"我曾在这些谈话上领略到他的人间味",就不仅表明与上述文学谈的内容相通,连他俩的性情也是接近的,难怪接下去谈的是对于官场的态度。

文章避免平板而有波澜、蕴含的刚好是处于中间的第五小节,插叙了分隔16年后的一次相聚。鲁迅与当年的周先生丰采差不多、洋官纱依旧,不变中变的是时空;顺带出这几年来,我在内山书店时常碰到鲁迅,变中不变的是平日吸的廉价香烟。可以列出前后密与疏、热与冷等多组对比,有内容可忆的却还是"晨夕相共"的那一段。有人写过《鲁迅日记中夏丏尊》一文,从另一视角探讨;王统照以为"即在战前,鲁迅先生住在闸北,夏先生的寓处相隔不远,似是不常见面,与那位研究生物学的周家少弟(建人)有时倒能相逢。"

宋云彬披露"他翻译的《爱的教育》,行销几十万册,得到好多版税,他也表示高兴(但人家说夏丏尊发了财,那真是冤枉!他有这样一个家庭,开支不小,拿点版税,如何发得财来)"。章克标直说:"得到累计几万元的收入,致使鲁迅戏称他为'财神老爷'。夏先生对此装作不闻,也不问,他们是同时留日的老朋友又是浙江一师的老同事,相互的脾气是了解的。"[1]

《鲁迅翁杂忆》以任教的周先生为中心、为主线,以回忆当年为师从教的点点滴滴,感动到包括自己在内的人们,进一步去感悟应该怎样去做一名称职的教师。时常有人把中小学教师看作是转述的"二道贩子"、知识的搬运工,夏丏尊自坪内逍遥对于莎翁剧本与其说翻译,还不如说是创作之中,从鲁迅翻译的讲义、上课的片段之中,具体表达了自己的教师价值观。和坪内逍遥一样,鲁迅也是不但在文学上有功的人,而且在教育上也值得记忆的人,以同事为师、为榜样,是夏丏尊没有错过的曾经,是挥之不去的记忆,也是他最想留下来给现今后人的经验。所谓"近水楼台先得月",同一学校的优秀教师,无论同一学科还是不同学科,都是学习进修可以自然充分利用的资源。所以,这一方面的带教经验值得长期关注,总希望像李吉林那样带出多个语文特级教师来的案例再多一些。

另一位为师、为榜样的是李叔同,两人共事七年,交往跨越了学校改名,情谊却愈加醇厚、始终不断。《浙江第一师范学校校歌》由夏丏尊作词、李叔同谱曲;杭州租借的几间小屋,窗前有一棵梅树,夏丏尊取名"小梅花屋",请陈师曾

---

① 夏弘宁主编:《夏丏尊纪念文集》,上虞市文学艺术界联合会 2001 年版,第 51、61、435 页。

画了一幅《小梅花屋图》，两人分别在图上题写《玉连环》和《金缕曲》；对于李叔同课内的吸引力、课外人虽不在却又无处不在的影响力，夏丏尊在《弘一法师之出家》文中总结这原因一半当然是他对于这二科实力充足，一半也由于他的感化力大。只要提起他的名字，全校师生以及工役没有人不起敬的。他的力量全由诚敬中发出，我只好佩服他，不能学他。始终怀着敬畏之心，当作严师畏友。有一篇文章题目就是《我的畏友弘一和尚》，开头一节说"他的一言一行，随在都给我以启诱。出家后对我督教期望尤殷"。从丰子恺《为青年说弘一法师》文中"借夏先生的话来讲"[①]的一段看，的确是到达了朱自清所说的"信仰"二字。在同事姜丹书看来，他俩只是处理问题的方式有所不同；在丰子恺等学生看来，他俩一为严父，一为慈母，都是能感化学生的教师。在夏丏尊看来，李叔同始终是"实行人格感化的一位大教育家"。

1913 年，夏丏尊分别做出了决定人生价值取向的重要决策：一是自告奋勇地担任舍监；一是自告奋勇地去做语文教师。第一项可详见《紧张气氛的回忆》一文，舍监是管理学生宿舍的职员，待遇比教师、比学校其他职员都更低，常被学生轻视甚至欺辱，他却自荐兼充，自己觉得最像教师的生活，并且在那时非常努力于自己的修养，读教育的论著等各种相关的书，自己完全以教育界的志士自期。第二项可从《学斋随想录》中看到端倪，他感到学生作文不能也不会真实地表达，认为"矫此颓风者，舍吾辈其谁"？有一种强烈的责任感、使命感在他的胸怀，有一种积极进取的精神力量，推动着他去把本不应分开的教学与管理、教书与育人结合起来，帮助、引导学生正确地理解和表达我们的国语文。这一年，他 27 岁，可以说，外缘内因促成了教育人生理想的梦。

有个问题常作纠结，非提出来回答不可。夏丏尊喜欢做教师、做语文教师吗？18 岁那年，他父亲在家里设起书塾，因有事外出，"于是叫我辍学代庖。……家里人颇思叫我永继父职，就长此教书下去。本乡小学校新立，也邀我去充教习，但总觉得于心不甘。"他要上学读书，并不乐意教书。即便替父坐馆期间，也是"一壁教书，一壁仍行自修"。可以说，他从来就没有像"长大后就成了你"那首歌唱的那样天真烂漫，也没有誓言"下辈子让我选择，还是做教师"那样的激情豪迈。把《我的中学生时代》和《早老者的忏悔》参照着读，没有文凭对于夏丏尊做教

---

①　丰陈宝等编：《丰子恺文集》第 6 卷，浙江文艺出版社 1992 年版，第 153 页。

师、做语文教师并无大碍。那时学校新建，各科教师都并无一定的资格，不像现在有大学或专门科毕业生。国文教师，历史教师，由秀才举人中挑选；资格、待遇、地位，自然是外、数的等而下之；范寿康在《经亨颐先生传》里写到1913年经校长办学是"聘良师，久其任"，文凭有无、学历高低，在夏丏尊时代不是决定一切的因素。那为什么连叶圣陶都在《夏丏尊文集·序》里说"丏翁没有得到过一张文凭"呢？大家都要在这一方面着墨呢？是一种反衬，尤其是一番忠告，用夏丏尊的事例，告诫一代又一代年轻人、一批又一批教师，必须"真的要学"并且"永远要学"。能感化学生的教师，"当有多方之趣味"，兼备多方面才能。《汉字所表现的女性的地位》《"中"与"无"》《双字词语的构成方式》《中国古籍中的日本语》；《长闲》《猫》《白采》《日本的障子》；《对了米莱的〈晚钟〉》《关于〈倪焕之〉》《〈鸟与文学〉序》《〈弘一大师永怀录〉序》，列举他在语言、文学与评论方面的一些文篇，就可见其视野和功力。他也有着诸多的烦闷和无奈，了解"仍以'员'待遇我们"，却以为要"够得上'师'的称呼"，这大概是明知眼前的苟且，心中依然有着诗和远方吧？

　　1919年后，响应校长人格教育的夏丏尊经受了浙江一师风潮的检测。所谓教材"与师范学校教授国文要旨，未尽符合"都是借口；"所延教员，以学无本原，一知半解"都是假象。除了新旧教育文化的大冲突外，还有早已打算把学生的公费减半给议员加薪不成的迁怒和报复。虽然"为了业务上的信用"他们各奔前程，但是在风潮中不顾自己的岗位尽力保护学生的行为，连做舍监时发生过不愉快的学生，都"忽然觉得夏先生的胸襟有点阔大，我有点敬仰他了"[①]。他不仅是人格教育的阐发者，也是切实的践履者。

第二节　春晖中学：不是主任的教导

　　1920年离开浙江一师后，夏丏尊应聘去了湖南一师，同时受聘的有舒新城、孙俍工等人。当时湖南一师校长易培基，教务主任匡互生，毛泽东也在学校任教。傅彬然撰文写道："丏尊先生曾经在湖南第一师范学校里与毛泽东先生共过事。听得毛先生在北伐时代曾对朋友们说，丏尊先生不了解政治，但对于他的人格很崇敬。"[②]

①　曹聚仁：《文坛三忆》，三联书店1999年版，第39页。

②　傅彬然：《记夏丏尊先生》，《文萃》1946年第5号。

大概指的是没有参加新民学会等社团活动，专心认真教学。其间独处异乡对于家人的思念之情不断涌上心头，偶尔也行之笔端，写诗作词。1921 年就回到家乡上虞白马湖畔的春晖中学任教了。

开办春晖中学酝酿于 1919 年春，10 月《浙江教育周报》第 235 期上登载了经亨颐受上虞陈春澜先生委托撰写的《春晖中学计划书》。出资人陈渭字春澜，少年做学徒、跑销售，后办货栈、开钱庄，他深感于自己失学之痛，陆续捐款兴学，报答乡里；在横山春晖学堂基础上续办中学。经亨颐担任浙江省教育会会长期间，为筹建会所与陈春澜有所接触，也得到过资助。1919 年底成立了校董事会，1920 年初由董事会推经亨颐为首任校长，筹划办校具体事宜。春晖校园的设计，是校长的手笔。有自备的小发电厂，有大型的运动场，有露天的游泳池，有实验室、有大食堂；面对群山的教学大楼取名"仰山楼"，在学校西侧的女生宿舍称为"西雨楼"，教师办公楼叫作"一字楼"，两排平房的男生宿舍就叫"二字房"，四合院式的教师宿舍名之"曲园"，教师聚会的场所尊为"春社"，这是为纪念陈春澜的办学义举而建造，由蔡元培题写匾额。近百年前，偏僻的山村有这样一所中学的确不容易，了不起！

夏丏尊在春晖中学校园建造期间，也建造了自己的负山面湖的家园——"平屋"。他在《〈平屋杂文〉自序》里说道："从祖宅出卖以后，我就没有自己的屋住。白马湖几间小平屋的造成，要算是一生值得纪念的大事。集中所收的文字，大多数并不是在平屋里写的，却差不多都是平屋造成以后的东西，最早的在民国十年，正是平屋造成的那一年"。取名为"平屋"，是写实，却不只是楼房的相对。只要比较阅读一下《金缕曲》中"租屋三间如艇小，安顿妻孥而已……此生但得三弓地，筑蜗居，梅花不种，也堪贫死"的句子，《猫》文里"新居在一个学校附近，背山临水，地位清静，只不过平屋四间。论其构造，连老屋的厨房还比不上，妹却满口表示满意"，不难体会出他以及全家人"既快乐又酸辛"的心情，有一种虽然简单、平常却是自己的家、多少挽回了些面子的意味。他在《读书与冥想》中写道："高山不如平地大。平的东西都有大的涵义，或者可以竟说平的就是大的。人生不单因了少数的英雄圣贤而表现，实因了芸芸平凡的民众而表现的。啊，平凡的伟大啊。"安居平屋后，的确使他更加乐业，为办好春晖中学尽心用力。

1922 年 9 月 10 日春晖中学开学，迟至 12 月 2 日举办开校典礼。前已说过，经亨颐校长要任命夏丏尊担任教导主任，他推荐了别人。一说是匡互生，如朱光潜等；

从校史名录里看，匡互生是 1924 年从湖南一师辗转来到春晖中学担任舍务主任兼数学教员，大多说是训育主任，确是夏丏尊引荐的；教务主任兼数学科教员的是刘薰宇，从《春晖》半月刊第三期就有夏丏尊、刘薰宇合写的《对于本校改进的一个提议》来看，刘薰宇到春晖中学任职也应该是 1922 年下半年来的，不是校史上写的 1923 年至 1924 年。《白马湖之冬》写道："春晖中学的新建筑巍然矗立于湖的一面，湖的这一面的山脚下是小小的几间新平屋，住着我和刘君心如两家。此外两三里内没有人烟"。他们是最早的邻居，工作上配合得很好。《中国的实用主义》开头写道："前天，本校数学教师刘心如先生给我说：'有一个学生问我，数学学了有什么用？'我听了他的话，不觉想起了从书上看见过的一件故事来……"这篇文章发表于 1923 年 1 月 8 日《民国日报》副刊《觉悟》上，依照当时投寄稿件到审阅发表的时间周期，不可能把"前天"掐算成 1 月 6 日，他们曾在湖南一师同事，夏丏尊推荐的应该是刘薰宇。

为了学生人格的健全发展，"多方接引同志"营造志同道合的教师群体，"实是最要紧的条件"。除上述以外，丰子恺、叶天底、杨贤江、刘叔琴、朱光潜、朱自清等人，都是夏丏尊相继"挖"过来的。这虽不是教导处（或称教务处）的日常事务，却是从人事上保障教学正常而有质量地运转不可不做的工作。所以，朱自清《教育家的夏丏尊先生》文中说："最足以表现他的是浙江上虞白马湖的春晖中学，那时校长是已故的经子渊先生（亨颐）。但是他似乎将学校的事全都交给了夏先生。是夏先生约集了一班气味相投的教师，招来了许多外地和本地的学校，创立了这个中学"[1]。实是他以一名教师的言行作办学的导向，别人通过他的言行来到并认识春晖。从另一面讲，经校长对夏丏尊也确有知遇之恩。不说任命语文教研组长，1918 年 12 月 21 日记里也有表扬，夏丏尊兼任舍监，就是经校长《教育者之"屈就"精神》的体现；没有校长的开明，没有写入《春晖中学计划书》的"对症下药，亟宜创教材为主不拘年限之说。……原夫英才教育亦有二种之研究，教材有限定而时期不限定，或时期有限定而教材不限定，余采后说"[2]，怎会有小品文写作等一系列教材的编写？

不是主任的教导主要表现在他们来了以后，不仅是初到的观感，而且是终身的

---

① 朱乔森编：《朱自清全集》第 4 卷，江苏教育出版社 1990 年版，第 460 页。

② 张彬编：《经亨颐教育论著选》，人民教育出版社 1993 年版，第 178 页。

印记。他们以白马湖为伴，一面教书育人，一面自我进修。丰子恺的漫画是在夏丏尊"好！再画！再画！"的鼓励下而一发不可收。丰子恺《为青年说弘一法师》时提及"后来又介绍我从夏丏尊先生学日本文，因他没有工夫教我"；《悼丏师》文中写道："我师范毕业后，就赴日本。从日本回来就同夏先生共事，当教师，当编辑。……我的写文，是在夏先生的指导鼓励之下学起来的"①。把上述两篇以及《读丏师遗札》《山水间的生活》和夏丏尊的《〈子恺漫画〉序》连起来读，可以得到较为完整的印象。朱光潜于《教育杂志》上发表《在"道尔顿制"中怎样应用设计教学法？》一文，夏丏尊赏识其对教学的见解，邀请来任教。他的美学研究是从春晖中学起步的，在《敬悼朱佩弦先生》中写道："大家朝夕相处，就像一家人。佩弦和丏尊、子恺诸人都爱好文艺，常以所作相传观。我于无形中受了他们的影响，开始学习写作。我的第一篇处女作《无言之美》，就是在丏尊、佩弦两位先生鼓励之下写成的。他们认为我可以作说理文，就劝我走这一条路。二十余年来，我始终抱着这条路走，如果有些微的成绩，就不能不归功于他们两位的诱导。领我登堂入室的是丏尊先生、佩弦先生"②。平屋常常是这些教师聚会的场所。朱自清《白马湖》文中写道："我们几家接连着；丏尊的家最讲究。屋里有名人字画，有古瓷，有铜佛，院子里满种着花。屋子里的陈设又常常变换，给人新鲜的受用。他有这样好的屋子，又是好客如命，我们便不时地上他家里喝老酒。"③《白马湖之冬》文中，到平屋"靠山的小后轩，算是我的书斋，在全屋子中风最少的一间，我常把头上的罗宋帽拉得低低地，在洋灯下工作至夜深。"《爱的教育》翻译，"邻人刘薰宇君，朱佩弦君，是本书最初的爱读者，每期稿成即来阅读，为尽校正之劳；封面及插图，是邻人丰子恺君的手笔。都足使我不忘。"把生活和艺术打成一片，把教学和研修结合一体，不仅仅打理自己的家园，还情系校园。

朱自清认为"他给学生一个有诗有画的学术环境，让他们按着个性自由发展。学校成立了两年，我也去教书，刚一到就感到一种平静亲和的氛围气，是别的学校没有的。我读了他们的校刊，觉得特别亲切有味，也跟别的校刊大不同。我教着书，看出学生对文艺和艺术的欣赏力和表现力都比别的同级的学校高得多"④。夏丏

① 丰陈宝等编：《丰子恺文集》第6卷，浙江文艺出版社1992年版，第158–160页。
② 朱光潜：《艺文杂读》，安徽人民出版社1981年版，第254页。
③ 朱乔森编：《朱自清全集》第4卷，江苏教育出版社1990年版，第285页。
④ 朱乔森编：《朱自清全集》第4卷，江苏教育出版社1990年版，第460页。

尊是读了朱自清的散文而邀请他来的，1924 年 1 月 25 日《东方杂志》第 21 卷第 2 号始载《爱的教育》一文，同期前有朱自清、俞平伯《桨声灯影里的秦淮河》。《春晖的一月》记叙，1924 年 3 月 2 日"我缓缓走到校前，白马湖的水也跟我缓缓的流着。我碰着丏尊先生。他引我过了一座水门汀的桥，便到了校里。校里最多的是湖，三面潺潺的流着；其次是草地，看过去芊芊的一片"①。据钟子岩回忆"朱先生还未到校，先生就向我们全班宣布，'朱自清先生就要来校了。朱先生学问比我好，他来后请他担任你们二年级的课。我仍教初一年级。'后来我们初二的国文课，就由朱先生来担任"②。给朱自清第一印象的是夏丏尊所教班级的学生，夏丏尊这样做，给学生的印象是"谦虚与让贤""胸怀何等坦荡啊"！徐伯鋆《对几位授业老师的片断回忆》中有这样一个片段"当时正在推行注音字母，一次在国语课上，他对学生说：'注音字母将来对语言统一很有用处，你们也要学一学。我还没有学好，小学的陈××先生学得很不错。'当时我们这些小青年头脑中已有框框，认为我们中学生，让小学老师来教我们未免有辱身份，但终于被先生感服了"③。由此可见，他的择师任教，完全是以学生为本位的。

春晖中学创立之初，"本校同人，都认为授课只是教学方法的一种，欲竟教育的成功，非兼向别方面努力不可。这课外讲演，也是我们所曾经努力过的一条路，并且现在还继续地努力着。"话题一是"注重在知识，去做正课的帮助"；二是"随着偶发事件及时事而定，所以注重在情意的修养"；三是"校外来宾的临时讲演"，这也是多方接引的拓展。据刘叔琴 1923 年的统计④，夏丏尊讲的有《都市与近代人》《月夜底美感》《送 1922 年》等七次。他既是主讲人之一，又是联络员、接待员。经亨颐的首次讲演《青年修养问题》开头就说："今天承夏先生邀请我讲演，知道本校每逢星期六晚上，有一种课外讲演会，这会的主旨，所以辅导学生，我非常赞成。"来春晖中学考察或讲学的名人颇多，1923 年 5 月蔡元培由刘大白陪同前来，做演说；同年叶圣陶、章锡琛、胡愈之来白马湖，均住平屋。学生也有每周一次的讲演活动，训练口才。所以，《文心》第 26 篇赵先生的《修辞一席话》、第 27 篇周锦华同学讲演《文章的组织》，都是实际教学活动的写照。1923 年 6 月举办暑期教

---

① 朱乔森编：《朱自清全集》第 4 卷，江苏教育出版社 1990 年版，第 122 页。

② 夏弘宁主编：《夏丏尊纪念文集》，上虞市文学艺术界联合会 2001 年版，第 261 页。

③ 潘守理主编：《浙江省春晖中学》，人民教育出版社 1999 年版，第 140 页。

④ 刘叔琴：《一年来的课外讲演》，《春晖（半月刊）》1923 年第 20 期。

育讲习会，听课者包括现任小学教员、师范毕业生、热心研究教育者，讲学内容有陈望道的《国语教授资料》、舒新城的《道尔顿制及青年心理》、黎锦晖的《国语正音》等。不仅请进来，进行职业培训，而且走出去，实施平民教育，这大概是夏丏尊的"新村"情结吧！陈望道在《从鸳鸯湖到白马湖》的游记里写道："因他们尽由同志集合，所以他们的性灵和我也容易投合；我们见面不过几小时，已像是久交的朋友了。教员尽系他们同志，教授自易连络，在先生想也以为一优点。"① 俞平伯收到朱自清的信后，于1924年3月9日赶到白马湖会友。夏丏尊热情款待，次日晚上应邀做《诗的方便》讲演，在《忆白马湖宁波旧游》文中记述"因为日记上写着，'学生颇有自动之意味，胜一师及上大也。'固属春晖的学风如此，而教师的教法亦不能无关……其时夏丏尊先生方主持着春晖学校"②。可以说，正是在夏丏尊的引领下，组成了一流的志同道合的教师群体，凭借潜修内功、广结外缘、互通声气的做法，才赢得了"北有南开，南有春晖"的美誉，这在中国教育史、语文教育发展史上，都有可记的一笔。大致可从以下三个方面阐述：

1. 建立了全面合作的师生关系，为学生做出表率

所谓全面合作，包括师与师、师与生、生与生三个层面，其中教师之间的合作是前提，是样板，是比言教更为有效的身教。"以言教者讼，以身教者从"，曾为《教育的背景》文中所引用，他认为"教育者必须有相当的人格，被教育者才能心悦诚服"，教师必须言行一致，"从人格出发的行动，自然会使人受着强大的感化"。春晖中学期间，他从另一角度《读书与冥想》思考："要想用口舌去改造学生，感化学生，原本是一件太不自量的事，……不用说，理想的教师应当把真心装到口舌中去，但口舌中有否笼着真心，口舌总不过是口舌，这里面有着教师的悲哀"。行知胜于口说；和以前批评"现在的学校教育是学店的教育"有所不同，《彻底》文中他认为"学校不患商业化，只患其商业化的不彻底。学生出学费向学校买求知识，学校果真有价值相当的知识做商品卖给学生，学生对于学校至少可没有恶感。并且像老主顾和相识的店铺有感情一样，学生爱校之情自必油然而生了。……否则一味假借师道之尊，想以地位自豪，总是羊质虎皮，学校方面且不论（因为教师有时就代表学校），在学生眼里是不堪的"。这一篇篇文章，可说都是对于自身教师角色进

---

①　陈望道：《陈望道文集》第1卷，上海人民出版社1979年版，第524页。

②　乐齐等编：《俞平伯散文》，浙江文艺出版社2000年版，第38页。

行正确的定位，补充表达了"多方接引同志"来后要做的工作。当然，主要还不在用言说，更多的是用行动诠释了同志集合最要紧。春晖中学教师切磋互助，以期师生合作、同学友爱，得到了朱自清的积极响应，达成了共识。《团体生活》文中说："他们自己先是一盘散沙，如何能粘合学生，呵成一气呢？我是不赞成教职员与学生分家的；但我却相信，必须教职员先自能团结，然后才能使学生们与他们团结的。"[①]在《春晖的一月》里，他发现"这里的教师与学生，也没有什么界限。在一般学校里，师生之间往往隔开一无形界限，这是最足以减少教育效力的事！学生对于教师，'敬鬼神而远之'；教师对于学生，尔为尔，我为我，休戚不关，理乱不闻！这样两橛的形势，如何说得到人格感化？如何说得到'造成健全人格'？这里的师生却没有这样情形。无论何时，都可自由说话；一切事务，常常通力合作"。这份体验在其中的经历，这番对比在其中的理解，使他在多篇文章中一再阐发全面合作的重要和必须，可见之于《论青年》以及与叶圣陶合写的《国文教学·序》。可以说，合作教学思想早已成了夏丏尊、叶圣陶、朱自清等人共同拥有的精神财富。正因为如此，朱自清才会感到并赞赏《文心》"书中将教与学也打成一片，师生亲切的合作才可达到教学的目的"。合作教学思想既是"文人相轻""师道尊严"旧有观念的批判和突破，又是"择善而从""转益多师"优良传统的继承和发扬。夏丏尊《近事杂感》中"要使学生做到那'从'字样的心悦诚服"，通过他们的努力其实是做到了。一时吸引了不少外省市的学子走进这所偏僻的私立学校，张闻天慕夏丏尊之名，亲带其弟张健尔从上海浦东来白马湖求学；1923年春小住一周，考察学校办学情况。同年9月招收女生，1924年2月成立"由全体职教员及学生组织之"协治会，"宗旨在于本自助助人、自立立人之精神，谋团体生活美满"。夏丏尊都是大胆积极的倡导者。

2. 确立了教育的信仰，倡导践行爱的教育

夏丏尊翻译《爱的教育》，使春晖中学的同志集合有了丰富的内涵和充足的理由，使平屋的聚餐有了更多精神的享受和交谈的话题，令人回味无穷，久久难以忘却。这是现代教育文化史上少有的沙龙、难得的佳话。他们通力合作，相互鼓励，共同营造"爱的教育"的新气象。刘叔琴在《课余二则》文中端出对于教育"两种绝不相同的意义"理解："前者底基础是'爱'，方法是感化，形式是交换，不单是

---

① 朱乔森编：《朱自清全集》第4卷，江苏教育出版社1990年版，第150页。

教育者能够增进被教育者底智能，有许多地方被教育者也能增进教育者底智能；后者底形式是买卖，方法是防备，而它的基础就是'畏'，不单只学生畏教员，有许多地方却是教员畏学生，并且畏得非常厉害。"就教育效果而言，"前者……在狭义的教育社会里就是互相融洽的师生底关系。他们双方的生活都用不到隐秘，越接近越好，越接近越容易了解，越了解越容易使教育的作用见效，后者是把教育认作谋生上一种不得已的手段，各人谋生的方针不同，所以各人底手段——教育——也就不能不跟着不同。所以难免冲突，为要避免冲突以利他们手段底进行，就不得不互相隐秘，互相敬远，互相防御"①。《译者序言》写后半个月，朱自清就发表了《教育的信仰》，他呼吁"教育者"须对于教育有信仰，如宗教徒对于他的上帝一样；教育者须有健全的人格，尤须有深广的爱；教育者须能牺牲自己，任劳任怨"。他认为"能爱学生，才能真的注意学生，才能得到学生的信仰；得到学生的信仰，就是为学生所爱。那时真如父子兄弟一家人，没有说不通的事；感化于是乎可言。但这样的爱是须有大力量，大气度的。正如母亲抚育子女一般，无论怎样琐屑，都要不辞劳苦地去做，无论怎样哭闹，都要能够原谅，这样，才有坚韧的爱；……这时教育者与学生共在一个'情之流'中"②。由《爱的教育》翻译引起的教育思想的大讨论在春晖中学持续发酵，并一直延伸到单行本出版之际的立达学园。宗旨不外乎主张爱的奉献、人格感化、自化化人，反对知识切卖、关系疏离、急功近利、把教育作为谋生手段而不是一项事业。匡互生《青年教育者的修养》提出"确定的信仰，丰富的情感，和精密的头脑"三个条件，指出"这几年来，中等学校的教授有采什么自学辅导方法的，有采设计教学法的，有采道尔顿制的，差不多一两年就要变一个花头；要是问一声究竟某种方法的坏处在哪里，为什么换了一个方法就可以补救？恐怕很少有人回答得出。所以演变成这样的现象，就是由于青年教育者缺乏宗教的态度而求速效的缘故"③。这与夏丏尊诸多文篇的表述何其相似，简直是同声相应，同气相求。刘薰宇先谈《母性的教育》再论《人格感化》，他表示"教育者要想过一天安闲而平静的生活，正和母亲要想过处女的生活一样，永不会有的。……我相信母性是教育的灵魂，应当创造母性的教育"④！他认为"人格感化的可能，不

---

① 刘叔琴：《课余二则》，《春晖（半月刊）》1924 年第 28 期。

② 朱自清：《教育的信仰》，《春晖（半月刊）》1924 年第 34 期。

③ 匡互生：《青年教育者的修养》，《教育杂志》1926 年第 18 卷第 1 号。

④ 刘薰宇：《母性的教育》，《教育杂志》1926 年第 18 卷第 5 号。

是仗着白瓷观音式的面孔，而是全靠从面皮的毛孔里发出来的火一般的热。只有真实地对于学生的情热，感化自然有效"[1]。诚爱的教育，是这批春晖中学教师共同的人生价值追求、始终不变的信仰，也是春晖中学积淀的宝贵财富和恒久的魅力之所在。

3. 造就了一批教师作家，真正做到了自立立人、自觉觉人

柯灵《欲造平淡难——夏丏尊先生生辰百年祭》文中指出："夏先生的创作不多，散文作品成集的，似只有《平屋杂文》。夏丏尊的姓名，从不见于中国现代文学史，但台湾诗人兼散文家杨牧编的《中国近代散文选》，却在序言中论证，奉夏氏清淡散文风格为'白马湖派'，并列举台湾当代散文家的名字，以印证这一流派影响的隔海蔓衍"[2]。张堂锜《清静的热闹——"白马湖作家群"的散文世界》写道："对于杨牧的品类综述和作家归类，我们或不尽然赞同，但他能单独拈出'白马湖风格'加以讨论，不能不说是别具慧眼。"[3]不管是称"派"，还是赞"群"，海峡两岸研究者所指涉的对象并无二致。对于认为夏丏尊以一篇《白马湖之冬》树立了白话记述文的模范，并且把朱自清与之并列为白马湖风格派的领袖，或以夏丏尊、朱自清、丰子恺为核心，结合了包括王世颖、叶圣陶、刘大白、刘延陵、朱光潜、李叔同、郑振铎、张孟闻、俞平伯、徐蔚南等多位作家也无异议；不过，张堂锜以为自然山水的美，当然是吸引这群文人闻风而来的主因，但另一个原因也绝不能忽视，即春晖学校中的师生情谊与人文气息，归因的主次不妥，理应倒置过来。还是陈星挪用《白马湖之冬》文中"好似故意张了袋口欢迎风来的样子"一句，"把'冬的情味'比作白马湖的情味；把风比作他的那些同仁们，而这些同仁们的到来，恰是他'张了袋口'欢迎来的"[4]较为贴切，不是自然的山形地貌，而是夏丏尊人为的"故意"。是因为有了志同道合的春晖中学教育家群体，才造就了白马湖作家群和白马湖风格的作品。至于"他们并没有一个有形的组织，也没有提出什么口号"，不能从一般文学社团的角度看，他们本就无意于此；只能从"夏丏尊到白马湖首先是办教育去的"来思考。确认夏丏尊、朱自清为领袖，诠释白马湖风格，也不能单就创作时期、作品价值论，只能从他们的作文教学实践与理论中去寻找。夏丏尊教

---

① 刘薰宇：《人格感化》，《教育杂志》1926 年第 18 卷第 11 号。

② 夏弘宁主编：《白马湖散文随笔精选》，中国文联出版社 2001 年，第 381 页。

③ 夏弘宁主编：《白马湖散文随笔精选》，中国文联出版社 2001 年，第 57 页。

④ 陈星：《白马湖作家群》，浙江文艺出版社 1998 年版，第 15 页。

学小品文，"设法使学生对于实生活有玩味观察的能力"；朱自清向学生解说："味是什么？粗一点说，便是真的生活，纯化的生活！便是个性，便是自我！"[①]夏丏尊《致文学青年》例举"鲁迅氏最初教书……他的创作大多在教书与做事时成就的"；朱自清《写作杂谈》直说："我是一个国文教师，我的国文教师生活的开始可以说也就是我的写作生活的开始。这就决定了我的作风，若是我也可说是有作风的话。"[②]这不仅是他们共通的作文教学观、文学创作观，也是"白马湖风格"的最佳注脚。夏丏尊居所名为"平屋"，寓有平民、平凡、平淡之意，文章结集名为《平屋杂文》，读来给人以朴素、平实之感；朱自清《背影·序》自称："我是大时代中一名小卒，是一个平凡不过的人"。他们的文体、文风与为人是协调一致的。他们以春晖中学为平台、白马湖为背景所写的一切，均可视为亲自"下水"的体验之作、示范之作，这里特别推荐一则日记："昨晚执笔到一点钟；起来觉得有点倦懒。天仍寒雨，窗外桃花却开了。H来谈，知N已病故，不胜无常之感。忽然间N的往事，就成了全家谈话的材料了。下午到校授课，夜仍译《爱的教育》，只成千百字。"无论一个人写的，还是两个人合写的。浙江一师时，除了与李叔同的合作外，还有与陈望道合编剧本《严肃》；春晖中学、立达学园都有与刘薰宇的合作，刘薰宇也写了多篇科学小品文。所以，单就文学创作、散文风格来研究这一批来到春晖中学做出成绩、又因种种情状相继离开的教师，似乎视野还不够阔大，他们是耕耘教学第一线的诲人不倦的教师作家，又是学而不厌有发展潜能，有创造力的专家学者。

第三节　开明书店：无数学生的校长

1925年末多方接引的同志分批离开了白马湖春晖中学，包括他自己。个中原因连当时在场的朱自清事后都未能说得太清楚。"他跟他的多年的老朋友校长经先生意见越来越差异"，大概和经校长挂名春晖中学、长期在外参与社会活动，彼此少有直接的交流有关；"跟他的至亲在学校任主要职务的，意见也不投合"，陈星以为"其中被朱自清称作夏丏尊至亲的为何人尚不清楚，"[③]校史上做代理校长的朱少卿、章育文，很有可能不是夏丏尊的至亲，而是经校长的好友；既然"尚不清楚"，

---

① 朱乔森编：《朱自清全集》第4卷，江苏教育出版社1990年版，第135页。

② 朱乔森编：《朱自清全集》第2卷，江苏教育出版社1988年版，第105页。

③ 陈星：《平凡·文心——夏丏尊》，文史哲出版社2003年版，第75页。

也就不能推断朱自清是这样的"称作"。因学生黄源戴毡帽上操与体育教师发生口角，而引发匡互生与校方的处理意见不一，从"教育是积极的辅助，教训是消极的防制"中，可见夏丏尊的立场和态度，而且是一贯的。陈望道班级里一学生"一把抓住我的领口"之事，当时三人合计处理的方式，的确是高明得多、艺术得多。

1926 年任教立达学园，编辑会刊《一般》；开明书店创办后，担任编辑所长，1930 年《中学生》杂志创刊担任社长、主编，1933 年开办"上海私立开明函授学校"担任校长。其间曾任教暨南大学、复旦大学，但是他牵挂的还是中学生，不能忘情的还是语文教育。教师、编辑的角色，对于夏丏尊来说，几乎是同时担当的。曹聚仁说道："一个人，年轻时有他的梦想，壮年时有他的努力圈，老年时有他的名山计。夏丏尊先生年轻时梦想什么，我不大清楚；但是他决不是梦想靠翻译些名著抽版税过日子，我可以这样断言。他壮年以后，努力想做一个教育界的志士：'努力于自己的修养，读教育的论著，翻看宋元明的性理类书籍，埋身于自己读书与对付学生之中。'那么，他和章锡琛先生的经营开明书店，不妨说是他的名山事业了"。还说道："从开明书店登场，中国才有认真为学生着想的读物，书店与其他行业一样，以营业谋利为第一义，我们却都望书业中人要'谋利不忘文化'。丏尊先生做舍监，认真管理一校的学生，做书店总编辑，慨然以全中国学生的知识为己任，我说他即以开明书店为名山事业，不算说错吧"①？他还真敢说，不怕得罪人。这里不做具体比较，可参考沈本权《评商务印书馆的学生杂志》②一文，自做分析判断。

《中学生》杂志，无论广而告之的《全国教育界均鉴》"本志之创原以改进学风，辅益教育为职"，还是一成不变的《征稿规约》"文字性质不拘，以适于中学生阅读者为主"，尤其是夏丏尊撰写的《发刊词》"合数十万年龄悬殊趋向各异的男女青年于含混的'中学生'一名词之下，而除学校本身以外，未闻有人从旁关心于其近况与前途，一任其彷徨于分叉的歧路，饥渴于寥廓的荒原，这不可谓非国内的一件怪事和憾事了。我们是有感于此而奋起的。愿借本志对全国数十万的中学生诸君，有所贡献。本志的使命是：替中学生诸君补校课的不足；供给多方的趣味与知识；指导前途；解答疑难；且作便利的发表机关"。这些可说全面、充分地表达了

---

① 曹聚仁：《我与我的世界》，人民文学出版社 1983 年版，第 148 页。

② 沈本权：《评商务印书馆的学生杂志》，《一般》1926 年第 1 期。

创办的动因、杂志的性质和特点。

《中学生》杂志是一部大型的综合性的教学刊物，表现在：一是编辑、作者的阵营大，名人荟萃，齐心协力。创刊号至 11 号署名的编辑是丰子恺、夏丏尊、章锡琛、顾均正，第 12 号编辑后记写道："我们为了要使本志更完善起见，已拉得叶绍钧先生加入为编辑本志的主干"。精干、负责、较为稳定的编辑人员，多处、丰沛、高质量的来稿，是办好杂志的前提和理由。除编者的作品外，常见到的作者有茅盾、巴金、朱自清、林语堂、胡愈之、郑振铎、周建人、陈望道、刘薰宇、贾祖璋，等等，几乎全是著名的作家学者。由这样的编、写者组成"中等教育的后援军队"、共同担任"中学生的课外导师"，确实是豪华、超一流的，《学生杂志》等刊物上，也能见到一些大家的文字，通常是作者自己发表见解抒发情感，和接受者尚有不小的距离；《中学生》是量体裁衣，有的放矢。如 1931 年 2 月《中学生》第 12 号舒新城《考试与文凭——致中学生的一封公开信》，首称"中学生诸君"，末署"你们不相识的朋友舒新城"；文里写道："最近夏丏尊先生向我要《中学生》未发刊前的文债，且指定这个题目，要我谈话，我只得从忙碌之中抽点儿时间来写这篇"。编辑后记写道："几个月以来，考试与文凭，成了一般关心教育的人士的话题了。……升学无钱，自修所得的知识，由于没有文凭的缘故，又不能邀社会及上级学校的承认。这种不平的苦痛，受到的只有一般的中学生。读者诸君对于这严重的自身问题，将怎样应付呢？本期中的舒新城先生那篇文字，是值得叫大家仔细一读的。我们很望有人继续地把这问题加以讨论"。这种为了解决学生的具体问题，满足学生的需要，不惜让专家学者去写命题作文，绝对不止一例。编者向专家名人约稿，不是为了自家撑门面、图卖点，每一期的后记均做导读、点津，表达感激之意的同时，又发出了"大家乐于养护"的恳望。如此循环、感染，作者自明明人，甘当起了宣扬杂志使命的义工、志愿者。

二是教学交流的信息量大，互助合作，多方受益。编者们虽学有专长、教有多年，却从不摆架子，反"自知所知所能都很有限，不敢处于施与者的地位，双手捧出一套东西来，待读者诸君全盘承受，感觉只能与读者诸君处于同等的地位，彼此商商量量，共学互勉，就在这中间受到一些名副其实的教育"①。他们的态度是平和的，情感是真诚的，知行是合一的。杂志为双向乃至多向的交流平台，图文并茂。

---

① 中学生社同人：《夏丏尊先生逝世》，《中学生》1946 年第 175 期。

有郎静山摄的《一九二九年之立达学园（十幅）》、丰子恺的《中学生生活漫画》，常设的文字栏目有《科学零拾》，登载知识趣味小品，可读性强；《读者之页》发表学生习作，鼓励学好语文。就创刊号上的若干文章看，有卢冀野的《诗及诗趣》、郢生的《作你自己要作的题目》、刘薰宇的《从数学说到思想》、林语堂的《英文语音辨微》，涉及语数外多门学科。林语堂采用问答对话的方式，卢冀野采用章回体的方式，篇末写道："我年轻的中学生啊，请你稍为休息一下，我下次再来谈'诗'的源流给你听，那也是很有趣味的"。每篇文章有一个中心，又都构成一个系列，如同丰子恺《美术讲话》之类似的，可以说一篇文章即一节课，一组文章即一个连贯的学程，一部《中学生》杂志就是一所门类齐全的补习学校。杂志的大型与综合性是相应的，大中有合、合中显大，施行的是课内外打成一片的大教育大语文。

　　1931年12月第20号上，杂志社发表了《致中学教师书》，这是篇不同寻常的征稿启事，不是给你一次难得发表机会的向我靠拢，而是情辞恳切地再三请求参与和合作。从此，一批有经验的现任教师，纷纷打破沉默，汇入为中学生服务的宏大热流中来。壮大了队伍，扩大了影响。编辑同仁不辱使命，工作过程中始终小心翼翼，不断苛求自己，唯恐对不起读者、作者，更唯恐对不起中学生。1932年1月第21号徐激厉《〈中学生〉和中学生》文里引述了《读书月刊》记者贺玉波采访夏丏尊有关营销方面的一段，可见在经济效益与学生利益之间，编辑同人是不惜牺牲前者而谋求后者的。《中学生文艺》是《读者之页》的扩版、增刊，杂志有多个反映学情、便利对话的栏目。除《答问》《通讯》外，始见于1930年第8号上的《中学生体验实话》，就是为读者排泄郁闷、引起各方面的同情和关注而新辟的。可谓开"实话实说"的先河。1932年第22期设立了《文章病院》，"以维护并促进文章界的'公众卫生'作为宗旨"，"从出现在社会间之病患者中择尤收容，加以诊治"，并"将诊治方案公布，使公众知道如此如彼是病，即不如此如彼是健康、是正常"。这些病患者夹杂在多数人阅读的报刊、教本中，出自有身份人的手笔，公开诊治，不仅旁敲侧击地为批改作文的示范，也有助于平时历练阅读的锐敏。一如既往地为读者提供物美价廉的精神食粮，体现出开明人、《中学生》杂志编者的大气，其创意与丰获也基于此。

　　如同《春晖的使命》一文中的比喻、拟人化，夏丏尊《寄意》文中自陈"我是《中学生》创办人之一，从创刊号至七十六期止，始终主持着编辑等社务。所以在我，本志好比一个亲自生育、亲手养大的儿女"。1930 年第 3 期编辑后记："刚呱呱坠地的小孩儿，大概总得到家人亲友们的喜欢；出版才满两个月的本志，受多数读者们的热烈的赞赏，当然也不能算做特别可以夸称的事。但像本志那样创刊号初版两万册，不到一月就告再版；第二号一万册，也同样要求再版，却不能不说是出版界稀有的盛况。我们既然感谢诸位家人亲友们对于这小孩儿的厚爱，同时便愈感到自己任着保姆的责任的重大，不得不对于这为家人亲友们宠爱的孩子，日夜尽心尽力地求不负养护的重寄。"前后比照，语词上不难看出，原先还只是尽责的"保姆"与"小孩儿"，如今已似血亲关系的"家长"和"儿女"，情愈深，意更长。

如此情深意切，和他在"上海不见本志，已有八个多年头"有关。文中写道："一九三七年八一三战事起后不多日，在校印中的本志七十七期随同上海梧州路开明书店总厂化为灰烬。嗣后社中同人流离星散，本志也就在上海失去了踪影。两年以后，我在上海闻知开明同人已在内地取得联络，获得据点，本志也由原编辑人叶圣陶先生主持复刊了。这消息很使我快慰，好比闻知战乱中失散的儿女在他乡无恙一般。——实际上，我真有一个女儿随叶圣陶先生一家辗转流亡到了内地的情形。两地相隔遥远，邮信或断或续，印刷品寄递尤不容易。偶然从来信中得到剪寄的本志文字一二篇，就同远人的照片一样，形影虽然模糊，也值得珍重相看。直至胜利到来，才见到整册的复刊本志若干期。嗣后逐期将在上海重印出版。"《中学生》杂志和民族、家人同其命运，久别重逢，所以，才有这样熨帖、深情的比拟。

随叶圣陶一家流亡的夏丏尊的女儿，就是《闻歌有感》文中"六岁的阿满"。朱自清《文心·序》"最后想说说关于本书的故事。本书写了三分之二的时候，丏尊、圣陶做了儿女亲家。他们俩决定将本书送给孩子们做礼物。丏尊的令嫒满姑娘，圣陶的令郎小墨君，都和我相识，满更是我亲眼看见长大的。孩子都是好孩子，这才配得上这件好礼物。我这篇序也就算两个小朋友的订婚纪念吧"[①]。先说《文心》，1933 年 1 月《中学生》杂志第 31 号，发表了署名夏丏尊、叶圣陶以"文心【读写的故事】"为题的首篇和续篇后，每期两篇，至 1934 年 6 月《中学生》杂志第 46 号连载结束，共计 32 篇，16 万字。当月开明书店出版了单行本，陈望道、朱自清分别作序。1949 年 3 月已印行 22 版；1983 年中国青年出版社再版，香港和台湾地区多家出版社重印，至今不计其数。海外也有影响，日本《新国语事典》誉之为

---

①　朱乔森编：《朱自清全集》第 1 卷，江苏教育出版社 1988 年版，第 285 页。

"在国语教育史上划了一个时代"，完全可以说，是一部流行流传的经典之作[①]。他俩用小说体裁叙述读写知识和技能，可以说是《爱的教育》的中国版语文篇，是适合学生和教师阅读的新颖别致的中学语文教学法著作，凝聚了两位作者共同的智慧和心意。再说礼物，是送给叶至善、夏满子的，也是送给中学生并且可以代代相传的厚礼。继《爱的教育》《续爱的教育》翻译后，有王志成《爱的教育实施记》（开明书店1929年版）、周乐山《新爱的教育》（世界书局1934年版）、赵锦华《爱的新教育》（上海国光书店1941年版）、程铮《新爱的教育》（上海新联出版社1949年版）、郭景瑞《新爱的教育》（华东师范大学出版社2008年版），在同一面旗帜下，续写了跨世纪的新篇章。无论相似的还是不同的书名，出于为父为师的责任心，他们纷纷用创造性的精神劳作，为自己和别人家的孩子送礼物，逐渐形成了一时之尚。《文心》如此，朱自清的《欧游杂记》也是有感于"在中学教过五年书，这便算是小小的礼物吧"[②]。赵锦华《爱的新教育》也是如此。开始写后，"又天天督促自己"，希望"早一日与孩子们相见！并且时时警诫自己，下笔时要留心，切莫疏忽了一句话，以致遗害了孩子们纯洁的心"[③]。这样的态度是认真的，给自己孩子的小礼物，必是倾注了自己全部心力的精华，还用了一颗"善推的心"[④]与他人分享，这本身就是爱的举动。当然把《爱的教育》《文心》做礼物送给自己的孩子以及学生的更多。

《闻歌有感》文中还有和阿满一起唱着民谣的"十一岁的阿吉"，《〈平屋杂文〉自序》里说道："长女吉子，是平日关心我的文字的。她曾预备替我做收集的工作，不幸今年夏天竟病亡，不及从她父亲的文集里再读她父亲的文字了！"从文集里的一篇篇，不免有他自觉得的"正配叫杂文"的同感。从文章的原载处看，大都为杂志栏里并非独处的单篇，如第15号《致文学青年》，前有止敬，后有郑振铎、谢六逸、薰宇；第16号《我的中学时代》，章克标、尤墨君、丏尊、愈之依次排列。第37号始开设《随笔》栏，"月"下有丰子恺《月的大小》、郢生《看月》、顾均正《神话的月与科学的月》、丏尊《原始的媒妁》；第38号宏徒的《辛亥革命与"英雄结"》、茅盾的《我所见的辛亥革命》、丏尊的《光复杂忆》、郢生的《苏州光复》、

---

① 程稀：《〈文心〉新论》，《上海师范大学学报·基础教育版》2006年第1期。

② 朱乔森编：《朱自清全集》第1卷，江苏教育出版社1988年版，第290页。

③ 赵锦华：《爱的新教育》，上海国光书店1941年版，前言第2页。

④ 叶绍钧、朱自清：《略读指导举隅》，商务印书馆1946年版，第241页。

愈之的《辛亥革命与我》；第 39 号"关于书"有玉深的《没字的书》、郢生、丰子恺的《读书》、贺昌群的《买线装书》、微明的《读破一卷书》、林语堂的《从梁任公的腰说起》、丏尊的《我之于书》；第 40 号"冬"有佩弦的《冬天》、平伯的《进城》、丏尊的《白马湖之冬》、仲华的《西风》；第 42 号"教师生活"有从宜的《校长》、晞如的《在倦怠中》、巴淑的《考试前夕》、徐懋庸的《可为而不可为》、丏尊的《紧张气氛的回忆》；第 44 号"春"有丏尊的《春的欢悦与感伤》、徐懋庸的《两种春天》、所北的《春的旅人》、华君的《都市之春》、丰子恺的《春》……这是同一题目不同做法、同一内容自拟题目作文的一组组示例。

夏丏尊任教与办杂志可谓相得益彰。从语文教材的角度讲，不仅是科学小品成为后之课本入选的新品种，他在《读诗偶感》中"用遗产来作譬喻，李白《静夜思》是一张不记名的支票，谁拿到了都可支取使用，籴米买菜；山谷的《戏赠米元章二首》是一张记名的画线支票，非凭记着的那人不能支取"，对于教科书古诗文的选取不无启迪，其中包含着有关选诗文标准的思考。上述因某个话题，和朋友们各写一篇排列一组，可谓一题数作法之滥觞，对于陆高谊主编的《作文自学辅导丛书》不无影响。类似于现今语文教科书的主题单元，为什么他不把杂志上已有的形式和惯例，轻而易举地移植到自己编写的语文教材中去呢？为什么在《开明国文讲义》的基础上编出的是《国文百八课》呢？这个问题值得今人反思！

夏丏尊担任开明函授学校校长之时，正是与叶圣陶合著《文心》、与叶圣陶、宋云彬、陈望道备课、上课的忙碌之际，不说抗战爆发后他留守上海的生活困窘，在南屏女中兼任语文教师；不说他被日本宪兵抓去后，毅然拒绝说日语；也不说他临终还不断思考发问着"胜利！到底是啥人胜利？"内心之纠结、忧愤之深广可见。单就他忍受着家人病亡的伤痛翻译《爱的教育》、编辑《平屋杂文》，为适合自学编写出一部部教材，就令人感慨不已。他在《学习国文的着眼点》文末提示："我对于中学国文教学，曾发表过许多意见，有两部书，一部叫《文心》；一部叫《国文百八课》，都是我和叶圣陶先生合写的，诸君如未曾看到过，不妨参考参考。"务必请多多加以重视！

后　　记

2017年夏，我退休返聘不久，方有林承语文出版社编辑唐飞之托，组织编写"中国现代著名语文教育人物"丛书，邀我写其中的《夏丏尊》一书，实乃难得的幸事。

本书绪论中说过，夏丏尊有关教育尤其是语文方面的著述，伴随着我读研究生和带研究生的过程。在上海师大人文学院开设的现代语文教育家思想研究、语文特级教师经验研究这两门课程里，重点讲的就是夏丏尊、钱梦龙，他们都是有个性、有创造力的语文教育家。我较早发表的论文有《佛学与夏丏尊的语文教育学》等篇；2010年6月由中国社会科学出版社出版专著《夏丏尊与现代语文教育》；对于钱梦龙的研究也发表了若干篇论文，资料搜集大半，相对应的书名也想好了，只得暂且搁置，至今还没有时间表。同一时期、不同时期的著名语文人物，都有着千丝万缕的联系，相异相似共存。夏丏尊的语文教育实践与理论建构，自身的演变、发展轨迹之中，就包含着与众多人物的对话。他的着眼形式，和钱梦龙自读六步法中层递的"发问"：一篇课文写了什么、怎样写的、为什么这样写？《文章作法》《开明国文讲义》，先写教案、上课，在此基础上出版教材，和徐振维H版初中语文教科书的编法程序；《国文百八课》一单元为一课，和陆继椿的"一课有一得，得得相联系"以及《分类集中分阶段进行语言训练实验课本》，均有因缘。可以说，这些共通、共建的部分，是更加值得共享之处。

本书的体例先论述、次名作品读、后人物传述，是语文出版社与诸位编者反复商议、敲定的，与其他书籍相比，极具独特性。好像是要再次认真检测一下自己的文本解读能力似的，对于第四章的选编和评析，我是尤为尽心用力的。有些是《夏丏尊文集》（三卷本）中漏选的，有些是选文中的个别文字或标注有误的，书中作了一定的增补和考释。如《春晖的使命》一文，往往见于散文类选编，实际上是采用拟人笔法写作的一份办学规划书、一幅理想主义的教育蓝图，如同研究语文教育发展史、评介语文设科以后有影响的专著而忽略了《文心》一样，很有必要提示大家阅读一下朱自清写的《文心·序》，是否今人反而过于注重、纠结了体式，把长处视为短板？书中把夏丏尊的文篇尽可能多地连缀起来，未能节选《文心》，绝非文体、价值的考量，完全是出于文字篇幅的限制。《鲁迅翁杂忆》一文，也未选入，但是从当时的周先生怎样编讲义、教学等方面，无疑会使读者在了解鲁迅怎样做教师的同时，得到不少启发。因为十分珍贵，所以在人物传述第一节里作了较为具体的阐述。值得一提的是，书中提示了在学习研究夏丏尊语文教育思想中，我的研究生从中日母语教材的比较、中英教材中作文专题的比较、语文教材主题单元的利弊、单元教材与教学的设计、科学小品文、寓言等一类文体的选编与教学方面的成果。2018 年毕业的教育学硕士郭哲，现为天津市实验中学滨海学校的高中语文教师，她翻译并提供的国外研究资料，为本书增色不少。

本书编写的过程中，大约任务过半之时，头额部患上了带状疱疹，疼痛了一段时日。2018 年春节回老家不过一周，匆匆返沪；又不过一周，惊闻母亲跌倒，病重 20 天后去世。其间我还回校上课、指导研究生的毕业论文。如果说，此前动笔时，想的是如傅彬然的一篇文题《怎样才对得起夏先生对得起自己》，那么，到书稿完成时，心心念念的就是怎样才对得起我的母亲、我的家人。

最后，对于两位编辑唐飞、李迎新的审阅表示由衷的感谢！

程　稀

2020 年 7 月写于上海师大新村